拉丁美洲发展问题论纲

——拉美民族200年崛起失败原因之研究

On the Development Problem of Latin-America: A Study of the Reason Why Latin-American Peoples Failed to Rise as a Developed world in the Past 200 years

曾昭耀 著

中国社会科学院
拉丁美洲研究所
INSTITUTO DE AMERICA LATINA
ACADEMIA DE CHINA DE CIENCIAS SOCIALES

当代世界出版社

图书在版编目（CIP）数据

拉丁美洲发展问题论纲／曾昭耀著．—北京：当代世界出版社，2011.12
ISBN 978-7-5090-0799-0

Ⅰ.①拉… Ⅱ.①曾… Ⅲ.①拉丁美洲—研究 Ⅳ.①D773

中国版本图书馆CIP数据核字（2011）第231583号

书　　名：	拉丁美洲发展问题论纲
	——拉美民族200年崛起失败原因之研究
出版发行：	当代世界出版社
地　　址：	北京市复兴路4号（100860）
网　　址：	http://www.worldpress.com.cn
编务电话：	（010）83907332
发行电话：	（010）83908410（传真）
	（010）83908377
	（010）83908409
	（010）83908423（邮购）
经　　销：	新华书店
印　　刷：	北京九天志诚印刷有限公司
开　　本：	880毫米×1230毫米　1/32
印　　张：	9.75
字　　数：	250千字
版　　次：	2011年12月第1版
印　　次：	2011年12月第1次
书　　号：	ISBN 978-7-5090-0799-0
定　　价：	26.00元

如发现印装质量问题，请与承印厂联系调换。
版权所有，翻印必究；未经许可，不得转载！

《拉美研究丛书》总序

拉美和加勒比地区共有33个国家，总人口5亿多，经济总量高达1.8万亿美元，在世界政治和经济中发挥着越来越重要的作用。中国与拉美和加勒比地区虽然相距遥远，但友好交往源远流长，在政治、经济、文化等方面的交流与合作具有广阔的发展前景。拉美和加勒比地区是我国实施和平外交政策的重要对象，也是共同构筑和谐世界的重要伙伴。

我国历代领导人都十分重视发展与拉美和加勒比地区国家的关系。早在1988年，邓小平以其深邃的战略家眼光，对世界发展的前景作出了这样的预言："人们常讲21世纪是太平洋时代……我坚信，那时也会出现一个拉美时代。我希望太平洋时代、大西洋时代和拉美时代同时出现。"他还指出："中国的政策是要同拉美国家建立和发展良好的关系，使中拉关系成为南南合作的范例。"2004年，胡锦涛总书记提出了要从战略高度认识拉美的重要指示。2004年11月12日，胡锦涛主席在巴西国会作演讲时指出，中拉关系在不远的将来能够实现如下发展目标：(1) 政治上相互支持，成为可信赖的全天候朋友；(2) 经济上优势互补，成为在新的起点上互利共赢的合作伙伴；(3) 文化上密切交流，成为不同文明积极对话的典范。

我国与拉丁美洲和加勒比地区国家在争取民族解放、捍卫国家独立、建设自己国家的事业中有着相似的经历，双方在许多重大国际问题上有着相同或相似的立场。我国高度重视拉美在维护世界和平、促进共同发展方面所发挥的积极作用；越来越多的拉美国家领导人也认识到中国的重要性，对与中国的交往及合作持积极态度。

作为中国—拉丁美洲友好协会的会长，我非常高兴地看到近年来中拉关系发展迅速。许多拉美国家的国家元首、政府首脑纷纷到中国来访问，中国国家领导人也曾多次访问拉美。特别是2004年11月胡锦涛主席访问了阿根廷、巴西、智利和古巴四国；2005年1月，曾庆红副主席又访问了墨西哥、秘鲁、委内瑞拉、特立尼达和多巴哥以及牙买加。至今中国与委内瑞拉建立了"共同发展的战略伙伴关系"，与巴西、墨西哥和阿根廷建立了"战略伙伴关系"，与智利建立了"全面合作伙伴关系"。我国全国人民代表大会与许多拉美国家的议会都保持着较密切的交往，中国现在已经成为美洲国家组织和拉美议会的观察员，和里约集团、安第斯共同体、加勒比共同体、南方共同市场都有联系。中国与拉美国家在经贸领域中的合作也已全面展开。在1993—2003年的十年中，中拉贸易额增长了近六倍。2005年，中拉贸易额首次超过500亿美元。

中国社会科学院拉丁美洲研究所是国内唯一专门从事拉丁美洲研究的科研机构，成立于1961年。长期以来，该所科研人员完成了大量科研成果，为党和国家的决策做出了一定的贡献。从2006年开始，他们在这些研究成果的基础上，出版一套《拉美研究丛书》，以满足我国外交部门、企业界、高等院校、科研机构、媒体以及公众对拉美知识的需求。我深愿这套丛书的出版能增进中国各界对拉美的了解，也将对促进中国与拉美和加勒比地区的友谊及合作作出应有的贡献。

成思危

2006年5月2日

《拉美研究丛书》编委会名单

名誉主编：成思危

顾　　问（按姓氏笔画为序）：
苏振兴　李北海　李金章　陈凤翔　洪国起
原　焘　蒋光化　裘援平　蔡　武

主　　编：郑秉文

编　　委（按姓氏笔画为序）：
王　华　王宏强　王晓德　刘纪新　刘承军
杨万明　吴白乙　吴志华　吴国平　吴洪英
沈　安　宋晓平　张　凡　陈笃庆　林被甸
郑秉文　赵雪梅　贺双荣　袁东振　柴　瑜
徐世澄　徐迎真　康学同　曾　钢　韩　琦

学术秘书：刘东山

前　言

　　本书系中国社会科学院老年科研基金研究课题的最后成果。本课题立项于我国"拉美化"问题讨论高潮之中，最初申报的题目是"拉美现代化进程中的社会难题"，准备集中讨论上世纪60年代拉美地区人均国内生产总值超过1000美元之后社会矛盾日益尖锐、社会冲突日益激化的原因以及拉美国家解决社会矛盾的经验教训，力图从拉美国家的经验教训中总结归纳出一些带有规律性的东西，破解"有增长无发展"的"拉美之谜"，为我国和谐社会建设的实践和理论提供一些有益的借鉴和启示。但是，随着研究的深入，我们发现这个问题仅仅从社会冲突这个狭窄的视角去分析问题是很难突破的。恰在这时，拉美独立革命200周年纪念活动开始在太平洋两岸同时展开，关心太平洋彼岸拉美国家的纪念活动，阅读拉美学术界有关拉美独立与发展的研究文献，思考拉美独立革命开始后200年来的发展历程与发展问题，就成了我研究工作的一门必修课。随着资料的积累和思考的深化，我发现继美国独立之后不久就实现"独立"的拉丁美洲，尽管已经经过两个世纪、近十代人的现代化努力，其实现发达目标的成功率仍然等于零，至今仍然没有一个国家能够称得上是发达国家。我觉得这是个严重的问题，是所有发展中国家都应该注意和研究的"拉美现象"。于是，我决定将我原来确定的对拉美社会难题的研究深化为对拉美民族200年崛起失败原因的研究。初稿完成后，我将书名改为《拉丁美洲发展问题论纲》，并用了一个副标题："拉美民族200年崛起失败原因之研究"。副标题概括了本书的主题和基本内容。全书共分六章：

第一章：问题的提出。较详细地记述了我国学术界关于"拉美化"问题讨论和拉美学术界关于拉美独立革命和发展问题讨论所提出的一些主要的理论观点，归纳成本书所要解决的问题。

第二章：拉美的发展困境。揭示了拉美独立革命开始200年来拉美国家所遭遇的发展困境和现代化"零成功率"的事实。

第三章：拉美发展困境的历史考察。分四个阶段分析了拉美国家同美国发展差距日益扩大的趋势及其原因。

第四章：拉美发展困境的理论思考。对拉美国家发展进程中的一些重大理论问题进行了探讨，特别是就拉美国家的社会结构以及拉美民众主义等问题提出了自己的不同看法。

第五章：拉美的发展困境与文化依附。认为拉美发展困境的最深层次的根源在于文化依附。

第六章：突破发展困境的新探索。评析拉美债务危机以来所出现的"穷人资本主义"道路实验和"21世纪社会主义"理论。

最后是两点结论：一、历史不会终结；二、关键在于政治。

本书有三个主要的特点：

第一，突出经济发展方式的转变。过去，对拉美落后原因的分析往往不是偏重于外因，就是偏重于内因，前者譬如依附论，后者譬如西方一些主流派经济学家的理论。本书认为，二者都有片面性，应该坚持历史唯物主义的外因是事物变化的条件、内因是事物变化的根据，外因通过内因起作用的内外因结合论。最能体现这种结合的，就是经济发展方式的转变，因为经济发展的方式从其最基本的意义上来说就是生产的方式，包括生产力的发展和生产关系的变化；而生产关系又包括所有权关系、交换关系与分配关系，在经济全球化的情况下还包括国际劳动分工在内的国际生产关系，它是内外因结合而产生的一种复杂的关系。所谓社会的发展，从根本上来说，就是社会生产方式的变化与发展。因此，我们就要从经济发展方式的固化或者变化上去分析拉美现代化进程的曲折和变化。譬如，美国独立后，在经济发展方式上，美国的南方与北方是分道扬镳的，北方坚持独立自主的发展先进生产力的工业革命的发展方式，而南方则与拉丁美洲一样，坚持依附于英国市场的初级产品出口导向的发展方式。如果没有南北战争，没有北方对南方的胜利，美国尽管政治上已经获得独立，恐怕也难逃英国的控制，恐怕难有美国后来的崛起。拉丁美洲崛起失败，根本的原因就是它始终没有从根本上改变美国南方的那种经济发展方式，始终没有通过工业革命来改变这种发展方式，始终没有摆脱依附性发展方式的窠臼。这是本书的一个基本思想。围绕这一基本思想，本书从历史发展的各个角度和各个方面对拉美的发展进程进行了分析，力图发现依附性发展方式招致落后的一些规律性原因。

第二，突出经济发展同政治的关系的研究。无论在什么国家，无论在什么时候，经济学从来就不是单纯的经济学，它都有特定的政治内涵；要真正全面地推进社会经济的进步与发展，就不可能只谈经济而不谈政治，就不能不为这些社会经济问题的解决寻找决策的政治基础。西方为什么对拉美国家的民众主义政治那样恼怒，就因为民众主义政治对它们的对外扩张是一个严重的障碍。鉴于学术界在这个问题上分歧颇大，对拉美的情况误解较多，本书在第四章专门设了一节讨论这个问题。认为民众主义在拉美的出现是一种历史的必然，是由拉美的社会阶级结构和力量对比所决定的。拉美所处的国际环境十分困难，而拉美社会阶级结构的特点又是资产阶级力量脆弱，人民力量相对强大，且相当有组织，因此，资产阶级要想在国家的发展上有所成就，就不能不团结和依靠人民大众，离开人民大众将一事无成。所以，拉美的任何想有所作为的统治者,都不得不实行民众主义政治,实际上这是拉美国家建立一种人民民主政治制度的尝试,是应该从原则上给予肯定的。

第三,力图给读者"一个真实的拉丁美洲"。在"拉美化"问题的讨论中,好多问题都是众说纷纭,莫衷一是,甚至完全对立,让很多读者感到困惑,不知道拉丁美洲到底是个什么样子,所以就有一些拉美问题专家提出要给读者"一个真实的拉丁美洲"的号召,自然这也是本书的努力目标。但这只能说是笔者的一个主观的愿望。笔者虽然一辈子献身拉美研究事业,但不敢说对拉丁美洲就有很深刻和全面的认识,更不敢说自己的结论就是绝对正确的。所以在回答"拉美化"问题的时候,笔者十分谨慎。为此,笔者给自己的分析与论断定了三条要求:一是从事实出发,实事求是;二是从历史出发,即从事物发展的过程探讨事物发展的规律和事物的性质,因为我们都知道,不懂得历史,任何问题都不可能弄清楚;三是从全球的观点出发,探讨拉美在全球中的地位及其在经济全球化中的损益。笔者认为,只要严格地做到这三个方面,笔下的拉丁美洲才有可能基本上符合拉美的实际,才有可能较为科学地总结出拉丁美洲的经验教训,从而对中国的"拉美化"之忧做出较为中肯的、真正有益的分析。读者将会看到,笔者按这种要求所得出的结论,同近年来见诸报端的、关于"拉美化"问题的很多意见都是不同的,笔者自信这些结论是站得住脚的。但正如前面所说,笔者的这种自信只是主观的一面,是从方法论上所建立起来的一种自信,客观效果究竟如何,还得由实践来检验。由于笔者学力有限,对拉美了解有限,不妥之处,敬希读者及学界专家批评指正,以期切磋共进,共同将研究引向深入。

当前,我们正在建设学习型社会,全国上下都格外重视中外历史的学习,格外注意总结和反思大国盛衰的经验教训,有关

"大国崛起"的论著纷纷问世，向全国人民普及世界历史的知识。这是一件大好事，是完全必要的。因为中国的复兴和崛起今天已经成为举世瞩目的不争现实，如何从历史上主要大国的兴衰历程中得到有益的借鉴，如何顺应世界发展大势，寻求现代化的有效途径，已经成为十分重大的战略问题。但是，在我们的书刊中，却很少能看到集中研究有关大国崛起失败方面的论著，这不能不说是一个不足。因为，在历史学习中，在强国之路的探索中，仅仅学习正面的经验是远远不够的，还必须学习反面的经验教训，只有正反两个方面的经验都有所融会贯通，我们才能算是真正了解了历史，学懂了历史；才算是全面借鉴了全人类的文明成果，聆听了历史智慧的声音，让历史智慧的光芒能切实照亮我们未来的行程。本书就是想在这一方面做一点尝试。

今年是拉美独立革命200周年，是墨西哥资产阶级革命101周年，中国辛亥革命100周年，是中国共产党成立90周年。无论是拉美独立革命，还是墨西哥资产阶级革命，亦无论是中国的1911年辛亥革命，还是中国共产党的成立，毫无例外地都是为太平洋两岸受压迫民族的复兴和发展而斗争的伟大事业。谨以此书奉献给太平洋两岸为这一伟大事业做出重大贡献的一切仁人志士和一切国家。

曾昭耀　2011年3月30日于北京

目 录
CONTENTS

前言 ……………………………………………………………（ 1 ）

第一章　问题的提出 ……………………………………（ 1 ）
　一、中国的"拉美化"之忧 ……………………………（ 1 ）
　二、独立200周年纪念与拉美的发展困境之忧 ……（ 16 ）
　三、问题的提出 ………………………………………（ 28 ）

第二章　拉美的发展困境 ………………………………（ 30 ）
　一、发展、发达与现代化 ……………………………（ 30 ）
　二、现代化的失败者 …………………………………（ 35 ）
　三、拉美现代化"零成功率"的事实 …………………（ 40 ）
　四、关于拉美发展困境的种种解释 …………………（ 45 ）

第三章　拉美发展困境的历史考察 ……………………（ 58 ）
　一、独立革命与早期现代化的延误（1700—1870）
　　……………………………………………………（ 58 ）
　二、拉美的依附性现代化阶段（1870—1940）………（ 79 ）
　三、拉美的自主现代化进程及其断裂（1940—1990）
　　……………………………………………………（ 95 ）
　四、现阶段拉丁美洲的发展困境（1990—　）…（112）
　五、结论 ………………………………………………（137）

第四章 拉美发展困境的理论思考 …………………（141）
　　一、拉美的发展困境与资本主义世界体系 …………（141）
　　二、拉美的发展困境与经济全球化 …………………（153）
　　三、拉美的发展困境与赶超进程的时间差规律 ……（162）
　　四、拉美的发展困境与拉美的社会建设 ……………（176）
　　五、拉美的发展困境与民众主义 ……………………（197）

第五章 拉美的发展困境与文化依附 ………………（214）
　　一、发展中国家现代化进程的文化发展规律 ………（215）
　　二、美、拉文化斗争的历程及其对拉美的影响 ……（217）
　　三、拉美国家反对文化霸权主义斗争的教训 ………（230）
　　四、反对文化霸权主义的斗争任重道远 ……………（234）

第六章 突破发展困境的新探索 ……………………（240）
　　一、右翼的穷人资本主义道路实验 …………………（240）
　　二、左翼的"21世纪社会主义" ……………………（250）

结论 ……………………………………………………（261）
　　一、历史不会终结 ……………………………………（261）
　　二、关键在于政治 ……………………………………（270）

主要参考资料 …………………………………………（278）
后　记 …………………………………………………（292）

第一章 问题的提出

进入新世纪以来，在我国学术界和拉美学术界相继发生了两件不同寻常的、有深远历史影响的事情，一件是关于中国的"拉美化"之忧问题的全国性大讨论，一件是拉美独立革命200周年纪念所引发的关于拉美历史经验的反思与讨论。

一、中国的"拉美化"之忧

"拉美化"问题的提出

1978年十一届三中全会以后，中国开始改革开放。1992年邓小平"南巡讲话"之后，中国的改革开放、经济转轨和社会转型进入了一个全新的阶段。这期间，在对外资、乡镇企业、私营企业政策大幅度开放的同时，我国也宣告了"票证经济"时代的结束和市场经济时代的开始，接着又开放股市，逐步实行资本市场的开放，同时在"抓大放小"的政策下，全国各地广泛出现了"乡企转制"和地方国有企业民营化的现象。这是一种社会的大变革，它极大地调动了人的积极性。因此，连续20多年来，中国的经济都高速增长；世界舆论惊叹中国连年不衰、一枝独秀的经济繁荣；国际社会也对一个大国的全面崛起刮目相看；我们中国人更是沉浸在经济奇迹和太平盛世的喜悦和自豪之中。但是，这个阶段也是社会关系和利益关系大变动的时期，中国社会的各种矛盾开始日益凸显出来。恰在这时，太平洋彼岸的阿根廷爆发了举世瞩目的经济危机（2001年末），不久，经济危机又扩展成包括社会危机和政治危机在内的、严重的发展危机。这是拉丁美洲自20世纪80年代债务危机以来爆发的第四场危机。这个事件引起了中国各界人士的高度关注，一些密切关注中国经济和社会未来走向的中外有识之士提醒中国决策阶层，要特别警惕出现经济和社会发展的拉丁美洲化倾向。他们指出，中国的发展已经逼近了一个临界点，走过了这个临界点，中国就有可能向社会稳定、共同富裕的当代欧美国家的方向发展；走不过这个临界点，中国就会沦为政局动荡、贫富对立的当代拉美国家。如何避免"拉美化"，把中国引向一个健康、持续的发展期，则是决定中国人民历史命运的大事情。于是，在中国学术史上就出现了一场史无前例的关于中国"拉美化"之忧问题的大讨论。

　　这场大讨论最早始于2003年。这一年末，防止"拉美化"的问题，首先在北京中国大饭店举办的"中国企业家论坛"上提了出来。这次会议原定的主题是"预测未来三五年的产业趋势"和"探讨领先企业的战略转型"问题，但据报道，会议一开始就转了主题，到场的企业家不约而同地都对中国经济对外资过度开放表示出担忧和质疑，担心真正主导中国经济主体的不是中国的企业，而是外国企业。在此后的两个多星期里，论坛一直围绕着如何"防止拉美化"问题而展开。一家在经济界很有影响力的杂志还将此论坛的内容概括为"中国企业的'拉美化'之忧"，并以此为题在该杂志2004年的首期上发表了一篇封面文章。一时间，关于"拉美化"的讨论开始成为各主流财经媒体的热门话题。但这一时期媒体及学界对"拉美化"的诠释还仅限于外资控制东道国的经济问题，讨论的范围也只局限在企业界和经济学界。

将"拉美化"问题的讨论引向纵深的是在2004年两会期间。在这一次会议的头一年，中国人均GDP已经突破1000美元，与此同时，中国社会也暴露出来了许多越来越尖锐的矛盾，说明中国的发展已经进入一个非常关键的时期。在2004年3月8日十届全国人大二次会议举行的中外记者招待会上，原国家发改委主任马凯对在场的中外记者说："在人均GDP达到1000美元这个阶段，对任何一个发展中国家，特别是像中国这样的人口大国来说，具有十分重要的意义和历史意义"，"已有的国际经验显示，很多国家在人均GDP超过1000美元之后，可能会出现这样两种前途：一种是进入'黄金发展期'，即保持一个较长时间的经济持续快速增长和实现国民经济整体素质的明显提高，顺利实现工业化和现代化；另一种是出现所谓的'拉美现象'，即面对各种矛盾凸显，处理不当，结果走向贫富悬殊、失业激增、分配两极化、社会矛盾激化，导致经济社会发展长期徘徊不前，甚至引发社会动荡和倒退。"①

继马凯主任关于"拉美现象"的讲话后，"拉美化"这一概念便被赋予了一层新的含义：即拉美国家在发展过程中出现的以经济危机、政治动荡和社会失范为特征的整体性危机。与之相应的是，讨论的范围也由经济学界和企业界扩展到了整个学术界。

进入4月以后，关于"拉美化"问题的讨论开始逐渐升温。商务部还专门就外资引进工作中的"拉美化"问题邀请中国社会科学院、对外经济贸易大学、南开大学等单位的有关专家召开座谈会，听取专家们的意见。

2004年胡锦涛主席访问拉美后，无论在学术界还是经济界，甚至在普通民众中，关于"拉美化"问题的讨论都成了中国社

---

① 曲力秋：《中国如何绕开"拉美化"》，载《中华工商时报》，2004年3月15日。

会的一个热潮。一些对拉美情况本不甚了解的人,也对拉美这个遥远的地区产生了浓厚的兴趣,争相查看资料,并在因特网上踊跃发表意见。人们对拉美问题如此热心,这还是中国学术史上从未有过的现象。

"拉美化"概念的歧异

在讨论中,关于"拉美化"一词的含义,意见并不统一。据不完全统计,关于"拉美化"概念的不同阐释足足有几十种之多,归纳起来大体上有如下五类:

第一类,认为"拉美化"系指社会经济发展进程中发生的、类似于拉美曾经或正在发生的种种危机现象。

在这一派意见中,由于观察和思考的角度不同,又有多种多样的差别。有学者认为,"拉美化"所指的问题主要是国民收入分配不均,贫富两极分化。

另有学者认为,"拉美是世界上收入分配最不公平的地区",1970年前后阿根廷等10个拉美主要国家的基尼系数分别在0.44~0.66之间。这是国际公认的客观事实,也是一种最具拉美特色的现象。所谓"拉美化",是指出现像拉美国家(不含古巴)那样严重的社会贫富两极分化。[1]

还有学者指出,拉美化概念有狭义和广义之分,"我国目前拉美化最突出的问题是社会分配问题以及由此导致的各种社会问题"。但这仅属于狭义理解的拉美化;广义的理解和无限制地延伸我国拉美化的比喻范围和描述清单,"不仅不符合拉美国家的实际,而且对我国来说其潜在结果和客观效果都具有很大的负面效应:对政策制定者会有一定误导作用,对二十多年来改革开放政策和大方向会产生误解,对全社会将有可能引起不必要的争论

---

[1] 苏振兴:《"拉美化"主要是指社会分化》, http://www.docin.com/p-127760694.html

甚至混乱"①。

另有一些学者把"拉美化"现象的范围扩大了一些，认为"拉美化"是指一些拉美国家"在经济发展过程中重增长、轻分配，两极分化严重、治安状况恶化、社会动荡等现象……这些现象的存在严重制约了社会以及经济的发展"②。"'拉美化'不仅成为收入分配不公的代名词，更意味着由于收入分配不公而带来的官僚腐败、政治动荡和犯罪率上升"③。

还有人对"拉美化"理解的范围更大，认为"拉美化"是对拉美地区战后60年来发展教训的一个概括性总结，特别是对其负面后果的概括。又说，所谓"拉美化"，是指社会阶层结构呈现出不合理的金字塔型，经济增长的成果被人数很少的主导性阶层分享殆尽，而城市贫民和农村无地少地农民没有机会分享经济与社会发展的成果，是一种在拉美国家普遍存在的经济与社会之间结构失衡的现象。④

理解范围最大的意见认为，"'拉美化'就是指拉美经济社会发展进程中不断发生的以经济危机、政权频繁更迭和社会失范为特征的整体性危机。譬如，拉美国家在经济高速发展后，在80年代中期开始发生了债务危机，经济危机，金融危机等危机的综合病"⑤。"'拉美化'是拉美地区现代化进程中出现的政治、经济和社会诸领域一系列问题的总称，这些问题的累积，导

---

① 郑秉文：《构建和谐社会，完善社保制度，谨防"拉美化"》，http://www.aisixiang.com/data/5807.html.

② 庄孟勇：《社会事业工作在构建和谐社会中的重要作用》，2005年3月25日。

③ 陈小莹：《中国基尼系数与"拉美化"之辩》，第一财经日报，2006年6月26日。

④ 崔效辉：《警惕中国社会的"拉美化"倾向》，《决策咨询》，2002年2月3日。

⑤ 许向阳：《如何避开"拉美化"危机》，载《南方周末》，2003年9月4日（百度百科：《拉美化》）。

致拉美地区在20世纪80年代陷入了一场持续十多年的发展危机"①。"拉美化"陷阱有四大特征：一是贫富差距拉大；二是经济发展停滞；三是政治动荡不安；四是社会民生凋敝。拉美部分国家经济发展起来了，但是由于贫富差距过大，造成社会动荡不安，这是我们要予以警惕的事情②。

但也有一些人把"拉美化"问题仅限于农村移民和城市化进程中的问题。譬如有文章说，上世纪六七十年代，一些南美国家为推动经济快速起飞，曾普遍实施减少农民战略，把大量农民转移到城市，把耕地留给少数农户。这样做确实促进了农业产业化经营。但是，当大量"无土地、无保障、无固定岗位、无一技之长"的农民成为新市民后，新的问题凸显出来了：政府为承担他们的养老、卫生、社会保障等费用精疲力竭，城市两极分化更为严重，社会矛盾激化，治安混乱，国家陷入动荡，经济发展停滞不前。这就是常被专家学者提及的"拉美陷阱"。最后，文章警告中国不能掉入这个"拉美陷阱"③。

在这一派意见中，特别值得注意的是，有人提出了一种"临界点"（危机点）理论，认为"拉美化"系指一个国家无法顺利跨过市场经济发展"临界点"（危机点）的现象。他们说："用纯粹市场经济的模式，发展到一定的阶段时，会遇到一个临界点，这就是1929年美国所经历的那个危机点。经济发展的历史似乎还证明，只要走过这个临界点就是今天的欧美国家，而走不过这个临界点就是今天的拉美国家"。今天，"拉美国家贫困

---

① 陈剩勇、李力东：《"拉美化"与拉美新政》，《浙江社会科学》2008年第12期。

② 邵鹏飞：《科学发展观学习心得》，2008年11月4日。http://zhidao.baidu.com/question/92544225.html。

③ 孙秀岭：《转移农村剩余劳动力还要谨防拉美陷阱》，人民网2005年3月7日。

人口有近50%，而且经济持续徘徊，这就证明经济发展的临界点没有跨过去，反而由于没有政治性的应对手段，使得贫困人口不断增加而引发了政治动荡"①。"人均收入已突破1,000美元的中国，正面临关键的临界点，……属于'多事之秋'。顺利地度过这一临界点，中国社会就会进入良性发展轨道。否则，便可能会出现'拉美化'的局面"②。

第二类，认为"拉美化"问题主要是政治问题。

这派意见认为，"拉美化"包含政治的含义，指拉美城市中的富人和特权阶层与贫民和穷人之间的尖锐冲突以及由此而引发的社会对立局面。譬如有文章认为，拉美国家在工业化和现代化道路上发展的不稳定性和缺乏持续性，原因在于拉美国家政府治理素质存在缺陷；转型阶段没有制定和实施适当的公共政策，导致政府对公共利益维护和管理的功能缺失。③

另有学者也持类似的意见，认为近年来在国际国内被频繁提起的"拉美陷阱"，指的就是在一些南美国家，未经有效调控的市场由于缺乏对社会差异的控制而陷入市场效率丧失、经济发展停滞和社会冲突激增的现象。市场需要社会和谐但又无力自发实现和谐社会的这一"窘境"，使得对社会差异进行其他层面或形式的控制和调整成为必要"④。还有文章认为拉美现象主要指公共政策始终没有跟上去，导致社会分化。面对各种矛盾凸显，由于处理不当，结果走向贫富悬殊、失业激增、分配两极化、社会矛盾激化，导致经济社会发展长期徘徊不前，甚至引发社会动荡

---

① 闫平义：《中国发展逼近临界点：共同富裕还是半数贫困?》，载《光明观察》2004年8月10日。
② 凤凰卫视综合报道：《中国须谨防"拉美化"》，凤凰卫视，2005年3月3日。
③ 《中国如何绕开"拉美化"》，中华工商时报，2004年3月15日。
④ 顾骏：《差异与和谐的必要张力——论构建社会主义和谐社会》，2006-07-19。http：//www.cngr.cn/article/61/388/2006/2006071953171.shtml。

和倒退。①

第三类，认为"拉美化"是一种人文现象。

这派意见认为，"拉美化"是一种人文状况不佳的现象。譬如有一篇文章说，"自从工业革命以后，欧洲是全世界的先进地区，后来的美国、加拿大、澳大利亚和新西兰可以理解为欧洲外延的扩大，相对而言，亚洲和非洲是落后地区，在先进和落后之间，有一个中间地带就是拉丁美洲。拉丁美洲，无论人种和社会形态都是欧洲和美洲的混血儿，所以，它比亚洲和非洲先进，比欧洲落后，这完全符合历史的逻辑"。"因为人文状况的不同，经济发展也可以呈现明显的区别"。"现今世界的先进，落后和中间状态实际上不是政治现象，也不是经济现象，而是一种人文现象"。"人的思想是最难进步的，尽管人们都自诩是万物之灵。所以，'拉美化'实际上是人文现象，而不是人们通常假设的是政治现象或经济现象"。"如果以最简单的逻辑来讨论世界3大板块先进与落后的因果关系，那就是：欧洲的先进在于他们建立了体现物质世界客观规律的科学文化体系，人们崇尚的中心是科学技术和与之相适应的人文精神，而亚洲和非洲至今仍充斥着许多原始的意识形态，权力至上，个人迷信，人身依附，等级观念等等"；"拉丁美洲的状况则介乎亚洲和非洲之间"。文章认为，"推断中国会不会'拉美化'，首先要判断中国社会的人文状况究竟如何"。"拉美历史上也出现过经济奇迹，但都很短暂，原因是这些奇迹没有强大的人文条件的支撑而归于昙花一现。②

第四类，认为"拉美化"的内容主要指拉美的新自由主义发展道路与模式。

---

① 叶剑辉：《繁荣会离中国而去吗？——评中国经济拉美化陷阱》，载《中华工商时报》，2008年8月18日。

② 《中国会"拉美化"吗?》，国是论衡－新浪论坛－新浪网，2007年7月31日。http://www.360doc.com/content/07/0807/17/37305_658733.shtml.

如有学者认为,"拉美化"是发展中国家经济社会发展道路的一种模式——两极分化和对外依附。认为拉美的教训"是产业发展高度依附发达国家,外债高筑,却少有国际竞争力的自主产业,收入差距基尼系数高达0.6左右,缺少促成社会稳定的庞大中产阶级,既得利益集团的垄断地位使社会民主化和社会改革难以进行,导致社会腐败问题严重";"一些拉美国家,一直没有能够解决好社会矛盾激化的问题,政治长期不稳,对经济发展造成致命的影响"。而且,"一些拉美国家在人均GDP达到1000美元前后,纷纷开始推行金融自由化改革,利率由市场决定,导致利率大幅上扬,为后来发生拉丁美洲金融危机埋下了隐患"[①]。

《中国企业家》杂志也指出:"20世纪90年代,拉美普遍实行新自由主义改革",巴西、阿根廷等国"走了一条典型的'外资主导型'开放道路",虽然在一个时期获得了较快的经济发展,但这条道路的负面作用(国家经济受国际垄断资本控制、对外资的依赖造成长期困扰发展中国家的严重债务危机、外资主导型的开放经济不利于发展中国家产业的技术升级)也很明显,"成为制约其经济发展的不利因素,甚至损害发展中国家工业化、现代化的未来"[②]。

还有学者认为,拉美化问题的产生缘于新自由主义理论对拉美地区经济改革的误导。作为新自由主义政策建议的"华盛顿共识",片面强调市场机制对资源配置的效率功能,而忽视了国家干预的重要性,造成了政府在调节收入分配、保护民族市场和产业以及提升国家宏观调控能力等方面必要职能的缺失。拉美的经验证明,通过"自由化和市场化而过多地引进外资虽然可以

---

① 李培林、张翼、超延东、梁栋著:《社会冲突与阶级意识——当代中国社会矛盾问题研究》,社会科学文献出版社2005年版,第21~22页。
② 《中国企业家》2004年1月号封面文章《拉美化之忧》。

获得短时间的经济繁荣,但是过度的开放给国家发展带来的危害却是根本的、长久的"①。

第五类,认为拉美化现象的病源在于民粹主义。

这一派意见认为,拉美的根本问题在于民粹主义;无论是拉美的文化、政治,还是经济,都带有浓重的民粹主义色彩。如有文章说,"拉美各国之所以会普遍出现政府软化和社会失范的现象,其原因深深地植根于其文化特性之中。拉美文化……在政治上就表现为在拉美各国经久不衰的充满民粹主义色彩的左翼激情。"文章说:"许多人一提到'拉美化'就想到贫富两极分化,事实上,贫富分化是'拉美化'现象的后果,而不是原因。'拉美化'的病源在于民粹主义"。文章认为,拉美是一个"以劫富济贫,挣脱法律约束的集体性陶醉等激进的左翼价值作为主流的社会","如果一个国家中下层收入的广大人民,把资本和私人财富作为自己的主要敌人来加以限制和打击的话,那么,一个数量庞大的失业和赤贫阶层的出现也就不可避免了",因此,拉美"不但社会动荡、经济停滞,而且陷入了最为严峻的贫富分化"②。

另有文章认为,拉美发展的失败在于政治上陷入了一种威权主义与民粹主义之间的恶性循环。文章说,很多国家在社会经济发展到一定程度的时候都会出现一个政治上的危险过渡期,但是这个危险过渡期并不是由于富裕本身造成的,而是由于人们追求富裕过程所致。文章认为,在社会利益多元化迅速发展时期,政治上最容易出现这样两种危险:第一是体制僵化,无法容纳多元利益的表达;第二是政府在面临社会民主化压力时以一种民粹主

---

① 张文中:《谨记拉美经济发展经验教训,中国应对"拉美化"说不》,载《中国企业家》2004年第6期。

② 许向阳.《如何避开"拉美化"危机》,载《南方周末》2003年9月4日。

义的方式实行民主化。认为"在分析拉美现象时必须注意民粹主义对拉美发展的影响。不少拉美国家的政治实际上是在权威主义与民粹主义之间的恶性循环：最初是政治制度僵化，拒绝民主。然后是民众运动的爆发，导致民粹主义政治。民粹主义政治不仅导致政治不稳定，而且往往会迫使政府追求福利主义经济政策，从而使经济丧失竞争力。"[①]

特别值得注意的是，有一些经济学家还提出，"拉美化"的实质是民粹主义的福利赶超。他们认为，拉美在经历了战后二三十年增长的"黄金时代"之后之所以增长陷入停滞、贫富差距进一步扩大，与拉美民粹主义的福利赶超政策密切相关。所以，面对贫富差距不断扩大，必须要避免民粹主义的"福利赶超"倾向，并说这是很多专家学者们的"共识"，华盛顿共识也是对此前民粹主义的一种"反动"。

他们认为："拉美为民粹主义困扰长达四分之三世纪，检讨拉美问题如果忽略这一因素不谈，显然是没有抓住问题的根本"。他们说，各种民粹主义政策的一个共有的核心的内容，就是试图通过政府主导的收入再分配和超出财政承受能力的补贴政策，学习发达国家的福利制度和就业保障制度，以达到快速提高低收入阶层的收入，快速缩小收入差距的目的。正是这种"福利赶超"，导致了财政赤字、债务危机、金融危机、增长停滞等一系列不良后果，使经济掉入"陷阱"。他们还认为，"具有鲜明民粹主义特点的劳工立法对拉美就业产生了较大的负面影响"。"从横向比较来看，由于民粹主义的影响，拉美的社会支出一直以来都比亚洲要高出一截"；从纵向比较来看，20世纪90年代以后，拉美社会支出增长较快。认为"民粹主义逻辑在拉

---

① 曲力秋：《中国如何绕开"拉美化"》，载《中华工商时报》，2004年3月15日。

美的实践,最终导致了增长陷入停滞以及贫富差距扩大"。

他们的结论是:"'拉美化'的实质是自 20 世纪 80 年代以来拉美经济增长出现了停滞。对这一问题的反思,国内基本以总结新自由主义的教训为主。但事实上,新自由主义的影响不过是 20 世纪 80 年代末 20 世纪 90 年代初的事,而对拉美影响深远(始于上世纪 30 年代)并且至今仍充满活力的却是民粹主义的福利赶超。"①

甚至有人认为,"拉美化"就是指一种劫富济贫—贫穷—再劫富济贫—更贫穷的民粹主义恶性循环现象。他们说:"在整个拉美地区,因为收入分配的两极分化,不同的国家一次又一次地出现左翼,甚至是极左翼的政府上台。这些政府一般会干的事情是:国有化和再分配。但国有化和再分配的一般性结果是:再分配没有分配成,最后整个国家的经济也给搞崩溃了。拉美的经验告诉我们:当最穷的人群因为错误的经济政策变得更为贫穷后,贫富差距会更加严重,穷人会更加要求政府采取再分配,政府会采取更加强硬的再分配政策,对经济进行更多干涉,更加国有化,于是在错误的路上走得更远。这是一种恶性循环"。②

还有人认为,民粹主义是"危机产生的根源"。他们说:"拉美的民粹主义对经济发展的影响主要是通过宏观政策手段调节收入再分配,而忽视了市场经济基本制度在本地区的创新。……长期实施民粹主义经济政策的结果,使得隐性失业不断显性化,城市'贫民窟'大量出现,高额的财政赤字和外债积聚了财政

---

① 樊纲、张晓晶:《"福利赶超"与"增长陷阱":拉美的教训》,http://www.docin.com/p‐25051504.html.

② Kai:《拉美化》(经济笔记),2007 年 12 月 4 日,http://www.kaieconblog.net/2007/12/04/9585/.

风险，最终导致债务危机的爆发，经济发展失去了可持续性。"①

以上是近年来关于"拉美化"问题的一些不同意见。但是，所有这些意见都有一个共识，那就是都认为"拉美化"问题的提出并不是空穴来风，而是中国现代化进程进入关键性阶段所不能不注意的一个问题，都认为目前能不能防止"拉美化"，是一个关系中国改革开放前途的大事情。但是，也有一些学者不这样看，他们认为中国不大可能拉美化，因为"我国的土地所有制相对分散，资本结构上对外资的依存度也没有拉美国家这么严重"；因为"中国农民普遍拥有自己的一亩三分地，即使在经济萧条时期，过剩的农民工可以从城市返回土地，不存在会有大量失地农民的情况，从而避免了经济波动对城市造成的压力和'拉美化'社会动荡的严重恶果"；因为我国城乡差距大是造成基尼系数较大的主要原因，若城市居民和农村居民基尼系数分别统计，则都低于0.4，"这就是没有引起社会动荡的原因"；还因为我国最高决策层早已关注到这个问题并采取了行动。②

还有人认为，"用'拉美化'概念来预测中国经济和社会的发展是不准确的，因为中国和拉美国家走的是完全不同的发展道路"③。"只要中国坚持走独立自主的社会主义道路 就不会'拉美化'。虽然很多人看了中国的一些数字，觉得中国确实有拉美特征，有可能走入"拉美化"陷阱，但起码现在还不可能走入"拉美化"陷阱；关键在于共产党是否坚持社会主义道路，坚持

---

① 杨万明：《论拉美国家的发展模式转型与发展困境》，载《拉丁美洲研究》2006年第6期。

② 陈小莹：《中国基尼系数与"拉美化"之辩》，载《第一财经日报》，2006年6月26日。

③ 许波：《中国拉美化?》，2006年12月1日，http：//club.kdnet.net/dispbbs.asp?id=1391481&boardid.

独立自主道路。①

另外,还有个别学者对"拉美化"概念持否定态度,认为"'拉美化'是个伪命题",其理由大致有四:第一,"拉美化"的定义五花八门,"拉美化"的提法"毫无科学性可言"。第二,"拉美化"是在许多学者和民营企业家讨论中国利用外资时提出来的,其用意和落脚点无疑是担心中国经济被外资控制,但事实上外资对拉美的民族企业并没有威胁,而是"拉美经济的引擎",20世纪90年代以来拉美经济的年均增长率之所以能达到2.4%,"外资大量流入功不可没"。第三,"拉美国家在人均收入超过一千美元以后,它的国民经济并没有停滞不前","那时拉美国家的做法对今天的中国来说,参考价值不大"。第四,人均收入的提高并不是导致"失去的十年"的直接原因,将拉美人均收入超过一千美元后国民经济陷入停滞不前的状态说成是"拉美化"或"拉美现象",值得商榷。②

不仅如此,甚至还有人说,"现今中国的多数地区还远远达不到拉美的水平","当务之急是赶上拉美,而不是忧虑拉美化,……我们先要拉美化,然后再来避免拉美化。这就是应有的逻辑。"③

意见的歧异与真实的拉美

关于"拉美化"问题的意见和观点是如此的歧异,这让很多人感到费解。其实,这一点都不奇怪。如果我们注意浏览报刊

---

① 邋遢道人:《什么是拉美化以及中国是否会走上拉美化的道路》,2004年4月16日。http://xz5.2000y.net/mb/2/ReadNews.asp? NewsID=262882.

② 江时学:《"拉美化"是伪命题》,载《拉丁美洲研究》2005年第1期;江时学:《"拉美化"真的存在吗?——真实的拉美经济》,载《南方周末》2004年7月15日;江时学:《拉美改革启示录》http://blog.voc.com.cn/blog.php? do = showone&type = blog&cid = 101000000&itemid = 545091.

③ 《中国会"拉美化"吗?》,国是论衡-新浪论坛-新浪网,2007年7月31日。http://www.360doc.com/content/07/0807/17/37305_658733.shtml.

上关于这个问题的文章，我们就可以看到，绝大多数参加这个问题讨论的作者，写的虽然是拉美的文章，但讨论的内容实际上都是中国改革开放中的问题；文章所表达的观点实际上都是作者在中国问题上所持观点的反映。因此，拉丁美洲国家的历史和现实就被描绘成了各色各样的极其不同，甚至相反的图景；"拉美化"的概念就有了各种歧异的阐释。

在许多作者看来，"拉美化"一词中间因为有了一个"化"字，似乎就成了经济学中的一个科学概念，非得有个精确的定义不可。其实，"化"字在这里只不过是词法上的一个后缀，加在名词之后构成动词，表示转变成某种性质或状态。所谓"拉美化"，就是"转变成拉美那个样子"的意思；所谓"中国的'拉美化'之忧"，就是指我们担心在中国经济发展过程中有可能出现像拉美那样的贫富两极分化、社会矛盾激化，现代化进程一再陷入困境、经济社会发展长期徘徊不前的状态。显然，"拉美化"这个词只不过是一个比较研究用语，并不是一个严格意义上的经济学概念。我们之所以要用"拉美化"，而不用"非洲化"或别的什么"化"来比较中国目前发展中所出现的某种值得注意的趋势，是因为拉美国家无论是在独立方面还是现代化进程方面，都是发展中国家中走在最前面的，其发展进程中所出现的一系列阻碍经济、社会进步的问题也特别具有典型性和规律性，它让我们看到了发展中国家发展前景中所蒙上的某种令人担心的阴影，特别值得我们关注和研究。我们使用这个比较用语，目的就是要研究拉美的教训，吸取拉美的教训。

当然，我们既然强调要防止"拉美化"，要总结和借鉴拉美发展的经验，吸取拉美发展的教训，我们首先就得弄明白，拉丁美洲的情况到底怎么样，它的问题到底出在哪里，是不是真如一些作者所说，拉美危机的根源在于"民粹主义"或"民粹主义"的"福利赶超"？或者真如有些作者所说，"这个论题本身就是个伪命题"?总之,我们应该如某些专家所提出的,一定要给读者一个真实的拉美。这不但是科学研究对我们的最起码的要求,也是拉美学者应尽的责任。

二、独立200周年纪念与拉美的发展困境之忧

在我国学界讨论"拉美化"问题的时候,太平洋彼岸的拉美国家正开始筹备它们的独立革命200周年纪念。从2007年开始,特别是在2008年之后,拉美国家相继举行大规模的庆祝活动,以纪念它们独立革命开始的日子,其纪念活动的地区性特点和主题的深刻性,都是史无前例的。

新的挑战与新世纪的纪念

在20世纪80年代债务危机的压力下,拉美国家曾普遍地接受了西方新自由主义的发展道路,但是结果都不美妙。关于这方面情况,秘鲁经济学家埃尔南多·德索托(Hernando De Soto)[①]有一段很精彩、很坦率的描绘,他说:"柏林墙的倒塌结束了资本主义和共产主义之间长达一个世纪之久的政治斗争。资本主义成了合理组织现代经济的唯一可行的方式。在历史的这个时刻,任何一个负责的国家都不可能有别的选择"。但是,"对于人类5/6的人来说,这并不是资本主义更大胜利的时刻,而是资本主义危机的时刻"。"他们的努力换来了痛苦的失望。从俄罗斯到委内瑞拉,过去这5年间充满了可怕的经济灾难,国民收入急剧下降,到处都是忧虑和怨恨;用马来西亚总理马哈迪尔·穆罕默德尖锐的言辞来说,'这是一个饱尝了匮乏、暴乱和掠夺的年代'。《纽约时报》的社论指出:'对于世界上大多数地方而言,

---

① 本书多次引用这位经济学家的作品,但由于译者不同,对这位经济学家名字的译法也不同:《另一条道路》一书译为"赫尔南多·德·索托";《资本的秘密》一书译为"赫南多·德·索托";笔者则按西班牙文人名的标准译法译为"埃尔南多 德索托"。其实都是一个人。为避免误解,特此说明。

西方国家在冷战胜利的余晖中所颂扬的市场,已经被市场的残酷性,对资本主义的警惕性和不稳定现象的危险性所取代。'仅限于西方的资本主义胜利,很可能就是带来经济、政治灾难的药方。……拉丁美洲对自由市场的同情已开始减弱。2000年5月,对私有化的支持率已下降了10个百分点,只达到36%。最不利的是,在前共产主义国家里,资本主义制度一事无成,而旧政权时期的官僚正冷静地等待着重新掌权。……西方商业社会的担心日益增长,害怕由于世界上大多数地方没有成功地实现资本主义,最终会导致世界上的富裕经济陷入衰退。……在富裕国家内部,资本主义的不良反应也一直在逐渐增强,不管是1999年12月西雅图世界贸易组织会议门前的抗议,还是几个月后对华府的国际货币基金组织/世界银行会议的抗议,尽管诉求不同,都突出地反映了人们对资本主义扩张的愤怒。许多人回忆起经济史学家卡尔·博蓝尼(Karl Polanyi)的警语:自由市场可能随社会发展而崩坏,并导致法西斯主义。日本正在艰难地度过自大萧条时期以来最漫长的衰退。西欧民众投票拥护那些保证推行'第三条道路'的政治家。……在拉丁美洲,自180年前从西班牙统治下独立以来,至少已经四次尝试进行旨在创立资本主义制度的改革。每次都是在经过一番努力和体验过最初的欣喜之后,又从资本主义和市场经济政策中撤退"①。拉丁美洲的独立200周年纪念就是在这种新的挑战的形势下展开的。

在新的挑战形势下,拉美国家独立革命第二个百周年纪念同第一个百周年纪念大大不同。在第一个百周年纪念时,各国是在各自的边境之内举行纪念的,有些国家的纪念活动甚至还没有搞成,或完全错过了。第二个百周年纪念则不仅仅是自己国家的纪

---

① Hernando De Soto, ¿Por qué el Capitalismo Triunfa en Occidente y Fracasa en el Resto del Mundo? http://www.elcato.org/special/friedman/desoto/cap1_misteriodelcapital.html.

念,而且还一直以整个大陆的纪念为努力方向,并在整个地区范围内就拉美国家的发展困境问题展开了全局性的大讨论。几乎所有的拉美国家都举行了各种形式的纪念讲座、学术研讨会和首脑会议,如"拉美、加勒比第一次独立200周年讲座"、"布宜诺斯艾利斯大学美洲学研究讲座"、哥伦比亚国立大学关于"我们时代的重大主题"的开放讲座、厄瓜多尔和南美洲历史讨论会、布宜诺斯艾利斯大学社会科学院拉美及加勒比研究所和阿根廷全国科学技术研究委员会等单位共同主办"独立200周年研讨会"、厄瓜多尔首都基多的"独立200周年论坛"、南方共同市场峰会、南美洲国家联盟峰会、拉美及加勒比国家和政府首脑峰会、中美洲一体化体系峰会、第三届古巴—加勒比共同体14国峰会、拉丁美洲工会会议等等。在所有这些讨论会上,与会学者和各国政要大都把独立200周年纪念视为"考察导致拉美当前形势的那些事件的历史、意义和后果的一个机会",认为"200周年纪念(为他们)提供了一个很好的思考已经200年历史的拉美各国状况的机会",认为纪念活动"是思考拉丁美洲新的发展道路和社会公正问题的一个历史机会"。他们大都承认,独立200年了,但"拉美至今仍然没有达到国际水平的繁荣和影响力",承认拉美从独立一开始就一直在"复制一种根本上就是进口的模式",承认"拉丁美洲是现代西方第一个在力图协调社会平等同文化差异方面遭到失败的地区",认为拉美如果不强化自己的国家,就永远不可能改变这个至今仍存在的、不吉利的农产品出口模式、阴险的无政府和多主权模式。①

由于主题集中而突出,这次关于发展问题的大讨论无论在深

---

① "El Bicentenario de la Independencia en Grandes temas de nuestro tiempo" en *Quehacer cultural*. Décimo Foro de Biarritz, *EL BICENTENARIO DE LA INDEPENDENCIA*, Quito, Ecuador, 1 y 2 de Octubre 2009. http://www.cmeal.org/documentos/Bicentenario.pdf.

刻性方面还是广泛性方面,都是空前的。譬如在阿根廷,"独立200周年研讨会"就以探讨阿根廷落后的原因为主题,认为阿根廷"现在正在经历一场深刻的方向危机",这场方向危机曾多次迫使他们想一想过去。100年前,阿根廷曾是一个世界级的经济强国,今天已经丧失了这个地位,是什么原因在这个国家的历史上造成如此巨大的变化?他们想通过这次讨论来找到这个问题的答案。①还有学者认为,在阿根廷,"200周年纪念的核心问题"应该是"非文明化"(desculturación)的问题,因为在阿根廷,有些边缘地区如查科、圣地亚哥德尔埃斯特罗、福尔莫萨、萨尔塔等地区的人民现在还生活在非人的生活条件下,有些儿童睡在树上,学校和农村教师天天在创造奇迹,但却每天喝着含有砷毒的水,仍然有两百万人患有恰加斯病(锥虫病);他们中的有些人即使能摆脱这种地狱生活,也只能拥挤在阿根廷各省首府和布宜诺斯艾利斯诸卫星城周围的贫穷村子里。而且,"在最近30年中,阿根廷已丧失全部公有财产;国家集体所有的资产被劫掠一空;其他任何国家都有的公共财产,阿根廷人却一无所有"。他们认为"200周年纪念正是一个集中力量根除社会—文化贫困的机会"。②

在墨西哥,纪念活动强调要"研究墨西哥的过去、现在,特别是将来",要努力工作,把独立先驱们所设想的东西变成现实。墨西哥政府当局还把2010年确定为墨西哥人民的"历史思考年",表示要探讨"什么是我们已经做过的事情?什么是我们停下来没有做的事情?什么事情我们做坏了?什么事情我们可以做得更好?特别是要制订一些规划、一些政策、一些发展计划,

---

① *Debaten en la UBA sobre los 200 años de independencia latinoamericana*,22/10/2009.

② Mempo Giardinelli, *Bicentenario y Globalización*:*el Sur visto desde el Sur*,WASHINGTON, 12 DE FEBRERO DE 2010.

制订一些政治上一致、有国际参与、支持青年人的计划和一些教育计划。总之，要继续建设面向未来的墨西哥国家"。①墨西哥著名史学家恩里克·弗洛雷斯卡诺还指出："纪念独立与1910年革命，是给予我们新的勇气，以建立一个社会一体化的国家的最好的机会……"要"利用2010年就不平等及其未来解决办法的问题进行最伟大的思考"，还说，严峻的现实告诉人们，墨西哥国家"现在已在社会上、政治上分裂为三个相互疏远的集团"。墨西哥已成为"一头不断生产不平等和不公正的种畜；它的无效益已使它在公民面前失去了合法性"；他还严肃地指出，让5000多万墨西哥人还过着贫困生活，"这是我们这个时代最让人痛苦和带来罪过的命题；这是一个历史的罪过，因为它的根子深深地埋入西班牙以前的时代，并继续成长在三个世纪的总督时代和最近200年的共和国时代。近年来，这个不平等已变得最具威胁性"。②

在厄瓜多尔，有学者提醒："面对当今拉丁美洲还没有成为很繁荣或有国际影响、对人类的命运没有多少影响的地区……拉美国家都还是相当软弱的民族国家这个现实，我们不能视而不见"，"独立200周年的挑战就是要努力把一个软弱的，甚至缺失的国家，变得强大起来；没有一个强有力的国家，我们永远不可能改变这个不祥的、主要实行农产品出口模式的、无政府状态的和多统治权的国家"。③

在巴拉圭，有学者说，"历史的记忆就像一面镜子，让我们看到我们的过去，并根据我们观察和解释我们历史的方式来规划

---

① Gonzalo Núñez, *Bicentenario de México*: *el orgullo de la raza de bronce*, 13 - 02 - 2010.
② Enrique Florescano, Deber de Memoria, 31/12/2009.
③ Carlos MARIN, Guillermo LONG, *EL BICENTENARIO DE LA INDEPENDENCIA*, FLACSO, Ecuador.

我们的未来","巴拉圭如果不懂得它的殖民主义进程,它就有永远被殖民化的危险"。①

总之,拉丁美洲独立革命200周年纪念是一次在新的历史条件下有历史里程碑意义的大讨论。

纪念的主题:拉丁美洲的发展困境

在这次独立革命200周年纪念的大讨论中,提出了不少的新问题,譬如关于拉美第二次独立的问题、发扬玻利瓦尔"大祖国"思想,实现拉美一体化的问题,就是其中两个讨论得最多的问题。

关于前一个问题,由于美国帝国主义的扩张和侵略,反对新帝国主义和进行第二次独立的思想在拉美历史上从未中断过;但作为重要的战略口号提出来则主要有两次,一次是何塞·马蒂1889年在布宜诺斯艾利斯《民族报》发表的一篇评论中,明确地提出了"第二次独立的必要性"问题。在这里,"第二次独立"并不是指古巴的独立,因为马蒂的祖国古巴当时还没有实现"第一次独立",也不只是指阿根廷,而是指整个西班牙美洲,他称西班牙美洲为"我们的美洲",他甚至认为必须要发表一个新的独立宣言(见 José Martí, *Obras escogidas*, II, p. 379.)。第二次是阿根廷作家曼努埃尔·乌加特(Manuel Ugarte)在1927年发表的一篇宣言中提出的,当时,正值尼加拉瓜桑地诺反美斗争高潮,宣言认为,拉美的独立与地区(或大陆)联合事业是一个尚未结束的进程;拉美"需要紧急地开辟一条为夺回已失去的独立而斗争、推进第二次独立的战线"。② 由于2009

---

① Aristides Ortiz, *Bicentenario de la Independencia: mirar 200 años atrás*, Marzo 4, 2010.

② Hugo E. Biagini y Arturo A. Roig (compiladores), *América Latinahacia su segunda independencia, Memoria y autoafirmación*, Buenos Aires: Aguilar, Altea, Taurus, Alfaguara S. A, de Ediciones, 2007.

年洪都拉斯发生美国支持的军事政变,玻利维亚提出,"第二次独立的要求甚至更强烈了",主张发动"决定性的、第二次独立运动"。①委内瑞拉史学家也认为,"(拉美的)独立是一个开始于1808年的进程,这个进程至今仍然活着,我们有义务来完成它。"②巴拉圭的社会运动和知识分子还号召人们"在巴拉圭的解放进程中继续前进"。③拉美还有学者提出要"结束五个世纪的外国统治"④的口号和"消灭思想殖民主义,建设自己的思想基础"⑤的口号。

关于第二个问题,很多拉美学者都认为,拉美现在所讲的一体化,在某种程度上还是200年前拉美解放者玻利瓦尔、圣马丁、阿提加斯、莫雷罗、塞西里奥·德尔·巴列的旗帜,这些解放者当时都想建立一个大祖国;西蒙·玻利瓦尔1826年在巴拿马召开"近邻同盟大会"("Congreso Anfictiónico")就想把西班牙美洲的统一制度化。现在,这些解放者的"大祖国"思想已经演变成了拉丁美洲强有力的一体化思想。⑥有关马蒂著作的介绍材料还指出,对于马蒂来说,拉丁美洲的统一也意味着要建立一个单一的拉丁美洲规模的"新共和国";这个"新共和国"将

---

① Aymú, Alejandro. "*Bicentenario: Reflexiones de nuestra Patria Grande*": entrevista a Horacio López, Director adjunto del Centro Cultural de la Cooperación, La revista del Centro Cultural de la Cooperación, Enero / Agosto 2009, n° 5 / 6.

② Alfonso Fernández, "*Bolívar, el pueblo e independencia inacabada*", ejes bicentenario Venezuela, EFE 21/05/2009, http: //www. elconfidencial. com/cache/2009/05/21/68_bolivar_pueblo_independencia_inacabada_bicentenario_venezuela. html.

③ Aristides Ortiz, *Bicentenario de la Independencia: mirar 200 años atrás*, Marzo 4, 2010.

④ Ángel Torres, *Segunda Independencia de América Latina*, el 23 de Junio 2009.

⑤ Carlos MARIN, Guillermo LONG, *EL BICENTENARIO DE LA INDEPENDENCIA*, FLACSO, Ecuador.

⑥ Aymú, Alejandro. "*Bicentenario: Reflexiones de nuestra Patria Grande*": entrevista aHoracio López, Director adjunto del Centro Cultural de la Cooperación, La revista del Centro Cultural de la Cooperación, Enero / Agosto 2009, n° 5 / 6.

是一个根本上不同于传统的拉丁美洲诸共和国的共和国,因为它将与残存在它内部的殖民地残余进行斗争。①还有文章指出,拉美独立革命200周年纪念活动中最引人注意的一个事实是,第二个百年纪念与第一个百年纪念不同,它不仅仅是自己国家的纪念,而且还一直以整个大陆的纪念为努力方向。譬如,在2007年11月智利圣地亚哥的第十七届伊比利亚美洲国家峰会上,与会代表就一致同意"200周年纪念将作为全拉丁美洲的纪念活动来举行",即"以一种超国家的纪念形式"来纪念"伊比利亚美洲的独立"。②之所以如此,是"因为拉美各国现在多少都有一个共识:19世纪初期的独立运动不只是涌现出一批民族国家,而且还有一个完整的地区——拉丁美洲出现在世界上;200年之后,这个地区要有自己的一个空间。近年来,这一个要求明显地反映在很多国家都有一种想同美国划清界限、拉开距离的意向"。③

所有以上事实都证明,在这次拉美独立200周年的纪念中,"第二次独立"与"一体化"问题是讨论的重要主题;但是,这些主题的讨论都是按照"没有独立便没有发展"的逻辑而围绕发展问题展开的,最核心的主题还是拉丁美洲的发展困境问题,是美拉发展鸿沟形成的原因问题。譬如,有相当多的文章都指出,在纪念中,光是回忆那些缔造了我们祖国的伟大人物是不够的;拉丁美洲经受了几个世纪被人遗忘、经济落后、陷入不发达地位的历史,"这一次的纪念是我们用现代理论观点对独立斗争

---

① Zbigniew Marcin Kowalewski, *La revolución socialista y la unidad de América Latina*, divendres 24 de desembre de 2004.

② *Medófilo Medina, El Bicentenario: una conmemoración sintomática*, lunes, 24 de noviembre de 2008.

③ Riosucio, Caldas, ¿ *Listos para proseguir con el bicentenario latinoamericano?*, , Colombia, 14 de septiembre de 2009.

进行分析、重新定义国家的作用以及拉美国家在一个全球化世界中的地位和作用的一个好机会"。①拉美报刊和因特网上都大量出现关于美国为什么富拉美为什么穷的讨论文章,譬如圣保罗大学企业学院教授拉斐尔·P·奥尔梅多(Rafael Pampilln Olmedo)就撰稿讨论为什么美国富裕而拉美贫穷的问题②。美洲新闻社社长卡洛斯·鲍尔(Carlos Ball)也撰稿讨论"为什么在一个其他国家都在进步的世界里拉美却不进步?"的问题③。墨西哥众议院对外政策办公室副主任马里奥·桑托斯关于拉美独立200周年纪念的研究报告也认为,19世纪初拉美人民的独立革命为的是结束西班牙的殖民统治,因为这种统治阻止拉美的成长,强加经济不平等的条件,但是独立200年过去了,这种凄惨的状况并没有改变,所以现在的200周年纪念应该是以现代理论分析这个问题的最好的机会。④还有学者探讨"为什么穷人越来越多?"的问题⑤。阿根廷大企业家马丁·巴尔萨夫斯基也撰稿参加"富国为什么富"的问题的讨论,认为富国之所以富,是因为它们拥有受过教育的、勤劳的、有组织的和富有创造精神的人;穷国之所以穷是因为他们的国人受教育少,没有组织,较少创造性,严重缺少资源,而且一般来说被一些腐败的领导人所领导。他说他并不否认有富国偷盗穷国的情况,但是,一般来说,他不相信,这

---

① Lic. Gabriel Mario Santos Villarreal, *El Bicentenario de la Independencia en América Latina, ¿más allá de la reflexión?*, Marzo de 2010.
② Rafael Pampillón Olmedo, *¿Porqué Estados Unidos es rico y América Latina pobre?* 1ra. P, http://www.materiabiz.com/mbz/economiayfinanzas/nota.vsp?tok = 1184483536442&nid = 30433.
③ Carlos Ball, *¿Por qué América Latina no progresa en un mundo donde otros lo están logrando?* 15 de agosto de 2007 http://www.elcato.org/node/2686.
④ Lic. Gabriel Mario Santos Villarreal, *El Bicentenario de la Independencia en América Latina, ¿más allá de la reflexión?*, Marzo de 2010.
⑤ Oscar Neira, *¿Por qué hay cada vez más pobres?* http://www.envio.org.ni/articulo/822.

些情况能够解释富国之所以富的原因。①特别是秘鲁经济学家德索托的两部著作《另一条道路》和《资本的秘密》，专门研究"为什么资本主义在西方胜利而在世界其他地方失败？"的问题，有很大的影响。这两部书虽然不是专门为拉美独立200周年而写的，但在这几年的纪念活动期间，有人精心地为这两部著作做了很多的宣传工作。德索托说：面对第三世界贫困的情况，西方国家总是"责怪第三世界国家的人民缺少企业家精神，或者不够市场导向，……或者是被欧洲殖民者无能的残余影响所削弱，或者是因为他们智商太低"，这都是错误的，"实际上，第三世界国家和前共产主义国家的城市里充满了企业家，……这些国家的人民拥有智慧、热情和白手起家的惊人能力，能够掌握并运用现代科技；否则，美国企业也不会这么费劲地控制其专利不会在国外被侵权使用，美国政府也不会这么迫切地努力不让现代化武器技术落入第三世界国家的手中"。那么，"资本主义已经为西方国家带来了财富，又是什么原因阻止它为世界上的大多数人带来同样的财富呢？为什么资本主义像是被封闭在一个玻璃钟罩下，只在西方国家发展起来了呢？"他说这就是他的《资本的秘密》一书所要研究的问题。②与德索托这两部著作所提问题有着密切关系的还有两个著名的人物，一个是著名的"历史终结论"的发明者福山，另一个就是著名的秘鲁记者、美国加州奥克兰一独立研究所研究员阿尔瓦洛·瓦尔加斯·略萨。前者于2008年主编出版了一部题为《落后：对美拉之间发展鸿沟的解释》的文集，声称该文集打破了所谓南北美洲经济差距只能由美国的统治

---

① Martín Varsavsky, ¿ Por qué los paises ricos son ricos? 31 de Agosto de 2007. http://spanish.martinvarsavsky.net/general/%C2%BFpor-que-los-paises-ricos-son-ricos.html.

② Hernando De Soto, Por qué el Capitalismo Triunfa en Occidente y Fracasa en el Resto del Mundo. http://www.elcato.org/special/friedman/desoto/cap1_misteriodelcapital.html.

和广泛的文化差异来负责的神话。他的最著名的论点就是：文明正不可阻挡地朝着资本主义的自由民主制度前进。①后者曾经为德索托的名著《另一条道路》第一版写过序言，2005年他也写了一本书，书名《拉美需要自由：如何解除500年的国家压迫》，认为拉美落后的原因在于国家的压迫，认为拉美当前新自由主义实践的缺点反映了国家的干涉根子深厚，不可动摇。②一些国家的政要甚至元首也参加了这次讨论，譬如哥斯达黎加总统奥斯卡·阿里亚斯就在2009年4月特立尼达和多巴哥第五届美洲峰会上发表演说，就美国为什么富拉美为什么穷的问题发表意见。③美国学术界对这个问题也很关心，譬如美国耶鲁大学出版的迈克尔·里德的一本题为《被遗忘的大陆：为了拉美灵魂的斗争》（Forgotten Continent: The Battle for Latin America's Soul）的著作就从各个方面分析了拉美失败的原因。④此外，拉美国家还在因特网上就"为什么美国富拉美穷?"的问题展开了广泛的讨论，包括普通网民在内的许多作者都在博客上畅所欲言，踊跃发表意见。这种情况在拉美历史上是空前的，足见拉美人民十分关心自己国家的发展困境和发展前景。

对发展前景的深重忧虑

在拉美独立革命200周年纪念的历史反思中，很多学者都表达了对拉美发展前景的深沉忧虑。其中阿根廷学者贾迪内利的一篇题为《200周年纪念与全球化》的文章最为典型。这篇文章

---

① Francis Fukuyama (Editor), *Falling Behind: Explaining the Development Gap Between Latin America and the United States*, Oxford University Press, USA, 2008.

② Alvaro Vargas Llosa, *Liberty For Latin America: How To Undo Five Hundred Years Of State Oppression*, Farrar Straus Giroux, 2005.

③ Dixon Jiménez, *pero ¿qué nos pasó? Estados Unidos, un país rico y una América Latina pobre*, 22 May 2009.

④ William Chislett, *El fracaso de América Latina*, http://www.elimparcial.es/contenido/7719.html.

说，阿根廷独立后的两个世纪就是"使我们变穷、使我们孤立，今天又使我们在全世界面前呈现为一个危机不断、始终同自身斗争、在许多情况下成为自己傲慢的牺牲品，而且永远是成问题的国家领导的牺牲品的两个世纪"；作者认为，独立200周年纪念"必须要对作为一个国家反复陷入危机的标志的事件的深刻内容进行冷静的和精确的思考"，并说，"（阿根廷的）危机和进程已经勾画出了我们未来的可能的命运，这就是：如果我们不及时做出反应，等待我们的就是变成一个'被命运星辰所支配的社会'（sociedad planetaria）。"①

面对近三十年来年轻一代人精神面貌和道德水平的下滑，哥伦比亚学者对哥伦比亚国家的前途也表示了深切的担忧，尤其是对哥伦比亚的教育状况深为忧虑。哥伦比亚《历史与考古通报》发表的一篇关于历史教育的文章警告说，由于1976年哥伦比亚开始取消学校教学计划中的"祖国历史"课程，哥伦比亚学校所培养的人将是一些"没有心灵、没有觉悟的机器人"；文章说："历史首先是一代一代人随着时间的流逝而留下的记忆。……没有这种对过去的记忆，就不可能有民族的概念。当人们固执地要疏远自己的历史，或无视自己的历史，或甚至更严重，要在教育计划中勾销自己的历史或歪曲自己的历史的时候，他们就必然地是在走向一个有组织社会的解体"，"人民只有满腔热情地将自己的根扎在历史的土地上，他们才有可能自觉地、冷静地向着未来发展进化"。最后，作者痛心疾首地呼吁：今天，人们"对祖国的感情已经死亡，我们必须要重新来播种培植，而这个奇迹只有

---

① Mempo Giardinelli, *Bicentenario y Globalización*: *el Sur visto desde el Sur*, WASHINGTON, 12 DE FEBRERO DE 2010.

通过教育才能创造出来"。①

三、问题的提出

综上所述,我们清楚地看到,新世纪伊始短短几年中所发生的两大学术事件,实际上都表达了中、拉人民对自己国家现代化前景的一种深切的忧虑。拉美人民所忧虑的是他们过去 200 年现代化进程中所遭遇的发展困境能不能在今后的发展进程中得到克服的问题。我们所忧虑的是中国的现代化进程会不会重蹈拉美发展困境的历史覆辙,导致发展进程的波动起伏甚至停滞、倒退的问题,是有没有可能避免过去 200 年拉美民族崛起一再失败的历史遭遇,开创世界现代化历史新局面的问题。这两个问题虽然提法不尽一致,但实际上是同一个问题,这就是发展中国家"现代化的前途"问题。太平洋两岸,社会各界几乎在同一个时期提出同一个问题,这决不是偶然的,说明这个问题的研究和解决已经成为我们时代的紧迫要求,既不能回避,也不能敷衍,必须进行深入的研究,探索后发国家现代化进程发展的规律,并切实地加以解决。

玻利瓦尔在领导拉美独立革命战争的时候,曾经"强烈地希望在美洲建立起一个世界上最强大的国家"②;墨西哥在赢得独立后,举国欢腾,他们说:"新的祖国拥有如此良好的地理位置、丰富的资源和肥沃的土地,必须给全世界树立一个榜样;应该告诉各国人们,'世界上最富有的王国已经重新建立'。"③当

---

① Antonio Cacua Prada, *El Bicentenario de la Independencia Nacional y la Enseñanza de la Historia Patria*, Boletín de Historia y Antigüedades – Vol. XCII No. 830 – Septiembre 2005.

② [拉丁美洲] 西蒙·玻利瓦尔:《牙买加来信》,载《玻利瓦尔文选》(中国社会科学院拉丁美洲研究所译),中国社会科学出版社 1983 年版,第 56 页。

③ 丹·科·比列加斯:《墨西哥历史概要》(中译本),中国社会科学出版社 1983 年版,第 62 页。

时，拉美人民是多么希望自己的国家能崛起为世界最富有和强大的国家啊！但是，两百年过去了，拉美国家崛起为强国的愿望仍然没有能够实现。这样，我们就面临一个十分严肃的问题：拉丁美洲到底是怎么回事？在独立革命开始后的两百年中，拉美民族崛起的努力为什么一再遭受挫折，拉美国家的现代化进程为什么老是出现起伏、停滞，甚至倒退？我们应该怎样来认识这些问题？我想，对于心怀"拉美化"之忧的中国人民来说，深入研究这些问题，并做出科学的回答，无疑是非常重要的。罗荣渠教授曾经指出："马克思主义的现代化理论研究的中心任务应是探索第三世界的发展趋势，以及这个趋势对未来世界发展的影响。"① 罗先生的这一论断在当前尤其具有现实意义。

---

① 罗荣渠：《现代化新论》，北京大学出版社1993年版，第97页。

第二章 拉美的发展困境

一、发展、发达与现代化

真实的拉丁美洲到底是个什么样子？其发展程度到底如何？拉美的现代化道路到底有没有问题？中国有没有必要防止"拉美化"？这都是需要首先弄清楚的问题。为了回答这个问题，除了要注意拉美国家之间的差别之外，还必须要有一个衡量的标准，也就是要弄清楚"发展"、"发达"与"现代化"这三个概念的含义。"拉美化"问题讨论中之所以有人会把"发达"与"现代化"割裂开来，认为"现代化"目标迟早能够达到，而要达到"发达"目标则不太现实，就是因为我们还没有把这几个概念讨论清楚的缘故。

那么，什么是现代化的标准呢？关于这个问题，直到目前为止，都还难有一个完全一致的意见。近30年来，比较有影响的、被国际社会广为引用的是20世纪70年代英克尔斯提出的现代化指标体系。这个指标体系主要有10条，包括人均国民生产总值在3000美元以上、农业产值占国民生产总值比例低于12% ~ 15%、服务业产值占国民生产总值的比例在45%以上、非农业劳动力占劳动力的比重在70%以上、识字人口的比例在80%以上、大学入学率在10%～15%以上、每名医生服务人数在1000人以下、平均寿命在70岁以上、城市人口占总人口的比例在50%以上、人口自然增长率在1%以下等[1]。由于这个指标体系显得有些过时，近年来我国又有人提出一些类似的现代化指标体系，如有人提8条标准：城市化水平普遍达到75%至80%；农业就业人口比重低于5%；中产阶级成为社会的中坚，其所占就业人口比重超过80%；生活质量大幅度提高（预期寿命超过75岁，婴儿死亡率低于1%，高教普及率超过40%，成人识字率超过95%，人均住房面积超过30平方米，人口增长率为零）；建立完善的政治制衡体制，权力相互制约，成熟的政党制度，国家领导人直选；建立成熟的市场经济体制；建立完善的社会保障体系；环保生态平衡得以实现。看得出来，所有这一类的指标体系都是以西方发达国家的经验为基础的。此外，还有人提出"综合意义的现代化"概念，认为"不加修饰词的现代化就是'综合意义的现代化'，否则，就不能算是现代化"，"把经济增长指标看得过重和认为经济增长无足轻重都是不足取的"。还有人认为，虽然工业化在现代化历史中曾经起过主导性作用，现代化也的确是随着工业化的产生而发展的，没有工业化就没有现代化，但是，"当今时代对现代化的要求远远不只是工业化；工业社会不是人类文明发展的终点，只是一个驿站。现代化的过程不局限于社会现实的一个领域，而是包括社会、政治、经济、管理、科技、文化、人民生活等基本方面。"[2]应该说，以上这些意见都有一定的或某一方面的道理，但是，它们也都有两个共同的缺点，

---

[1] 参见孙立平：《社会现代化》，华夏出版社1988年版，第24～25页，以及2000年11月14日《南方日报》文章《美国社会学家阿·英克尔斯提出的现代化10条标准》。

[2] 孙明泉、蔡曦涓：《现代化标准与城市现代化 我们离城市现代化有多远？》，载《中国经济时报》，2003年1月7日。

第一,它们都没有突出现代化的最基本的、第一位的标准——生产力标准。国内基本上已成为共识的关于现代化的定义指出:"广义的现代化主要是指自工业革命以来现代生产力导致社会生产方式的大变革,引起世界经济加速发展和社会适应性变化的大趋势;具体地说,这是以现代工业、科学和技术革命的推动力,实现传统的农业社会向现代工业社会的大转变,使工业主义渗透到经济、政治、文化、思想各个领域并引起社会组织与社会行为深刻变革的过程。"①这里很清楚,现代化变革的起点与原动力就是现代工业生产力的发展和变革,在现代化的标准中不突出生产力标准显然是不妥的。上述诸意见中虽然也大都提到了经济现代化,但他们所用的经济现代化指标都只是人均GDP排序的先后,排在世界前20名的就是发达国家,并不分析这些国家的生产力发展情况如何,所以,拉丁美洲的阿根廷和委内瑞拉也就被认为曾经是发达国家。其实,这两个国家从来都没有经历过工业革命,始终都没有完成工业化的任务,因而也就没有能实现向现代工业生产方式转变的目标,它们的高人均GDP是靠出卖石油或农牧产品获得的,它们生产、加工和运输这些初级产品的现代技术也都在很大程度上依赖于发达国家。所以,说这两个国家曾经达到过发达水平,晋级过发达国家是不确切的。正是因为这个原因,它们的经济发展往往不能持续,一旦国际市场萎缩,或者依附链发生断裂,它们的经济便会马上陷入危机,甚至一落千丈。

第二,上述关于现代化标准的意见都回避了诸"标准"之间的历史逻辑关系。我们知道,一个国家的任何经济活动和社会变革,都是建立在一定的物质基础之上的,都是有一个根本动因的,这个物质基础和根本动因就是生产力。生产力是指人们生产物质资料的能力,包括人的要素(劳动者)和物的要素(劳动

---

① 罗荣渠:《现代化新论》,北京大学出版社1993年版,第95页。

手段、劳动对象）以及体现在这两个要素中的科学和技术。人们的生产活动总是在一定的社会联系中共同进行的，这种社会联系就是生产关系，包括所有权关系、交换关系和分配关系。生产力与生产关系的统一体，就是我们通常所说的生产方式。社会的进步与发展，实质上就是生产方式的进步与发展，就是生产方式的转变。马克思主义的历史发展观实质上也可以概括为生产方式发展观。另外，我们还要注意经济基础和上层建筑之间的关系。所谓经济基础就是生产关系的总和，在这个基础之上，建立有法律的和政治的上层建筑，并有一定的社会意识形态与之相适应。在这个庞大而复杂的社会系统中，各个要素和部分之间，是有不同层次的相互依存和对立统一的历史逻辑关系的，必须加以区别，并进行具体的分析。其中唯有生产力中的物的要素，即生产手段（生产工具）和生产对象，是可以按发达国家的标本，具体衡量其发展水平和制定出明确的普适性现代化标准的，而且只要有可能（自由贸易，没有出口限制），是可以直接从发达国家那里学来或买来，实行"拿来主义"的。其他的部分，包括生产力中的人的因素、生产关系中的所有权制度、分配制度、上层建筑中的政治制度、法律制度和意识形态等等，虽然可以而且应该学习和借鉴人类文明中所有有益和进步的经验，但却是不可以生搬硬套的，因为这些方面的发展、现代化是同一个国家的历史实际、文化传统和现实情况分不开的，只有从实际出发，实事求是，现代化的努力才能奏效。所以，像上述那种把发达国家的各项指标不管其相互之间的逻辑关系和发展规律如何，都直接搬到一个发展中国家来的做法是不合适的。

目前，发展中国家的现代化是在20世纪70年代开始第三次工业革命之后的现代化，自然再也不能以第一次工业革命的、以蒸汽机为标志的工业生产力和第二次工业革命的、以电动机和内燃机为标志的工业生产力作为现代化的生产力发展目标和标准，而必须以近30年来的以核能、电子计算机、数控工具机、生物技术、人工智能以及新材料等高科技为标志的先进的工业生产力作为我们现代化的生产力发展目标和标准。只有达到了这种生产力水平，实现了以这种生产力为物质基础的生产方式的转变，并在这种先进生产力的推动下，从本国的实际情况出发，实现包括生产关系和上层建筑在内的社会生活各个方面的发展方式的转变，才算是实现了国家的现代化，达到了发达的水平。从这个意义上说，现代化的标准和发达的标准应该基本上是一致的。

　　至于"发展"的概念，自然指的就是社会的发展，实际上就是指一个国家实现现代化的过程。早在20世纪60年代，拉美著名社会学家卡萨诺瓦就指出，发展首先就是"产值的增加和产值的一种重新分配"，他说，"没有这两者，就没有发展"。同时，他又认为，发展还包括民主的发展，他说，"所有发达的资本主义国家都允许增强劳动者的谈判和组织能力，而由于增强了这一能力，劳动者取得了收入的重新分配，并高于发展中国家的收入分配"；在那里，"政党和工会的民主化是发展的关键，这种民主化（直至群众也更多地参与政治决定）也高于发展中国家"。尤其值得注意的是，这位社会学家还提出了发展的性质问题。他说，在现在世界上，"只有两种性质的发展，即资本主义的发展和社会主义的发展"，"发展中国家为加速发展，光是形式上实行民主化是不够的，这些国家为实行民主也没有理由去模仿古典民主的所有的和每一种具体形式，民主是依据人民对收入、文化和政权的参与程度来衡量的，其他一切都是民主的民间传说或花言巧语。"[①]近年来，在拉丁美洲，人们除了关注发展与民主的问题之外，还特别关注发展与环境、发展与人的问题，提

---

　　① Pablo González Casanova, *La democracia en México*, Ediciones era, S. A. 1974, p. 224

出了"重新定义发展概念"的问题,认为传统的发展模式是一种建筑在野蛮开发资源的基础之上、破坏生态平衡、给我们这个星球造成无法挽回的损失、以牺牲我们宝贵的生存环境来寻求人类满足的模式,拉美国家应该坚决舍弃这种模式,设计出一种能够避免恶化环境的技术模式。他们还提出,新的发展定义应该考虑人的方面和保持生物多样性方面,还要恢复已经忘却了的伦理道德价值观。①这些意见显然都是有道理的,是符合当前发展中国家现代化实践需要的。发展概念虽然强调的是过程,但它的基本含义也是同"现代化"和"发达"这两个概念的含义相一致的。

二、现代化的失败者

就人均收入的水平来说,很多拉美国家目前的确都走在我们前面,有的甚至高出我们一倍。但是,拉美国家现代化、工业化努力的一再失败也是事实。关于这一点,美洲地区的很多著名学者都有共识。譬如,智利政治家、美洲国家组织秘书长何塞·米格尔(José Miguel Insulza)就说:"拉美虽然经济、社会水平大大超过非洲和亚洲,人均国民收入接近于世界平均水平,但它仍属于发展中世界。尽管这个地区正在增长,民主正在进步,但是它的缺陷仍然影响着成百上千万的人,我们文明的失败仍然是它现实的一部分,不公正的感觉日益增长。"他还引用巴西前总统卡多佐的话,介绍了巴西和拉美地区的贫困情况,他说:"十几年以前,巴西总统费尔南多·恩里克·卡多佐在谈到自己的国家的时候说:'巴西不是一个贫穷的国家,而是一个不公正的国

---

① MA. BERTHA ALICIA ARCE CASTRO, *La relación: ciencia y tecnología en el subdesarrollo y una redefinición de desarrollo.* UNIVERSIDAD VERACRUZANA, MEXICO. 13 DE JUNIO 2006.

家'。他这句话已经反复讲过多次,因为它不仅反映巴西的现实,而且反映我们全地区的现实。拉美大概有一亿人口是在白天没有吃饱的情况下度过每个晚上的"。据拉美经委会报道,拉美有40%以上的人口(即两亿多人口)属于贫困人口,其中多数属于单亲家庭。其中有一半是极端贫困者或土著居民,他们的收入每天不到一美元,不足以满足最基本的需要。在拉美最贫穷的国家海地,55%的居民靠着每天不足1美元的收入 勉强地活着。

2004年拉美经委会估计,处于当前最严重的、极端贫困水平的国家,在拉美超过了30%,海地、玻利维亚、尼加拉瓜、洪都拉斯、危地马拉和圭亚那等6个国家为了实现其千年目标,必须在今后11年中,每年人均生产总值的增长率都要达到4.4%。

与国家之间的不平等相应的是人与人之间的不平等。拉美20%最贫困人口所占全国收入的比例在玻利维亚是2.2%,在乌拉圭是8.8%;20%最富人口所占全国收入的百分比在乌拉圭是42.8%,而在巴西则是64%。[1]

2006年的民意测验揭露,拉美61%的人受教育程度都没有超过基础教育水平,他们的父母也是如此,只有9%的父母教育水平达到了高等教育水平。出生贫困家庭的、或者父母教育水平很低的居民通常都仍然处于他们父母所处的贫困状况。[2]

拉丁美洲的另一位在国际上享有盛名的秘鲁经济学家埃尔南多·德索托还特别回顾了拉美资本主义发展失败的历史,他说:"资本主义在19世纪时取得了胜利;到俄国革命和大萧条时期,资本主义已经在整个工业化世界占住了主导地位。但是,……直到1941年,资本主义的发展还像美国经济学家莱斯特梭罗

---

[1] 以上数据均见:José Miguel Insulza, *América Latina, los mayores problemas*, Vitral, Año XIV. no. 79, mayo – junio de 2007.

[2] 参见 José Miguel Insulza, *América Latina, los mayores problemas*, Año XIV no, 79, mayo – junio de 2007.

1996年所指出的那样：'地球表面基本上只剩下两个（主要的）资本主义国家：美国和英国'[1]……世界其他地方是法西斯国家、共产主义国家和第三世界封建殖民地。20世纪20年代的经济危机和20世纪30年代的大萧条已经把资本主义带到了灭亡的边缘。目前，看似势不可挡的资本主义只要再走错几步就会消失得无影无踪"。他又说，拉丁美洲自独立之后，"至少已经四次尝试加入全球化的资本主义，但都以失败告终。它们从宏观上重组债务，通过抑制通货膨胀稳定经济，推动贸易自由化，把政府资产私有化（例如把铁路卖给英国）……但它们从未创造出资本"。"全球200个国家中还是只有25个国家能够产生足够的资本，在扩展的全球市场中充分享受劳动分工所带来的好处。……资本才是日益提高的生产力的源泉，因此也是国家财富的源泉。问题是，目前只有西方国家，……以及发展中国家里一小部分有钱人能够独占表述资产及其潜力的能力，因此能够有效地创造和使用资本。……"[2] "在西方国家之外，资本主义的发展正陷于危机状态，其原因并不是国际经济全球化进程正在倒退，而是发展中国家和前共产主义国家一直无法把自己国内的资本'全球化'。这些国家中的大部分人把资本主义看做一间私人俱乐部，看做一种只有利于西方国家公民和'玻璃钟罩'之内的特权阶层的歧视性制度。"[3]

布宜诺斯艾利斯大学的经济学家巴勃罗·斯特法诺尼（Pablo Stefanoni）甚至认为，拉丁美洲还有个别落后国家连建立

---

[1] Lester Thurow, *The Future of Capitalism*, New York: Penguin Books, 1996, p. 5.

[2] Hernando De Soto, *Por qué el Capitalismo Triunfa en Occidente y Fracasa en el Resto del Mundo*. http://www.elcato.org/special/friedman/desoto/cap1_misteriodelcapital.html.

[3] 赫南多·德·索托：《资本的秘密》（中译本），台北，经济新潮社2001年版，第261页。

民族国家的任务都还没有完成。他说的这个国家就是指玻利维亚,他说,玻利维亚曾经四次力图创建民族(国家),但都部分或全部失败了。第一次是所有拉美国家都经历过的19世纪和20世纪初的最经典的自由主义时期。当时,玻利维亚发生了所谓文明与野蛮的对抗,提出了或者文明,或者野蛮的口号,这是一种关于种族关系的实证主义观点,一种白人种族优越论的思想,认为玻利维亚的主要问题是欧洲血统不足,很少有欧洲人移居玻利维亚。第二次是20世纪40年代开始直至80年代的革命民族主义时期,当时的目标是想建设一个玻利维亚民族,把混血人视为民族前途之所在,反对实证主义的种族歧视观,并出现了一种强烈的公民一体化的思想。这是玻利维亚知识界重新思考自己的国家和建设自己民族国家的最紧锣密鼓的时期。但是,随着时间的推移,土著居民发现,所有这一切都只不过是一种"抽象的一体化和具体的排斥",因而又出现了一个新的土著运动,并发表1973年《蒂亚华纳科宣言》,对土著居民成为"自己国家的外国人"的处境提出抗议。第三次是20世纪90年代的新自由主义时期。由于这时起实行一种私有化的排斥性经济模式,玻利维亚兴起了一系列多文化权利要求,其结果是有差异而无平等,造成了对这个曾经产生某种无歧视(inclusión)期待的时期的失望。第四次是2006年莫拉莱斯开始赢得胜利的时期,提出了建设一个多民族国家的目标,甚至连"玻利维亚共和国"的名称也改为"玻利维亚多民族国家"(Estado Plurinacional de Bolivia);在激烈的民族矛盾中发出了重建民族国家的号召。①

欧美国家也有很多著名学者专门论述拉美资本主义的失败问题,譬如英国著名历史学家艾瑞克·霍布斯鲍姆在他所著的

---

① Pablo Stefanoni, *El Bicentenario de la Independencia*, *Décimo Foro de Biarritz*, Quito, Ecuador, 1 y 2 de Octubre 2009.

《资本的年代》一书中,就专门设了《失败者》一章(第七章)阐述拉美等非西方国家和地区的失败。他说,人类自进入资本统治的历史阶段之后,所有的民族、国家和地区就都生活在"社会达尔文主义"的、残酷的"生存竞争"的环境之中。唯有那些最早发达起来、拥有经济、技术和军事优势的人,无往而不胜。这些胜利者基本上都是最早征服和掠夺拉丁美洲,因而最早完成了原始积累的殖民主义者,他们都分布在西北欧、中欧以及这两地移民在海外所建立的诸如美国等国度中;"占世界绝大多数的其余部分,便成了他们的盘中餐","只要在资本主义所及范围之内",他们便都只有"听凭资本主义摆布"的份儿。原西班牙和葡萄牙的殖民地拉丁美洲尽管已经独立,但仍然是"生存竞争"的失败者,也是这些被摆布的地区之一。拉丁美洲的新独立国,都是农业国家,距离世界市场相当遥远,它们如果要与世界经济建立联系,就得通过外国人,因为外国人控制了其粮食的进出口,控制了货物的运输。这里受过良好教育的克里奥尔人所钟爱的"进步"思想,主要是古典自由主义思想。他们想通过政治权力强制实行制度现代化,并进而改革社会的种种尝试,都失败了。他们如果真的享有真正的权势,这种权势也是建立在一些靠不住的军事强人的支持之上,建立在当地一小撮地主家庭的支持之上,改革的结果只能是地主权力的加强和农民处境的恶化。"19 世纪第三个 25 年期间,拉美以无比的热情拥抱资产阶级自由主义模式,从此走上'西化'道路,然而结果却颇令人失望"。[①]

美国学者威廉·奇斯莱特(William Chislett)还以《拉美的失败》为题,评介耶鲁大学出版的一本题为《被遗忘的大陆:为了拉

[①] 艾瑞克·霍布斯鲍姆:《资本的年代(1848—1875)》(中文版),国际文化出版公司 2006 年版,第 154~161 页。

美灵魂的斗争》(Forgotten Continent: The Battle for Latin America's Soul)的著作,文章说,根据该书作者迈克尔·里德(Michael Reid)的描绘,拉美是一个长期被人遗忘的大陆,人们只能通过拉美的音乐、小说、电影和绘画而感觉到拉美在世界上的存在;人们如果能想起拉丁美洲来,多半也是因为一些消极的原因,譬如移民之源、非法毒品,世界上收入分配最不公正的地方等等。

总之,拉美200年发展的历史,仍然如英国著名拉美史专家维克托·布尔默－托马斯教授所说的"是一部失败的历史,而不是成功的历史"①。

三、拉美现代化"零成功率"的事实

拉美发展的失败,并不是说拉美没有发展,而是说拉美的发展始终处于一种困境之中,或像拉美经济学界所判断的那样始终处于一种未完成的"半发展状态"②,始终未能实现其发达的目标,也就是说,拉美的失败主要表现在独立200年拉美现代化"零成功率"的事实。

在纪念拉美独立200周年的讨论中,有一篇文章说:"无须回溯多久的历史,我们就可以发现,美国同拉美国家发展起点的条件并没有多大区别。譬如1750年,所有美洲国家的贫穷程度大致上都是相同的。但是仅仅250年的历史,北、南美洲地区的财富就产生了天渊之别。"③

这个"天渊之别"到底是多大的差别? 可以看看如下的统计

---

① 维克托·布尔默－托马斯:《独立以来拉丁美洲的经济发展》(中译本),转引自 E. 布拉德福德·伯恩斯、朱莉·阿·查利普:《简明拉丁美洲史》(中译本),世界图书出版公司2009年版,第15页。

② "半发展状态"(semidesarrollo)即未完成状态。见苏振兴主编:《拉美国家社会转型期的困惑》,中国社会科学出版社2010年版,第25页。

③ Gurus Hucky, ¿ Por qué Latinoamerica es más pobre que los EEUU? GurusBlog el 15 mayo, 2009, http://www.gurusblog.com/archives/%c2%bf.

数字：1700年，美国（英国在北美的13个殖民地）的人均GDP为527国际元[1]，还赶不上西班牙的殖民地墨西哥（当时称新西班牙）和葡萄牙的殖民地巴西；当时，墨西哥的人均GDP为568国际元，巴西的人均GDP为529国际元。但是，到1990年，这三个国家的人均GDP已经拉开了惊人的距离，分别为28263国际元、4966国际元和3090国际元。到2000年，美国的人均GDP上升到34950国际元，而墨西哥和巴西则分别仅为5968国际元和3564国际元。[2] 有一个资料说得更形象，说2007年，墨西哥的国内生产总值（7410亿美元）仅相当于美国伊利诺伊州的生产总值；巴西的国内生产总值（6210亿美元）仅相当于美国纽约州的生产总值；阿根廷的国内生产总值（2100亿美元）仅相当于美国密执安州的生产总值。[3]如果我们以1700年至2009年美国和墨西哥两个国家人均GDP的统计数字做一个比较图表，我们就可以很形象地看到这两个国家的经济差距是如何日益扩大的。（见图2-1）

在生产方式转变进程中，生产力发展水平大体上可以从人均GDP、人均GDP增长率以及劳动生产率发展的情况等三个方面来衡量。墨西哥、阿根廷和巴西是拉丁美洲的三个大国，下面我们来看看这三个国家分别在这三个方面同美国比较的情况。首先我们把这三个国家1700年至1992年的人均GDP同美国的人均GDP列表做一个比较。（见表2-1、表2-2、表2-3）

---

[1] 国际元，直译为"吉尔瑞-开米斯元"（简称 G-K 元）。通过对各国购买力平价进行比较的方法，将不同国家的货币转换成统一的国际货币。最初由爱尔兰经济统计学家吉尔瑞（R. G. Geary）创立，后由开米斯（S. H. Khamis）加以发展。

[2] 资料来源：中国科学院中国现代化研究中心：《中国现代化报告2008》第352页，北京大学出版社2008年版。另据詹姆斯·T. 皮奇引用墨西哥银行2001年公布的数据，墨西哥2000年的人均GDP为5720美元。（James T. Peach and Richard V. Adkisson, *United States – Mexico Income Convergence*? Journal of Economic Issues, Vol. XXXVI No. 2 June 2002）

[3] 131 – *US States Renamed For Countries With Similar GDPs*, 21st Century Map, America. , Non – Fictional, Statistics, USA.

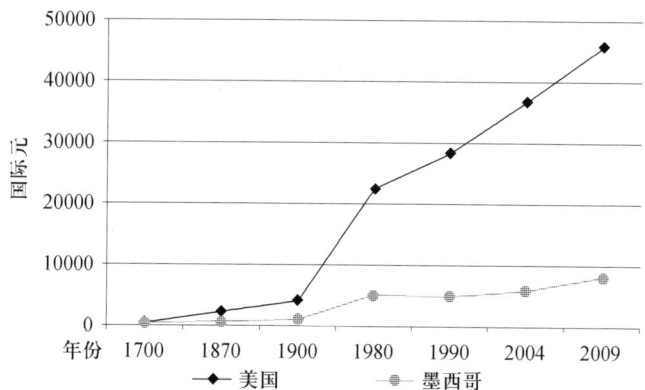

图 2-1　1700—2009 年美、墨人均 GDP 比较

资料来源：麦迪森（Angus Maddison）：《世界经济二百年回顾》（中译本），改革出版社1997年版，第4页。

表 2-1　1700—1992 年墨西哥与美国人均 GDP 比较

（按 1990 年国际元计算）

年份	1700	1820	1870	1900	1913	1950	1973	1992
墨西哥	568	760	710	1157	1467	2085	4189	5112
美国	527	1287	2457	4096	5307	9573	16607	21558
美/墨	0.92/1	1.69/1	3.46/1	3.54/1	3.62/1	4.59/1	3.96/1	4.22/1

资料来源：麦迪森（Angus Maddison）：《世界经济二百年回顾》（中译本），改革出版社1997年版，第4页。

表 2-2　1700—1992 年阿根廷与美国人均 GDP 比较

（按 1990 年国际元计算）

年份	1700	1820	1870	1900	1913	1950	1973	1992
阿根廷	505	623	1311	2756	3797	4987	7970	7616
美国	527	1287	2457	4096	5307	9573	16607	21558
美/阿	1.04/1	2.07/1	1.87/1	1.49/1	1.40/1	1.92/1	2.08/1	2.83/1

资料来源：麦迪森（Angus Maddison）：《世界经济二百年回顾》（中译本），改革出版社1997年版，第4页。

表2-3 1700—1992年巴西与美国人均GDP比较

（按1990年国际元计算）

年份	1700	1820	1870	1900	1913	1950	1973	1992
巴西	529	670	740	704	839	1673	3913	4637
美国	527	1287	2457	4096	5307	9573	16607	21558
美/巴	0.99/1	1.92/1	3.32/1	5.82/1	6.33/1	5.72/1	4.24/1	4.65/1

资料来源：麦迪森（Angus Maddison）：《世界经济二百年回顾》（中译本），改革出版社1997年版，第4页。

从上述三表所列的统计数据来看，拉美国家同美国经济发展差距不断拉大的现象一目了然。

其次，我们来看看人均GDP增长率情况。在这一方面，巴西的情况最为典型。下面我们以巴西5个关键时期的人均GDP增长率同美国做一比较（见表2-4）：

表2-4 巴西经济发展5个关键时期人均GDP增长率同美国的比较（%）

	巴西	美国
1500—1820年巴西殖民地时期	0.15	0.36
1820—1890年巴西帝国时期	0.30	1.43
1890—1929年巴西寡头共和国时期	0.92	1.83
1929—1980年巴西经济快速发展时期	3.03	1.96
1980—1998年巴西经济调整时期	0.27	2.17

资料来源：麦迪森（Angus Maddison）：《世界经济千年史》（中文版）北京大学出版社2003年版，第65页

从表2-4可以看出，除了1929年至1980年半个世纪巴西的快速发展时期，巴西的人均GDP增长率都大大低于美国。

在生产方式转变进程中，生产力发展水平最主要的标志是劳动生产率，即每小时工作的GDP。所以最后我们还要看看在劳动生产率方面，拉丁美洲同发达国家的差距。表2-5就是1950

年至1992年拉美5个大国劳动生产率同欧美4个发达国家的比较。从表2-5的数据看,拉美国家唯有委内瑞拉的数据比较突出,较接近于发达国家。但这并不能说明委内瑞拉已经达到了先进生产力的水平。在1973年以后的一段时期中,委内瑞拉虽然出现了石油繁荣,实行了石油国有化和现代化政策,但石油企业的现代化仍然依赖于外国的技术和资金,当时新成立的国营控股公司——委内瑞拉石油发展股份公司不得不同外国公司签订向委内瑞拉石油公司提供技术援助、协助勘探和运输的合同,"不得不购买国营公司不能提供的服务"[①];所谓"繁荣"只不过是一种依附性的繁荣,并不是一种建立在自主的先进生产力基础上的繁荣,是一种不稳定的、不可靠的繁荣。

表2-5 1950—1992年拉美5国同西方4个发达国家劳动生产率水平的比较

(以美国劳动生产率水平为100)

年份	1950	1973	1992
美国	100	100	100
英国	62	68	82
德国	35	71	95
法国	45	76	102
阿根廷	19	47	41
巴西	19	21	23
智利	37	38	37
墨西哥	24	33	29
委内瑞拉	71	82	58

资料来源:麦迪森(Angus Maddison):《世界经济二百年回顾》(中译本)改革出版社1997年版,第23页。

---

① 莱斯利·贝瑟尔主编:《剑桥拉丁美洲史》第八卷(中译本),当代世界出版社1998年版,第782~783页。

总之，继美国独立之后不到半个世纪就实现了"独立"的拉丁美洲，尽管已经经过两个世纪、近十代人的现代化努力，其实现发达目标的成功率仍然等于零，至今仍然没有一个国家称得上是发达国家。这是拉美人民所深为忧虑的问题。

四、关于拉美发展困境的种种解释

拉丁美洲作为一个整体（如果能实现一体化），无论幅员和人口，都超出美国一倍左右[①]；论自然资源的总量，拉丁美洲也比美国多得多；论历史，拉丁美洲国家和美国都曾经是欧洲国家的殖民地，拉丁美洲国家虽然比美国晚独立三四十年，但却比亚洲、非洲原来是殖民地的许多国家早独立一个多世纪；论社会经济制度和发展战略，在多数情况下，拉美国家也都是以欧美为榜样；就国别而论，拉丁美洲的巴西在上述自然条件方面也并不比美国逊色多少。但是它们都没有能解决自己现代化的问题，它们所选择的发展战略总免不了要以失败而告终，它们的发展进程总是一而再、再而三地陷入困境，陷于断裂，这究竟是什么原因呢？关于这个问题，一个多世纪以来，一直有众多学者在进行探讨，并形成各种各样的理论解释。择其要者，大体上可以分为以下四类。

西方主流经济学家对拉美发展困境的解释

西方主流经济学家关于第三世界国家不发达原因的解释，是随着世界局势的变化和理论斗争的情势而不断变化的。

在 20 世纪 50～60 年代，西方中心国家的现代化理论告诉发展中国家，现代化就是传统社会向现代社会的过渡阶段，现代化

[①] 据统计，2000 年，拉美人口 5.2 亿，美国人口 2.8 亿多；拉美土地面积 2107 万平方千米，美国国土面积 916.2 平方千米。参见 2000 *United States Census*, Wikipedia, the free encyclopedia; CIA the World Factbook; Jorge A. Brea, *Population Dynamics in Latin America*, Population Bulletin 58, no. 1, p. 7, Population Reference Bureau, Washington, DC, 2003.

就是资本主义化。西方发达资本主义国家的早期现代化模式就是现代化的普遍模式，它包括经济上的工业化、政治上的民主化、社会领域的城市化、文化上的理性化等；[1]拉美国家之所以落后，根本的原因就是它们还没有完成这个过渡。这种理论的最著名的代表作是罗斯托（Rostow，Walt Whitman）1960 年出版的以"非共产主义宣言"为副标题的《经济增长的阶段》（*The Stages of Economic Growth: A non – communist manifesto*）一书，根据这种理论，传统社会只要完成发达国家所曾经经历过的各个发展阶段（传统社会阶段、起飞准备阶段、起飞阶段、成熟阶段、高额群众消费阶段和追求生活质量阶段），就能实现现代化。

但是，战后发展中国家所遇到的发展难题完全不是西方的这种现代化理论所能解释的，因此，这种理论从一问世就受到多方面的批评，特别是受到拉美结构主义理论和依附论的批判，认为"作为一种理论，它一直是骗人的东西，它把一种虚伪的美国史传授于人，用自鸣得意来取代分析。"[2] 在各个方面的批判下，加之时局的变化，西方现代化理论也随之改头换面，出现所谓"后现代主义"和"新现代化理论"，但都没有什么像样的影响力。

20 世纪 80 年代拉美爆发债务危机后，特别是 20 世纪 80 年代末 90 年代初东欧剧变、苏联解体后，西方发达国家不再鼓吹它们的现代化理论，而是大力宣传所谓新自由主义理论和全球化理论。早在 20 世纪 70 年代，新自由主义就已经作为对 60 年代以来经济民族主义思潮的否定而输出到了军人独裁统治的智利。该理论把拉美国家现代化陷入困境的责任一古脑儿归咎于拉美国家的经济民族主义和进口替代工业化战略。全球化理论实际上就是国际版的新自由主义理论，认为一个国家的经济发展有赖于经

---

[1] 西里尔·E. 布莱克：《比较现代化》（中译本），上海译文出版社 1996 版，第 136~139 页。

[2] John Borrego, *Models of Integration, Models of Development in the Pacific*, in *Journal of World – Systems Research*, Volume 1, Number 11, 1995.

济交往领域的全球机制;认为现代通讯技术和网络文化的发展意味着各国社会、经济和文化发展方式的重大结构变化,这种变化正在创造一种全新的世界经济交往的环境经济发展的全球机制;认为在这种形势下,任何国家的经济形式和社会结构都离不开这种全球机制的决定性影响。这样,多年来一直遭到批判、始终处于一蹶不振状态的西方现代化理论就以一种"全球化理论"的面貌,重新出现在世界舞台上,它再一次告诉拉美国家:通向发展的道路是欧美开辟的,只有遵循欧美的模式,特别是美国的模式,拉美国家才能解决自己的发展问题。

但是,独立200年来的拉丁美洲已经有了近两个世纪现代化努力的经验教训,从19世纪下半叶在西方古典政治经济学理论和欧洲实证主义哲学指导下推行初级产品出口的"外向增长模式"的现代化到20世纪中叶在西欧早期外围国家美国和德国经济思想[1]、马克思主义关于国际劳动分工的理论[2]以及在拉美发

---

[1] 美国第一任财政部长汉密尔顿的经济思想曾经提出,对于过去的殖民地来说,关税是必要的,因为只有有能力生产自己的制造品,不靠进口的时候,才有可能获得完全的独立。德国经济学家李斯特曾尖锐地批评斯密的世界主义经济学,强调经济学必须为本国国民经济的形成提供理论武器。他认为,暂时地违背自由交换原则对于尚未工业化的"次等国家"来说,可能是有好处的,因为这样才能同它的竞争者平等。李斯特还在他1848年的著作中率先提出了"中心-外围"概念。(参见 Antonio González, *Orden mundial y liberación*, http://www.sjsocial.org/relat/100.htm。)

[2] 马克思、恩格斯不但充分肯定了大工业生产力的巨大革命作用,同时也深刻揭露了资本主义世界经济关系的不合理性,指出在世界市场上,"国家之间可以不断进行交换,甚至反复进行规模越来越大的交换,然而双方的赢利无须因此而相等,一国可以不断攫取另一国的一部分剩余劳动而在交换中不付任何代价"。(马克思:"政治经济学批判",《马克思恩格斯全集》第46卷下册,人民出版社1980年版,第402页。)马克思对资本主义国际劳动分工的问题特别进行了分析,马克思指出,"机器生产摧毁国外市场的手工业产品,迫使这些市场变成它的原料产地……大工业国工人的不断'过剩',大大促进了国外移民和把外国变成殖民地,变成宗主国的原料产地……一种和机器生产中心相适应的新的国际分工产生了,它使地球的一部分成为主要从事农业的生产地区,以服务于另一部分主要从事工业的生产地区。"(马克思:《资本论》第一卷,《马克思恩格斯全集》第23卷,人民出版社1972年版,第494~495页。)不平等的国际劳动分工"使未开化和半开化的国家从属于文明的国家,使农民的民族从属于资产阶级的民族,使东方从属于西方。"(马克思、恩格斯:"共产党宣言",《马克思恩格斯选集》第1卷,人民出版社1972年版,第255页。)

展主义和依附理论指导下探索的自主工业化和现代化,到90年代在所谓"华盛顿共识"指导下的新自由主义改革,拉美人民积累了极其丰富的经验教训,深知西方主流经济学家的现代化理论并不符合自己的需要,解释不了自己国家发展困境的原因,所以从40年代开始,拉美国家就有一批自己的理论家提出了自己的发展理论,来解释拉美国家发展困境的原因。

拉美激进派学者对拉美发展困境的解释

关于拉美国家始终陷入发展困境的原因,拉美的发展主义者和依附论学者曾经有过令人信服的分析。以劳尔·普雷维什为代表的发展主义理论(拉美经委会思想或结构主义理论)认为:资本主义世界体系是由两极——中心和外围组成的,两极的生产结构非常不同。在中心,生产结构是多样化的,而在外围,就其出口部门集中于一两种初级产品的意义而言,结构是专门化的,生产被限定在一个"飞地"之中,其前后向联系对其余经济部门的影响是很有限的。劳动生产率相对较高的出口部门同劳动生产率非常低的生计农业并存。外围的发展有三个明显的倾向:劳动力的失业、外部的失衡和贸易条件的恶化。为了摆脱这些倾向,外围的生产结构必须改革。这种改革的一个基本的要素就是必须实行进口替代工业化。

依附论是20世纪50年代末期出现的一个主要解释不发达问题的思想流派。在西方主流经济学家看来,任何国家的经济都是在国际的相互依赖中增长的,依附是没有任何错误的。但对于依附论学派来说,依附具有产生不发达的特性。这派理论家继承和发展了发展主义理论的中心—外围结构论,认为外围国家对中心国家的依附是资本主义世界体系的一种结构,在这种结构中,外围只能作为中心国家经济扩张的一种反应而活动。

依附论有多种多样的诠释和分析。最早的一位依附论学者是巴兰(Paul Baran)。他坚持认为,不发达地区的经济发展是对先进资本主义国家的一种竞争,是不符合先进资本主义国家的利益的,因此,为了防止这种发展,先进国家同发展中世界的各种前资本主义统治集团结成同盟,以阻止它们的工业化;不发达国家所生产的剩余被外国资本所剥夺,或者被精英集团的奢侈消费挥霍掉。这个进程必定会产生停滞,必定需要政治解决。安德烈·冈德·弗兰克(André Gunder Frank)认为,唯一的政治解决办法就是社会主义革命,他以这一观点完成了依附论的这一分析。

晚些时候的依附论者费尔南多·恩里克·卡多佐(Fernando Henrique Cardoso)和恩佐·法勒托(Enzo Faletto)的理论,尽管不同,但他们都认为,先前的依附论学派认为资本主义在外围没有可能获得发展的观点是错误的;发展还是可能的,只不过那是一种依附性的发展,受限制的发展。尽管如此,所有的依附论学者都有一个共同的观点,这就是,拉丁美洲的中心动力是在自己的国家之外,因此,他们的选择受到了中心资本主义发展的限制。同时他们也强调指出,拉美国家的社会组织模式都是剥削性的、不平等的和对抗性的。①

从辛格(Singer)开始(1950年),讨论集中在外国资本进入发展中国家是否真的能够从资本进口中获得好处的问题上。新古典主义经济学家认为,发展中国家向外国资本实行开放政策是有好处的,因为外国公司能够带来高级技术;外国直接投资可以提高东道国经济的竞争力,带来有利的福利效应,还可以在外国市场准入方面得到好处。但是,依附论者认为,资本进口一般都投在传统产品出口部门,它产生了两个不良后果:第一,能力扩张和生产率增长一般都反映在出口价格的相对降低上;贸易条件

---

① 参见 Eliana Cardoso, Ann Helwege, *LatinAmerica's Economy: Diversity, Trends, and Conflicts*, The MIT Press, 1992. pp. 57~58.

的恶化增大了完全丧失福利的可能性。第二，与制造业部门不同，初级产品的生产很少能促进其他经济部门的发展。因此，外国投资只能建设一种孤立的小块"飞地"，而不能产生一种有普遍深远影响的发展努力；外国投资也不能真正改进东道国经济的技术基础，因为高度发展的资本和熟练的技术人员主要都来自国外，很少有溢出效应。

依附理论还认为，跨国公司对于发展中国家来说是绝对有害的，理由如下：第一，跨国公司往往通过扼杀竞争力来削弱国内的储蓄和投资，它们不可能把自己的大多数收益用于再投资，并为了自己的利益往往把利润给予有高度进口倾向的集团。它们不是从本地公司购买中间产品，而是从海外分公司进口，从而阻止本地公司的发展。第二，从长期来看，跨国公司可能造成外汇短缺。由于要大量进口中间产品和资本货，外贸账户可能恶化。当跨国公司的生产主要是面向国内市场的时候，这个问题就特别严重了。利润、利息、专利使用费和管理费的汇回国内，将使这种恶化更加严重。……第三，因纳税自由、投资补贴、隐蔽的公共津贴以及东道国政府所提供的关税保护，跨国公司有可能减少政府的财政收入。第四，跨国公司有可能通过提高现代部门高工资工人的利益和打击非熟练工人的利益而加剧收入的不平等。它们也能够把资金从所需要的食品生产部门转移走，投入奢侈品的制造，以迎合当地精英阶层的需要。他们还能够通过将自己的设施安置在城市地区，从而加大城乡之间的不平等。第五，跨国公司还能够通过广告把一些不恰当的产品引进东道国，从而鼓励不恰当的消费方式。它们还通过提供一些相关的生产要素，使用不恰当的生产技术，把东道国的资源投放到社会并不需要的一些项目上。第六，跨国公司内部的交易给进出口贸易票据的弄虚作假提供了机会，为逃税而改变公司所得的利润提供了可能。另外，要确定跨国公司技术转让的确切价格也是很困难的，特别是当技术作为直接投资的一个组成部分而转让的时候,尤其困难。第七,依附理论还认为,外国投资对拉美的社会关系和政治关系也有深刻的影响。外国公司的本国经理在国内形成了一个特殊的资产阶级精英集团,他们的利益是同外国公司的成功连接在一起的。这个集团反对工会、反对最低工资法,并反对征收公司税去增进社会服务事业。他们也是反对征用和国有化的急先锋。在他们的保守派的声音中也有土地贵族的声音,这些土地贵族害怕任何征收外国财产的措施,因为这会引爆土地革命。结果,社会日益两极分化,政治局势令人担忧。[1]

当然,在目前的拉丁美洲,多数人还是承认,只要政府在政治上有决心和办法来克服跨国公司的这些消极因素,情况就不会这样糟糕,不仅不会这样糟糕,而且外国的直接投资还会变成一种有价值的资源,有利于发展中国家的现代化。

产生于20世纪70年代的世界体系理论继承与发展了依附论的中心—外围理论模型和国际性经济分析,力图从资本主义生产方式的本质来说明中心与外围的内在关系,认为资本主义的扩张就是资本主义国家为了资本积累而把地球上原来处于世界体系之外的地区转化为这个体系的外围的过程;资本主义必然是一种中心与外围结构的世界体系,资本主义生产方式的资本积累不但要把非资本主义生产方式中的劳动逐渐变为雇佣劳动,而且尤其要依靠于剥削外围地区的非雇佣劳动。外围地区的落后就是这种生产方式的必然结果。

20世纪80年代以来,拉丁美洲还出现了一种新结构主义理论,这是拉美结构主义学派在与新自由主义学派的旷日持久的辩论中形成的一种新理论。这种理论既保留了结构主义思想的内

---

[1] 参见 Eliana Cardoso, Ann Helwege, *LatinAmerica's Economy: Diversity, Trends, and Conflicts*, The MIT Press, 1992. pp. 59–61.

核,同时也吸收了新自由主义的一些有益的成分,譬如赞成实行结构改革,主张经济开放,积极参加国际竞争,减少不利于发展市场经济的国家干预等,但仍坚持认为,现行的世界经济体系仍然是一种对中心国家(特别是跨国公司)有利的、不对称的、分等级的权力体系;过分的自由化会扩大国家之间和国家内部的不平等,损害发展中国家的利益。

拉美自由派学者对拉美发展困境的解释

近20年来,在西方主流派学者竭力推行新自由主义和全球化理论、对拉美激进现代化理论进行穷追猛打的进程中,拉美又出现了一系列政治色彩不同的、强调从拉美国家自己身上找原因的理论,持这种理论的人社会各界都有,譬如哥斯达黎加总统阿里亚斯就是拉美政界最有影响的代表。①但是,最有名的还是秘鲁自由派经济学家埃尔南多·德索托的穷人资本主义理论。这是拉美新自由主义改革期间出现的一种最值得注意的理论。德索托自1986年出版《另一条道路》后,一举成名,被西方世界捧为世界最红的经济学家。他的这部著作是抱着强烈的、消灭秘鲁游击队"光辉道路"的政治目的而撰写的,因此取名为"另一条道路"。关于这一点,作者在该书1989年版的《出版者题记》中说得很清楚,"光辉道路于1980年在秘鲁兴起",曾有8万多追随者,后来之所以惨遭镇压,首先是因为德索托完成了一项"光荣与正义的使命","为秘鲁的穷人找到了'另一条道路',

---

① 哥斯达黎加总统阿里亚斯认为,把一切坏事的责任都归咎于美国是不公正的,因为双方发展的起点一样,至少1750年以前,所有的美洲人大体上都是一样的穷;而且,拉美发展高等教育甚至比美国还早,但是,当工业革命在英国出现的时候,德国、法国、美国、加拿大、澳大利亚,新西兰等国都搭上了这趟车,而拉丁美洲却置若罔闻,使得工业革命就像一颗彗星掠过一样,没有人注意它。拉美之所以落后,肯定是拉丁美洲人自己有什么事情做错了。(Palabras del presidente Óscar Arias en la Cumbre de las Américas, Trinidad y Tobago. 18 de abril de 2009, http://latinamericapuede. org/2009/06/16/algo - hicimos - mal/)

一条可供选择的、更加理想的道路",致使"光辉道路""在思想的战场上被彻底击溃","在政治上一败涂地"。德索托为穷人找到的这条道路是一条什么样的道路呢?按巴尔加斯·略萨所作《序言》的说法,就是非正规经济中穷人所选择的一条从根本上削弱和缩减政府、发挥私人首创精神、反对不发达和贫困的道路,也就是一条通过发展"非正规经济"摆脱不发达的道路。德索托认为,在秘鲁,真正"具有改革力量的阶级"就是占全国人口绝大多数(为60%~80%)的非正规移民(创业者);秘鲁发展的"头号敌人"就是"把他们(非正规移民)排除在主流社会之外"的"现存的法律和制度"以及"利润至上的重商主义制度"。他说:"在秘鲁,的确存在阶级对立的状态",但并不是"处于社会上层、拥有财富、占有剩余价值的人,与处于底层、靠着微薄工资生活的人截然对立",而是"享受着政府提供的一切福利"的"政治家、官僚主义者和商人"同"与国家提供的待遇和福利无缘"的"正规以及非正规创业者"之间的对立;"如果秘鲁的法律体制能够重新塑造和调整,确保人人拥有从事工商业经营的基本条件,那么,秘鲁一定可以走向繁荣"。①

但是,尽管德索托领导的研究小组同藤森政府密切合作,对秘鲁的法律体制进行了改革(他领导的小组起草的所有权制度正规化法案和章程分别在1988年和1990年在秘鲁国会获得全体通过),但秘鲁贫富两极分化的趋势并没有得到抑制,相反,正如作者自己所说,"(20世纪90年代)并不是资本主义更大胜利的时刻,而是资本主义危机的时刻"。所以,德索托又在2000年出版了他的另一部名著《资本的秘密》,并以《为什么资本主义

---

① 埃尔南多·德·索托:《另一条道路》(中译本),华夏出版社2002年版,序言。

在西方胜利而在其他地方失败?》作为该书的副标题,声明该书的主旨就在于探讨资本主义在西方成功的秘诀,以解决发展中国家的发展困境问题。他认为:"阻碍全球五分之四的人口从资本主义中获利的主要绊脚石在于他们无法创造资本。资本是提高劳动生产力、创造国家财富的动力,是资本主义制度的生命线,是发展、前进的基础。无论贫困国家的人民多么热切地参与其他所有资本主义经济为特征的活动,他们都似乎不可能为自己创造出资本。"①他还说,大量的事例和资料证明,穷人并不是没有钱,实际上,"大多数穷人已经拥有了成功创造资本主义所必需的资产"②,他们为什么创造不出资本呢?原因就在于他们"对财产的所有权没有恰当的文件证明,这些财产不能方便地转换成资本,不能在人们所处的互相了解和信任的狭隘地域范围之外进行交易,不能用作申请贷款的抵押品";资产"如果不能在所有权文件中得到表述,资产就只能是'僵化的资本'","始终无法创造出使他们国内的资本主义制度发挥功效的足够资本"③。他认为这就是资本的奥秘所在。他说:"只有西方国家具备通过资产表述,大量地把不可见之物转化成可见之物所需的转换过程。……正是这一不同之处说明了为什么西方国家能够创造资本,而第三世界国家和前共产主义国家却无能为力"。④在这里,所谓"资产表述"指的就是"合法的所有权制度",他说:"如果资本主义有灵魂,那么这个灵魂就是合法的所有权制度";"合法的所有权制度把创造剩余价值(超越资产本身的事物)的

---

① 埃尔南多·德·索托:《资本的秘密——为什么资本主义在西方胜利而在世界其他地方失败?》(中译本),经济新潮社2001年版,第23页。
② 同上。
③ 埃尔南多·德·索托:《资本的秘密——为什么资本主义在西方胜利而在世界其他地方失败?》(中译本),经济新潮社2001年版,第24~25页。
④ 同上书,第26页。

工具交给了西方国家,使西方国家优于世界上其他地方"。"有了合法的所有权制度,西方先进国家就掌握了通向现代化发展的钥匙"。①

我国学术界关于拉美发展困境的解释

在我国,最早研究这个问题的是北京大学已故教授罗荣渠。他深入研究了后发展国家的现代化不同于欧美先进国家现代化的各个方面的特征,特别是深入研究了迟发展国家所面临的"迟发展效应"问题。他说,到20世纪后期,现代化的大潮席卷全球,到处都出现增长热。这种发展环境对晚近进入现代化的国家产生一种特有的、负面和正面的"迟发展效应"。他列举了"双重发展效应"、"同步发展效应"、"高速效应"、"超前效应"和"人口效应"等五种负面的"迟发展效应",并阐明了这些"迟发展效应"给后发展国家追赶型工业化战略所带来的许多新问题和新困难。譬如"双重发展效应"就是指晚近国家的现代化目标完全是被外在决定的,不但要追赶发达工业国早已达到的历史目标,还要适应发达工业世界的当前发展趋势,还必须分担主要是由于发达国家工业化带来的能源危机、生态危机与环境污染等严重恶果。"同步发展效应"就是指晚近国家的现代化处于数以百计的新独立国家同时投身现代化热潮的时代,丧失了早期现代化国家的那种占先的发展优势,不能像早期现代化国家那样享有占取农业世界廉价劳动力、资源与市场的优势,更没有可能像早期现代化国家那样拥有广大的非工业化世界充当自己发展的外部调节器,使得它们的发展变得特别困难。"高速效应"就是指后发展国家的现代化必须以赶超方式,把西方国家一两百年经历的渐进发展过程压缩到几十年之间仓促进行,使得早期现代化中

---

① 埃尔南多·德·索托:《资本的秘密——为什么资本主义在西方胜利而在世界其他地方失败?》(中译本),经济新潮社2001年版,第68页。

出现过的种种失调和社会危机必然以更加剧烈的方式表现出来,导致现代化阻力增大与现代化进程断裂,甚至导致极权的和军事的高压现代化,从而产生现代化倒退现象。"超前效应"就是指晚近现代化国家由于各方面的压力,往往不顾实际,急于求成,盲目抄袭发达国家的经济发展模式,导致各种冒进式的发展,比如"在低经济发展水平上仿效高经济水平的生活方式、政治建制与文化模式"、"在前现代社会中摹制出若干代价高昂的现代化的'飞地'"等。"人口效应"就是指发展中国家发生灾难性人口爆炸,而又不能像早期现代化国家那样通过大规模移民来减轻人口过剩压力,从而很难改变生产力水平极低的农业,实现生产方式的变革,使得那些最不发达的国家有可能自动淘汰出世界现代化进程的趋势。[①]

罗荣渠教授虽然也列举了"迟发展效应"的一些有利因素(即我们所说的"后发优势"),譬如西方殖民主义的扩张客观上给落后地区传播了一些现代化因素;现代生产力在世界范围内的高度发展,使落后国家的大变革不必一切从头开始,可以借鉴先进国的经验,避免走弯路,从而有可能实现跳跃式的发展;晚近起步的现代化可以借用先进国的新技术和大量引进外国资本,还可以利用劳动力低廉等有利条件提高自己的国际竞争力;占世界人口绝大多数的第三世界国家可以联合起来,对发达工业国的损人利己政策进行较有力的集体抵制等,但是他也指出,后发优势只是一种可能,"这些有利因素能否现实地利用取决于许多条件,其中最重要的是:(1)发达工业国对发展中地区的国际政策、投资偏好与技术流动趋向;(2)发展中国家政府的政策取向和有效干预的水平,特别是外向发展和竞争政策的推动;(3)各国人

[①] 原文见罗荣渠:《现代化新论》,北京大学出版社1993年版,第201~205页。

口中适龄人口受教育的程度。"①

罗荣渠教授还指出,由于上述晚近国家现代化的特殊性,由于后发国家同先进工业化国家的发展基础相差甚远,又由于今天的世界经济体制是建筑在资本积累、资本的有机构成、剩余价值率和劳动生产率等在世界范围内的不平衡发展之上的,因此,"低度发展的特征将会长久化,阻碍工业化的全球化"。而且,他还作出预测:"由于众多内外因素的制约,过去与今后的世界发展趋势都是高度不平衡的。一方面,发达工业国之间出现生活水平与质量拉平化的趋势;另一方面,第三世界发展中国家之间及其与发达国家之间,出现差距拉大的趋势。指望其中多数国家在现行的世界经济秩序下赶超发达国家,是根本不可能的。那些在竞争中最落伍的国家,即最不发达的国家,将分化为'第四世界',并面临经济恶化的异常严峻的形势。"②

在罗荣渠之后,国内还没有人专门就这个问题作过系统和深入的研究。在前几年关于"拉美化"问题的讨论中,虽然有不少学者就拉美国家发展困境的问题发表过一些意见,但都是从某一个方面发表的意见,无论是在深度上还是广度上都还显得很不够。所以罗荣渠教授18年前所说的"对于追赶型现代化的成功经验,还需要进行认真的科学的研究"③的话,对于我们今天的研究工作来说仍然具有特别重要的意义。

---

① 罗荣渠:《现代化新论》,北京大学出版社1993年版,第207页。
② 罗荣渠:《现代化新论》,北京大学出版社1993年版,第207页。
③ 罗荣渠:《现代化新论》,北京大学出版社1993年版,第207页。

第三章　拉美发展困境的历史考察

拉美的独立革命属于 18 世纪末和 19 世纪初大西洋革命的一部分，是拉美现代历史进程的开始。但是，由于拉美特殊的社会经济状况和国际条件，其现代化进程实际上一直延误至 19 世纪末期才有一个初步的启动。从这个阶段开始，拉美国家虽然进入了现代化进程，但这并不是一个稳定的进程，而是一个呈浪潮式兴起、低落，起伏不定，艰难推进，甚至出现停滞、倒退的进程，是一个同西方发达国家特别是同美国发展差距越来越大的进程。从那时候至今，拉美已经历了三次现代化浪潮，现在正处于第三次现代化浪潮中。前两个浪潮都分别有它们的发展黄金时期，也分别有它们的衰退和危机时期，第三次浪潮至今还没有看到黄金时期的来临。下面我们分别对拉美的独立进程和三次现代化浪潮的遭遇作一个扼要的历史考察。

一、独立革命与早期现代化的延误（1700—1870）

在世界经济发展史上，1500 年至 1870 年是世界历史上第一个经济全球化浪潮时期。这个阶段的前期，即 1500 年至 1789 年法国大革命时期是这个经济全球化浪潮的涨潮时期，1789 年至 1870 年时期是这个浪潮的衰落时期。

在这个浪潮的涨潮时期,西班牙美洲各殖民地的经济水平大都高于英国在北美的殖民地。譬如18世纪初西班牙殖民地新西班牙(即今天的墨西哥)和葡萄牙殖民地巴西的经济水平就高于同时期英国在北美的13个殖民地,但是,自美国与拉丁美洲相继独立之后,拉美各国同美国的差距就越来越大,到拉美独立半个世纪之后的1870年,巴西与墨西哥这两个拉美大国的人均GDP已经只有美国人均GDP的四分之一到三分之一了(见表3-1),其他的拉美国家除了阿根廷和乌拉圭,均远远地被抛在美国的后面。

表3-1 人均国内生产总值及增长率比较,1820—1870年

(1990年国际元)

国别	1820	1870	1820—1870 增长(%)	1820 美国=1	1870 美国=1
阿根廷	1249	1837	0.8	0.99	0.75
巴西	652	680	0.1	0.52	0.28
智利	607	1295	1.5	0.48	0.53
哥伦比亚	346	463	0.6	0.28	0.19
古巴	583	838	0.7	0.46	0.34
墨西哥	693	720	0.1	0.55	0.29
乌拉圭	1004	1880	1.3	0.80	0.77
委内瑞拉	347	529	0.8	0.28	0.22
拉美(8国平均)	640	809	0.5	0.51	0.33
美国	1257	2445	1.3	1.00	1.00

资料来源:Maddison, Historical statistics, except for Latin America. 转引自 Leandro Prados de la Escosura, Lost Decades? Independence and Latin America's Falling Behind, 1820 - 1970. Universidad Carlos III de Madrid, November 2007.

殖民统治时期的拉丁美洲

1. 殖民统治时期拉丁美洲社会的特点

西班牙和葡萄牙美洲殖民地都是第一次经济全球化浪潮（1500－1789年）的历史产物，它的主要特点是：在经济方面，殖民统治时期的拉美与同时期欧洲的前资本主义社会不同，那里并没有欧洲清一色的自给自足的封建庄园制度。拉美传统经济的特点主要有两个，一个是结构混杂，另一个是生产单一或专门化。结构混杂即宗主国移植的、生产率较高的生产方式同本地落后的、生产率极低的生产方式并存；生产单一指经济的增长主要依靠单一的、专门化的初级产品出口（粮食或原料）。这个经济制度通常都有两大支柱，一个是矿业，一个是大庄园制农业。矿业，特别是其中的黄金、白银开采业，既是服务于早期资本主义世界经济体系的一种商品经济，同时又是一种实行本地分派劳役制度（在秘鲁称"米塔制"），对印第安人进行超经济强制剥削的"飞地式"封建经济。大庄园制度是一种以家族统治为基础，以大庄园主为一家之长，对整个家族、仆人、奴隶、佃农、分成农、农民甚至邻居实行绝对统治，等级分明，既种植商品作物，又生产居民所需粮食，并有各行各业技工和半技工，能自给自足，满足当地所有简单需求的经济制度；是一种以债役劳动制将庄园劳工世世代代束缚在土地上，实行封建性超经济强制剥削的经济制度。奴隶种植园制度以来自非洲的黑人奴隶为劳动力，其超经济剥削比大庄园制有过之而无不及。一般地说，奴隶种植园经营规模都比较大，生产的单一化和商品化程度也更高。殖民统治时期留下的这两个支柱性经济部门，最典型地体现了拉美经济结构混杂、生产单一的落后特点。总之，独立初期拉美的经济制度依然是一个完全依附于欧洲中心国家的封建、半封建性质的经济制度。

在社会方面，殖民统治时期拉美的社会同英帝国殖民地所建立的欧洲移民社会不同。拉丁美洲是在摧毁印第安文明之后,在印第安人的社会中建立起了新的统治制度。因此,拉美从来没有像英国殖民地那样形成一个拉美本土的、从本土利益出发致力于内源发展和扩大机会的权力集团,而是在那里建立了一个收入分配最不公正、社会财富高度集中的等级社会。西班牙、葡萄牙王室通过金字塔式的、从上到下的等级制度,来统治人口众多的印第安人。社会金字塔的顶层是所谓"半岛人",即来自伊比利亚半岛的少数政治、军事和宗教统治者;金字塔的第二层是土生白人,即出生在拉美殖民地的白种人,他们的人数虽然在独立战争前夕已占拉美白人的98%以上,且都十分富有,但在政治地位和社会地位上远低于"半岛人"。所以,长期以来,他们对"半岛人"积怨甚深,这是推动拉美独立运动的一个主要的因素。金字塔的底层是广大的印第安人,他们是殖民地两大经济支柱——农业和矿业的主要劳动力来源。为了实现对当时稀缺的劳动力资源的有效控制,殖民地普遍实行债役劳动制这种封建性质的超经济强制劳动制度。直到独立前夕,印第安人数量在多数拉美国家都占人口总数的一半左右。处于土生白人阶层和底层印第安人之间的是人数越来越多的梅斯蒂索人(混血人)。独立前夕这个混血阶层的人数已占拉美人口的四分之一左右。

总之,独立前夕的拉丁美洲是一个20%白人统治80%非白人的分裂的社会;是一个民族矛盾、种族矛盾和阶级矛盾都尖锐到了极点的社会。独立后,除了半岛人的地位被土生白人取代之外,这种情况并没有什么变化。相反,随着资本主义私有制的发展,底层印第安人的处境更为悲惨,矛盾的尖锐程度有增无减。

在政治方面,殖民统治时期的政治制度是一种建立在阶级统治和种族统治基础上的等级专制独裁制度。在这个统治制度中,最重要的权力因素是天主教会和大地产主。土地所有权依然是财富、威望和权力的主要来源。独立后,大地产主几乎立即就控制了新政府,他们的代表占满了立法机构的席位,而且因为宗主国的约束已被独立所取消,他们变得更加贪婪,根本不顾拉美国家的利益。"教会是最大的地主和债主",教士在新政府中占有高级职务,几乎控制着整个拉美的教育体系和思想文化,对政权具有决定性的影响。因此,在19世纪,宗教问题常常成了拉丁美洲自由派与保守派政治分野的重要分水岭。总之,教会势力与大地产主实际上是独立后拉丁美洲各地的最高统治者,是他们所统治地区政治权力的中心。由于财富与收益的集中以及种族所造成的社会分裂,拉美的专制制度是很不稳定的。因此,在独立后的半个多世纪中,拉丁美洲就是由这两个权势集团通过他们的军事、政治工具——考迪罗(军事首领)统治的,称"考迪罗主义"时代。考迪罗(Caudillo)是成份混杂的一群人,但有一个共同的特点,即"都具有神秘性和超群魅力",是当时唯一能在极端无政府状态下阻止国家分裂、建立和维持"秩序"的人物,是权威的化身,不同于那些由上层分子强行推出的欧化了的领导人。

2. 伊比利亚殖民帝国曾经有过的繁荣

西班牙和葡萄牙的殖民统治对于美洲的印第安人来说,是一个极大的悲剧,但不可否认的是,它客观上也的确在拉丁美洲的历史上引起了一些进步的变化,譬如引进了比美洲原始文明要高得多的生产力和物质文明,打破了美洲数千年的封闭状态,开始了新、旧大陆之间的世界贸易,特别是在文化教育方面引进了欧洲的学校教育制度和高等学校。

因此,在拉丁美洲300年殖民统治的历史上也曾有过经济相当繁荣的时期。以墨西哥为例,殖民时期墨西哥的发展虽然是一种边缘的发展,受宗主国西班牙的支配,是西班牙的原料供应地,特别是贵金属黄金、白银的供应地和西班牙商品的销售市场,但由于这种贸易的拉动,特别是由于18世纪中叶西班牙波旁王朝的改革，墨西哥（新西班牙）曾经有过一个短暂的兴盛时期。"领土增加了一倍，人口增加了两倍，生产力增加了五倍"①，黄金生产增长了两倍，往来韦腊克鲁斯港的商船每年多达500艘。②新西班牙的商品农业和工业也围绕贵金属开采中心而有所发展。

据统计，18世纪末，新西班牙有正在开采的矿场上千个，矿民村上百个。在这些矿区集中了新西班牙购买力最高的一部分居民，成了本地农产品、手工业产品和进口制成品的最大市场。当时纺织业等各种制造业以及商品农业最发达的地区也都是靠近矿区和墨西哥城的地区，如埃尔巴希奥、米却肯、瓜达拉哈拉、巴利亚多利德等。据统计资料证明，在1700年的时候，墨西哥和巴西的人均生产总值都超过了当时英国在美洲的13个殖民地（见第二章表2－1和表2－3）。不仅如此，当时的新西班牙甚至还通过菲律宾同中国有过相当频繁的贸易往来。据史载，葡萄牙和西班牙这两个霸权国家15世纪末在大西洋瓜分世界之后，就都开始向太平洋扩张。1529年，两国又签订萨拉戈萨条约，划定了两国在太平洋的势力范围。大约半个世纪后，西班牙远征军占领菲律宾的马尼拉后，即以富庶的中国为目标，开辟了从西班牙的塞维利亚经墨西哥、马尼拉到中国闽、粤及澳门的海上贸易线，被称之为太平洋上的"大商帆贸易之路"或"海上丝绸之路"。当时，中国的经济、文化和技术在世界上都还处于一流地位，而从16世纪下半叶到17世纪初正是明嘉靖到明万历年间，正是明朝开放海禁，允许商民往返东、西两洋，中国商人拥有较大海外贸易自由的时期。因此，当时中国与墨西哥的太平洋贸易

---

① 丹·科·比列加斯等著：《墨西哥历史概要》（中译本），中国社会科学出版社1983年版，第47页。

② Lynn V. Foster, *A Brief History of Mexico*, Facts On File, Inc. 1997, p. 100.

曾呈现相当繁荣的景象，17世纪初每年往返于马尼拉的中国商船多达四五十艘，活动于马尼拉的华人多达几十万，是近代历史上中菲贸易以及通过菲律宾的中拉贸易的鼎盛时期。据统计，中国通过马尼拉贸易从拉丁美洲获得的白银从16世纪末年的100余万比索，增加到17世纪的200万比索，再增加到18世纪的300万至400万比索。这种贸易一直延续到18世纪末。①

西欧的双元革命与拉美的双重统治

在伊比利亚美洲殖民统治时期，欧洲与非西方外围地区之间已经逐渐构成一个资本主义早期的世界经济体系，也就是重商主义经济体系。它的基本运作方式是：从非洲猎取奴隶运到美洲，在美洲开采贵金属、生产食糖和蓝靛等运回欧洲，再用贵金属到东方交换奢侈品（如香料、丝绸和棉布）。通过这种贸易，一方面使欧洲资本主义实现了资本原始积累，另一方面把非西方地区的主要生产形式纳入了为西方资本主义中心提供服务的轨道，形成了最初的国际分工关系。这种关系决定了拉美地区的不发达状态。因为在殖民主义制度下，拉丁美洲劳动者所创造的剩余产品全部属于殖民主义宗主国及其在殖民地的代理人，因而也就没有能力发展自己的经济。在这种经济关系中，因为整个经济活动的中心是贸易，而不是制造，制造只能属于西方，因而这就不可避免地造成拉美经济格局的畸形发展：财政资源和人力资源的分配极度偏向出口活动，而抑制了适应本国需要的生产活动的发展，从而妨碍了新技术的引进和合理使用。尤其值得注意的是，殖民地商业资本主义的发展是通过各种各样的代理人进行的，外国势力为了顺利进行"贸易"活动，毫无例外地都要收买和利用当地的势力，因而他们也就在拉丁美洲培养出了一个与西方渗透势

---

① 舒尔茨：《马尼拉大帆船》，纽约，1959年版，第189页。转引自陈芝芸等著：《拉丁美洲对外经济关系》，世界知识出版社1991年版，第279页。

力有密切联系的克里奥尔财阀阶级。这个阶级对本国经济发展毫无兴趣,却热衷于以本地的资源去交换西方资本主义的工业制成品,享受西方发达国家统治阶级的豪华生活,并同西方发达国家的统治阶级勾结起来,共同压迫和剥削本国的劳动者阶级,从而激化了殖民地的社会冲突。拉丁美洲独立革命中所发生的民族分裂和后来的发展困境,都与这个阶级的存在和发展有密切的关系。

17世纪之后,由于欧洲各列强之间经济发展的不平衡,西、葡两国的地位逐步为荷英法所代替。其主要原因是:第一,荷、英、法的兴起虽比西、葡两国落后一步,但是它们在进行殖民主义扩张时,本国资本主义工业也不断向上发展,而西、葡两国始终固守封建专制制度,国内经济不但没有发展,而且逐渐下降。第二,西、葡两国从殖民地掠夺的大量金银,只是在初期对本国工商业有某些刺激作用。绝大部分金银都消耗在欧洲等地的战争中,或是消耗在王室和大贵族骄奢淫逸的生活中。第三,西、葡两国所需的工业品要从英、荷、法等国输入;运往殖民地的商品,也大多从英、荷、法等国购买。结果,每年从殖民地运回的大量金银,一转手又流往英、荷、法等列强。所以人们称西班牙是"黄金漏斗"。这种情况更促进了英、荷、法等国经济的发展和西葡经济的衰落。

1588年远征英国的西班牙"无敌舰队"的覆灭,标志着西班牙海上强国地位的严重削弱。此后,拉丁美洲便逐步地处在西班牙和英国的双重统治之下。关于这一点,乌拉圭著名作家加莱亚诺说得很清楚,他说:"实际上,早在独立战争之前,英国人已经控制了西班牙与其殖民地之间相当大的一部分合法贸易。同时,把大量的走私货物源源不断地投向拉丁美洲沿海地区。贩卖奴隶为地下贸易活动提供了一面卓有成效的挡箭牌,然而,各处海关的记录表明,在整个拉丁美洲,绝大部分进口产品并非来自西班牙。事实上,西班牙从未垄断过贸易:'早在1810年之前,宗主国已经失去了它的殖民地。独立革命仅仅是从政治上承认这种现状'。"①

18世纪60年代发生的英国工业革命以及紧接着发生的法国大革命,在世界历史上被称之为经济和政治的双元革命。这次革命的胜利,加剧了英国等欧洲列强对拉丁美洲的渗透和统治,拉美的独立就是在这样一个背景之下发生的。

拉丁美洲的独立革命与西班牙美洲民族的分裂

开始于1790年的拉美独立革命,不但规模宏大,而且延续的时间也很长,长达35年(1790—1825)之久。推动拉美独立革命的因素主要有以下几个:

第一,西班牙未能大力支持赋税公正,并对殖民地的贸易推行强制性限制。

第二,美洲出生的克里奥尔人在拉美的经济力量不断增长,但却不能分享统治地位,因为西班牙王室只相信在伊比利亚出生的半岛人,这种拒绝他们参政权利的做法违背了启蒙运动的思想。

第三,土著居民为保护自己的土地而斗争,并要求得到更多的土地。

最后,法国占领西班牙和对西班牙王室的控制,使得西班牙国王在西班牙和拉丁美洲的统治都丧失了合法性,这一突发情况为西班牙美洲殖民地的独立革命提供了一个催化因素。

在西班牙三个世纪殖民统治期间,由于人口的繁衍、种族的融合、文化的融合和心理的沟通,在拉丁美洲西班牙殖民帝国广阔的土地上,逐步形成了一个基本上有共同语言、共同地域、共

---

① 爱德华多·加莱亚诺:《拉丁美洲被切开的血管》(中译本),人民文学出版社2001年版,第199页。

同文化、共同宗教以及共同经济生活的西班牙美洲民族。所以，拉美独立革命的领袖，无论是早期的米兰达，还是继米兰达之后的西蒙·玻利瓦尔，他们都有一个宏伟的建国蓝图，即都想独立后在西班牙美洲民族的基础上建立一个统一的、新的伟大国家。玻利瓦尔曾说："我比谁都更希望看到在美洲能够建立起世界上最伟大的国家"，他也坚信有这种可能性。为此他坚持必须要有一个强有力的政权。1819年8月解放波哥大后，他即在年底召开的安戈斯图拉国民议会会议上宣布成立大哥伦比亚共和国，将委内瑞拉、哥伦比亚、厄瓜多尔和巴拿马等四个地区联合起来。1824年解放利马后，玻利瓦尔即给墨西哥、哥伦比亚、拉普拉塔、智利和危地马拉几个国家的政府写信，发出召开巴拿马代表大会的邀请。但是，这时候，由于西班牙殖民军已经被赶出拉美大陆，共同的敌人已经不再存在，而300年殖民地历史所逐渐形成的、取代半岛人而登上拉丁美洲政治舞台的新的克里奥尔统治集团，又都是同西方渗透势力，特别是同英国的扩张势力有密切联系的，他们的利益并不在于本国经济的发展和国家的统一，而是在于如何维持自己对"内部权力结构的控制"，如何以尽可能多的本国资源去交换西方资本主义的工业制成品，享受西方发达国家统治阶级的豪华生活。所以，西班牙美洲的克里奥尔统治集团实际上是分裂的，他们的首脑们对玻利瓦尔所致力的拉美的统一和联合毫无兴趣；虽然当时的墨西哥、中美洲联邦、大哥伦比亚（包括今天的厄瓜多尔和委内瑞拉）和秘鲁派代表参加了巴拿马会议，并签署了一个"永久性"联盟协定，但最后只有哥伦比亚国会批准了这个协定。不仅如此，在所有已经解放的地区都普遍出现了政治争吵、经济混乱、地方主义和普遍的抗税斗争……根本无法建立一个为社会整体所承认和尊重的政治权威。玻利瓦尔设想的建立统一的拉丁美洲联邦的梦想开始破灭。他也曾想通过制定新宪法，建立有权威的、类似于君主立宪制的政府,来结束这个混乱局面。但是在1828年的奥卡尼亚国民议会上,玻利瓦尔的宪法草案遭到自由主义派议员的猛烈攻击,致使会议不欢而散。8月,玻利瓦尔不得不按波哥大民众执政委员会的要求行使独裁权力。结果,自由派对玻利瓦尔的批判和抨击更加疯狂,甚至称玻利瓦尔为"暴君"。9月,反对派竟然阴谋对他实行暗杀。不久,委内瑞拉脱离大哥伦比亚,接着基多反对波哥大,本来应该在独立斗争中联合成一个统一的、强大的美洲国家的西班牙美洲民族现在已经分裂成9个国家。在暗杀阴谋中侥幸活命的玻利瓦尔,这时已是身心交瘁、病入膏肓,最后只能在绝望中长叹一声,承认自己毕生的奋斗只是在"耕种海洋"。玻利瓦尔失望地病逝了,拉丁美洲也彻底分裂了。

巴西的情况比较特殊。由于葡萄牙王室的兴趣全在巴西的矿业财富,所以它同殖民地巴西的联系越来越紧密。当法国拿破仑军队侵入伊比利亚半岛、葡萄牙王室的统治陷入危机的时候,葡萄牙王室的政治理想就是对殖民地巴西实行自我统治(Selfrule)。自葡、英两国在1703年签订"梅休因条约"(根据这个条约,英国的羊毛和毛织品可以免税进入葡萄牙,葡萄牙的葡萄酒也可以以很低的税率进入英格兰)后,英国对巴西的贸易扩张就成了英国的一项重要国策。当1807年法国军队在西班牙支持下占领里斯本的时候,葡萄牙王室就在英国帮助下逃到了巴西,并重申拥有殖民者所曾经享受的权力。因为葡萄牙国内爆发资产阶级革命,葡萄牙国王若昂六世于1821年携王室回葡萄牙,留下王子佩德罗为巴西摄政王。第二年,在巴西独立派的压力下,佩德罗宣布巴西独立。

表3-2就是伊比利亚美洲殖民地独立后分裂为20个独立国家的情况:

表3-2 拉美政治独立所形成的国家

国家	通过战争而获得独立			因特殊情况而获得独立	
	宣战日期	胜利时间	推翻的国家	独立时间	摆脱的国家
阿根廷	1810	1816	西班牙		
玻利维亚	1809	1825	西班牙		
巴西				1822	葡萄牙
智利	1810	1818	西班牙		
哥伦比亚	1810	1818	西班牙		
哥斯达黎加		1821	西班牙		
古巴		1898	西班牙	1902	美国
多米尼加共和国		1821	西班牙	1844	海地
厄瓜多尔	1809	1822	西班牙		
萨尔瓦多		1821	西班牙		
危地马拉		1821	西班牙		
海地	1791	1804	法国		
洪都拉斯		1821	西班牙		
墨西哥	1810	1821	西班牙		
尼加拉瓜		1821	西班牙		
巴拿马				1903	哥伦比亚
巴拉圭				1811	西班牙
秘鲁	1821	1824	西班牙		
乌拉圭	1811	1814	西班牙	1828	巴西
委内瑞拉	1810	1821	西班牙		

资料来源：Eliana Cardoso, Ann Helwege, *LatinAmerica's Economy: Diversity, Trends and Conflicts*, The MIT Press, 1992. p. 38.

拉丁美洲独立后失去的 50 年

民族国家是近代资本主义的产物。美国从建国开始就把 13 个殖民地统一成了一个民族国家。美国之所以能做到这一点，是因为美国资产阶级从独立革命开始就有一种民族自觉，即对资产阶级整体利益的自觉，也就是对外扩张的民族自觉。当时在美国广为流行的所谓"天定命运论"就是这种自觉的理论表现。为了遵行这种"天定命运"，他们通过暴力侵略和占有别国的领土，并寻求消灭那里的土著居民；他们奴役几百万非洲黑人，靠着这些贫穷黑人的血汗，许多白人成了世界上最富有和最有势力的人。这就是后来美国称霸的开始。相比之下，西班牙美洲殖民地在独立的时候，由于萌芽中的资产阶级还没有这种民族自觉（除了像玻利瓦尔这样的少数先进人物），西班牙美洲民族不但没有在独立斗争中团结、壮大起来，反而陷入四分五裂。

关于南北美洲民族独立道路的这一历史性区别，乌拉圭著名作家爱德华多·加莱亚诺有一段很精辟的总结，他说："美国独立后七年，原来 13 个殖民地的面积已扩大一倍，国土超越阿勒格尼山脉，伸展到密西西比河流域。四年以后，美国创建了统一市场，统一了全国。1803 年，美国以令人可笑的低价向法国购买了路易斯安娜，国土因此再扩大一倍。随后是购买佛罗里达。到了上一个世纪中叶，又以"天命所定"的名义，侵略墨西哥并割走半个墨西哥的领土。接着是购买阿拉斯加，强夺夏威夷、波多黎各和菲律宾。在实现很久以前开国前辈们明确表示和追求的目标过程中，殖民地变成了国家，国家又变成了帝国。当美洲北部一面扩张边界一面向内地发展时，向外发展的美洲南部则如手榴弹一般炸为碎块。"[①]加莱亚诺以十分沉痛的心情描绘了拉丁

---

① 爱德华多·加莱亚诺：《拉丁美洲被切开的血管》（中译本），人民文学出版社 2001 年版，第 292 页。

美洲的这一分裂局面。他说:"在西蒙·玻利瓦尔、何塞·阿蒂加斯和何塞·圣马丁的想象和希望中,拉丁美洲作为一个整体诞生于世,但是由于殖民制度本身的畸形,拉丁美洲在诞生之前已经破碎了。港口城市的寡头集团通过自由贸易巩固了这种成为其收入源泉的支离破碎的结构;那些有文化的走私者不能孕育出资产阶级在欧洲和美国实现的那种民族团结。早在拉丁美洲独立之前,师承西班牙人和葡萄牙人的英国人,在上个世纪漫长的岁月里,通过外交官白手套翻出的诡计、银行家的掠夺和商人的诱惑,完善了这一结构。玻利瓦尔曾宣告:'对我们来说,美洲就是我们的祖国。'可是,大哥伦比亚分裂为五个国家,解放者玻利瓦尔失败了,临终前他对乌达内塔将军说:'我们永远不会幸福,永远不会!'在被布宜诺斯艾利斯出卖以后,圣马丁舍弃了指挥权;称呼自己的战士为美洲人的阿蒂加斯将军孤独地流亡巴拉圭,并在那里死去。拉普拉塔总督区早已分为四个国家。中美洲联邦共和国的创始人弗朗西斯科·德莫拉桑被枪决,美洲腰部地带碎为五块,随后又加上由迪特·罗斯福从哥伦比亚分离出来的巴拿马"。他的结论是:"一群相互分离的国家是我们民族失败的产物"。①

西班牙美洲殖民地的分裂,给拉美人民带了无穷的后患:第一,由于西班牙美洲民族的分裂,拉美无法抵御欧美列强的侵略和扩张。譬如,19世纪三四十年代美国对墨西哥的武装侵略和领土掠夺、19世纪末期和20世纪前半期美国对古巴的干涉和控制、19世纪80年代至20世纪初美国对多米尼加的财政控制、19世纪末美西战争后美国对波多黎各的殖民化、19世纪下半叶至20世纪初期美国对海地的武装干涉和军事占领、19世纪下半

---

① 爱德华多·加莱亚诺:《拉丁美洲被切开的血管》(中译本),人民文学出版社2001年版,第290~291页。

叶和20世纪初期美国对尼加拉瓜的干涉和侵略、20世纪初期美国对巴拿马的控制、20世纪初期美国对多米尼加的军事占领、20世纪40年代美国对危地马拉民主政府的颠覆、20世纪60年代美国对多米尼加的武装干涉、20世纪70年代美国参与对智利阿连德民选政权的颠覆、20世纪80年代美国的入侵格林纳达、20世纪80年代美国对中美洲的干涉、20世纪80年代美国对巴拿马的经济制裁和武装入侵等，都是这种情况。

在本节所述这段时间中，最典型的当属西方列强对墨西哥的侵略。西班牙殖民统治被推翻后，英国殖民主义者即加紧对拉美的控制。在墨西哥独立的第二年，英国外交大臣乔治·坎宁就公开宣布，西班牙美洲是英国的。墨西哥由于领土辽阔，北方同美国的边界、南方同英国占领的伯利兹边界都不明确，加之边界遥远，人口稀少，缺乏边防保障，西方列强的扩张野心从墨西哥独立开始就膨胀起来，一点都不掩饰其吞并墨西哥领土的欲望。在独立后的半个世纪中，墨西哥就五次遭受了西方列强的武装侵略。第一次是1829年西班牙远征军的登陆。第二次是1836年美国-得克萨斯战争，美国侵略者凭着战争的胜利吞并了墨西哥的得克萨斯（1845年3月美国议会决定把得克萨斯合并于美国）。第三次是1838年法国军队挑起的所谓"馅饼战争"。法国政府竟然因为一法国馅饼师在墨西哥内乱中遭受损失而向墨西哥发出最后通牒，要求赔偿60万比索并占领墨西哥韦腊克鲁斯的圣胡安德乌卢阿要塞。墨西哥被迫签订和约，答应法国所有的赔偿要求。第四次是1846年至1848年美国为吞并新墨西哥和上加利福尼亚大片墨西哥领土而发动的侵略战争。美国为此而动员了10万零4千多人的军队，迫使墨政府承认以布拉沃河为墨美边界。由于这场战争的失败，墨西哥丧失了国土的一半以上。美国则用这片抢夺来的土地，新设了得克萨斯、新墨西哥、亚利桑纳、犹他、内华达、加利福尼亚等6个州（图3-1）。第五次是1861

年至1876年法、英、西三国武装干涉墨西哥的战争。这是一次逼债的战争。墨西哥华雷斯政府因财政困难，于1861年7月17日宣布暂停偿付外债两年。英、法、西三国即以此为借口，联合发动对墨西哥的武装干涉。因内部矛盾，英、西两国在占领韦腊克鲁斯港后，同华雷斯政府谈判，随即撤军。法国军队则继续扩大侵略，于1863年6月占领墨西哥城，翌年又扶植奥地利大公马克西米利安在墨西哥称帝，建立法国控制的傀儡政权。墨西哥人在华雷斯领导下，经过三年的艰苦抗战，才赶走法国军队。

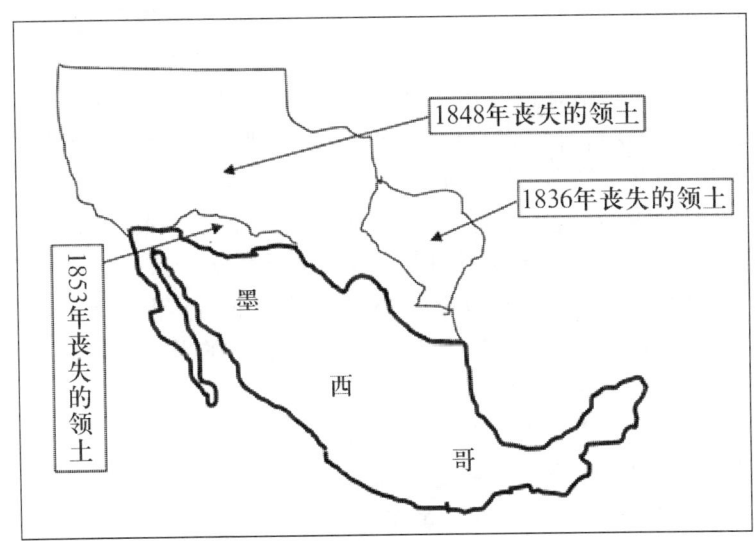

图3-1 墨西哥在美国侵略战争中丧失的领土

资料来源：Daniel Cosío Villegas（coordinador），*Historia General de México*，El Colegio de México，1976，Tomo 2，p. 817.

更严重的是，西方列强的侵略势力是同国内的各个政派相联系的。西方列强在墨西哥有它们的支持者和合作者，而国内的各个不同政派又都有自己的西方背景。譬如在墨西哥人民的抗法战争中，保守派就是公开同法国侵略军相勾结的。墨西哥国内关于经济发展战略问题的争论，也都同国内外政治斗争搅在一起，成了墨西哥政治斗争的一部分。由于国际政治背景的不同，保守派同自由派在政治上势不两立，无休止地进行争夺政权的内战。任何稳定、一贯的经济现代化发展战略都不可能实行下去。

在独立战争中，墨西哥损失了 60 万人，几乎占当时人口的 10%，占当时劳动力的一半。独立后，又在近半个世纪中，在连续不断的内战情况下，连续打了 5 场反侵略和反干涉战争，其经济破坏的情况可想而知。由于战乱不止，墨西哥满目苍凉，一片荒芜，许多村镇被遗弃，许多矿山被封闭。为了解决财政困难，不得不大量举借外债（1828 年甚至还不得不借了一笔利率高达 536% 的贷款），出卖教会不动产、出卖圣职、出卖村社地产和牧场，引起了许多尖锐的社会冲突。1835 年后，为了应付战争，墨西哥的财政状况非常混乱，以至在 1835 年至 1840 年的 5 年中，竟然更换了 20 位财政部长。1837 年，在无计可施的情况下墨西哥政府甚至想以每英亩 1.25 美元的价格出售北方地产。总之，西方列强的侵略、扩张及其对墨西哥内政的干涉和渗透，是墨西哥现代化的最大障碍。

第二，民族分裂。从独立开始，几乎所有的拉美国家都与邻国发生过边界冲突，甚至战争，这严重影响社会经济的发展。譬如 19 世纪 60 年代的巴拉圭战争、19 世纪七八十年代的太平洋战争、20 世纪 30 年代玻利维亚与巴拉圭的格兰查科战争、1941 年的秘鲁与厄瓜多尔的战争、1969 年萨尔瓦多与洪都拉斯的"足球战争"、1978 年阿根廷与智利之间关于比格尔水道及水道东端三个岛屿主权问题的争端、1995 年秘鲁与厄瓜多尔的战争等；就是目前，仍然还有一些难以解决的冲突，譬如委内瑞拉与圭亚那的边界领土之争、危地马拉与伯里兹的领土之争、智利与玻利维亚的太平洋沿岸领土之争、智利与秘鲁的海域边界争端等。其中最典型的是19世纪60年代巴西、阿根廷和乌拉圭三国联盟对巴拉圭的战争。拉美独立后，巴拉圭对内实行专制独裁、对外实行贸易保护主义政策，是经济取得"自主、持续的发展"、"外国资本唯一没能使之畸形发展的国家"。在战争爆发的前夕，巴拉圭已经拥有一条有线电报线路、一条铁路和大批生产建筑材料、纺织品等轻工业品的工厂，还能制造炸药、大炮、炮弹，甚至船舶。这期间，巴拉圭货币坚挺，没有外债，是一个世纪之前南美洲最富裕的国家。在拉美独立国家中有这样一个榜样，使得英国商人感到非常不安。这时，随着经济的发展，巴拉圭需要打破阿根廷和巴西的封锁，而阿根廷和巴西则觊觎巴拉圭的领土。随着矛盾的激化，特别是由于巴、阿两国粗暴地干涉乌拉圭内政，扶植自己的傀儡，进一步封锁巴拉圭，三国联盟同巴拉圭的战争终于在英国银行家和英国驻阿根廷大使的支持下爆发了。惨烈的战争持续了5年之久，最后以巴拉圭总统战死而告终。这是拉美历史上最惨烈、最卑鄙的一场罪恶战争，经过这场战争，巴拉圭一半领土被巴西和阿根廷瓜分（见图3-2），人口减少一半多，经济遭到严重的破坏，至今仍是南美洲最穷的国家之一。

第三，民族的分裂造成市场的割裂、资源的失衡和各别国家的市场狭小，不利于拉美的工业化和经济发展。20世纪60年代拉美国家之所以开始致力于拉美的一体化，就是因为它们的工业化几乎都面临着市场狭小的困难，不通过一体化进程来建立区域联合的共同市场，这个问题就无从解决。

美、拉发展鸿沟——第一时间差的形成

1825至1870年是欧美工业革命的高潮时期，也是拉丁美洲独立后进入世界经济的时期，这对于拉美来说是一个很好的发展机遇。因为第一，这个时期，特别是19世纪40年代之后，英国开始取消对其国内农业利益的保护，愿意更多地接受来自外国的

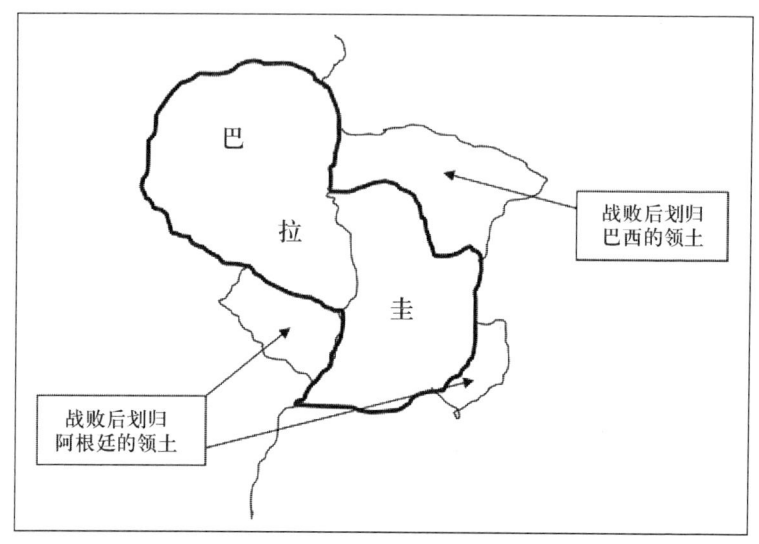

图 3-2　巴拉圭在三国联盟对巴战争中丧失的领土

资料来源：根据中国社会科学院拉丁美洲研究所《拉丁美洲历史词典》编辑委员会编《拉丁美洲历史词典》（上海辞书出版社1993年版）第75页地图绘制。

原料进口。这一变化特别有利于温带地区如阿根廷和乌拉圭的农业生产者。第二，热带作物生产者虽然还必须同英国殖民地进行竞争，但因为蒸汽机、螺旋桨和金属船壳的发明，运输成本已经大大降低，使得新独立国家有可能同来自加勒比和美国的产品进行竞争。第三，交通运输和矿业开采方面技术的进步，也导致新的矿业发展，因为把非贵重金属运往工业中心已经变得有利可图。第四，美国的高速工业化创造了对西半球本身所产原料和热带产品的日益增长的需要。拉美成了这个新市场的一个重要供应地。此外，除了对热带产品的新需求之外，美国西部的迅速扩张也创造了对智利温带产品的需求，在这个飞速跃进的黄金时期，智利享受到了庞大的成本优势。到这个世纪的中期，拉美已经有少数几种商品在世界市场上占有明显的优势，譬如智利的铜和小麦、哥伦比亚的烟草、阿根廷的皮革和肉类、秘鲁的鸟粪、古巴的糖、巴西的咖啡和委内瑞拉的可可。拉美国家如果能利用这个开放的机会和良好的市场条件，多方积累资金，积极参与欧美的第一次工业化进程，拉美的前景肯定会是另一种情况。但是，由于上述的民族分裂和无休止的暴力冲突，再加上西方列强的侵略和干涉，拉美国家眼睁睁地看着这个机遇从自己的身边消失了，就像前不久哥斯达黎加总统阿里亚斯所说的，"当工业革命在英国出现的时候，德国、法国、美国、加拿大、澳大利亚、新西兰等国都搭上了这趟车，而拉丁美洲却置若罔闻，使得工业革命就像一颗彗星掠过一样，没有人注意它"。①结果不难想象：一方面，由于安全没有保障，地主们都躲进了他们的庄园；外面的世界是如此的宽广，而拉美大庄园的孤立状态却达到了极端的程度；另一方面，由于没有工业革命，拉美就没有自己的制造业，因为没有机械化的制造业，就没有可能实现高速发展的规模经济，拉美诞生的工业就不可能降低产品的成本，在欧洲市场上就不可能同新兴的工业国美国竞争。于是，拉丁美洲就无可避免地急剧落后了。于是，在美洲的历史上就清楚地出现了两个方向相反、对比鲜明的进程：一个是美利坚合众国民族国家的统治日益加强、领土面积日益扩大，由原来北美东海岸小小的13个殖民地扩张成了一个纵贯北美大陆、地跨东西两洋的、富于侵略性的、庞大帝国的进程；另一个是西班牙美洲民族急剧走向分裂，陷入连年内战和政治纷争，由原来一个庞大的殖民帝国碎片化成了十几个无力抵御欧美侵略、不断遭受欧美列强政治干涉和经济

---

① Palabras del presidente Óscar Arias en la Cumbre de las Américas, Trinidad y Tobago. 18 de abril de 2009, http://latinamericapuede.org/2009/06/16/algo-hicimos-mal/.

控制的半殖民地的进程。前一个进程带来的是工业革命如火如荼,社会经济发展欣欣向荣;后一个进程带来的是丧失第一次工业革命的大好时机,经济凋敝,民众贫困。结果,拉丁美洲的工业化进程几乎被延误了一个多世纪,从而形成了拉美同美国发展进程的第一个"时间差"。以美、墨两国人均GDP的变化为例,1700年,美国的人均国内生产总值还不及墨西哥,一个多世纪之后,到1820年也只高出墨西哥60%多,但到1870年,美国已高出墨西哥两倍以上。这是一个差距达一个半世纪之久的"时间差",是一个把美洲分裂成"统治"与"依附"两个世界的"时间差",是影响"独立"后整个拉丁美洲前途命运的"时间差"。这个"时间差"是拉美国家一切发展难题的根源。随着时间的推移,这个"时间差"越是扩大,同发达国家的差距就越大,所遭遇的发展困境就越严重,翻身的机会就越少。(见图3-3)

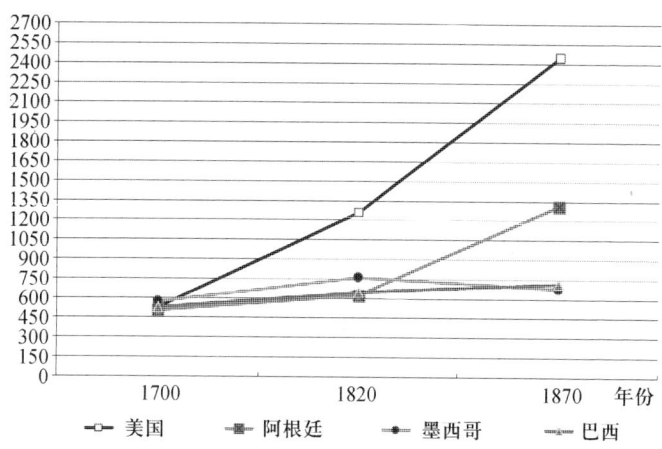

图 3-3　1700-1870 年拉美三大国与美国人均 GDP 巨大差距的形成
资料来源:根据麦迪森(Angus Maddison):《世界经济二百年回顾》(中译本),改革出版社1997年版,第4页数据制作。

二、拉美的依附性现代化阶段（1870—1940）

1870年至1940年是第二个全球化浪潮从兴起到高潮再到低落的一个周期（资本帝国主义时期），也是拉美第一次现代化浪潮从启动到低落的时期，是拉美初级产品出口经济从兴盛到衰落的时期。

拉美出口导向增长的黄金年代：1870~1914年

1870年至1914年第一次世界大战爆发的35年，同1870年以前的半个世纪相比，情况大为不同，增长的速度普遍有了较大提高。譬如墨西哥在1820年至1870年阶段，年人均GDP增长率为 -0.1%，而在1870年至1913年阶段则提高到1.7%。除了巴西情况较为特殊，19世纪末和20世纪初拉美国家的年人均GDP增长率大都接近美国，甚至超过美国（见表3-3）。所以，很多经济学家将这个阶段称为拉美出口导向经济增长的"黄金年代"[1]。

表3-3　1820~1950年拉美5国年人均GDP增长率（%）与美国的比较

	1820-1870	1870-1913	1913-1950
美国	1.3	1.8	1.6
阿根廷	-	2.5	0.7
巴西	0.2	0.3	1.9
智利	-	-	1.0
墨西哥	-0.1	1.7	1.0
委内瑞拉	-	1.5	1.9

资料来源：麦迪森（Angus Maddison）：《世界经济二百年回顾》（中文版），改革出版社1997年版，第37页。

---

[1] Eliana Cardoso, Ann Helwege, *LatinAmerica's Economy: Diversity, Trends, and Conflicts*, The MIT Press, 1992. p40.

19世纪末期拉美出口导向经济之所以能够出现一个黄金年代，主要有以下几个原因。

1. 政局比较稳定

独立后，经过近半个世纪的战乱和所谓的自由主义改革，拉美各国统治阶级的意识形态已经发生了重大变化。在经济上，自由放任主义的古典自由主义经济思想已经在拉美占了统治地位。这一思想使拉美各国政府放弃了殖民时期的商业管制传统，愿意进行自由贸易的试验。他们开始赞扬个人主义，不断地宣讲"进步"。"进步"的含义在他们那里实际上就是意味着要尽可能按欧洲和北美的模式来建设国家。在政治上，伴随着欧洲第二次工业革命和贸易的扩张而发生的经济转变，以及拉美社会对长期政治动荡的厌倦和人心思治的强烈愿望，实证主义逐渐占据了拉美思想界的统治地位。实证主义的创始人是法国的孔德（1798~1857），他认为，社会就像一个生物的有机体，各部分似乎是独立的，实际上却是相互依存的，社会分工越细，这种依赖性便越强。因此，社会越发展，国家和政治越不可少，社会关系由政府来调节，政府的使命在于培养人们的社会感情，保证社会的秩序和进步。他的社会学理论被概括为"爱、秩序、进步"，即以仁爱为原则，以秩序为基础，以进步为目的。在19世纪70年代，孔德的实证主义与拉美各国要求政治稳定、加强国家权力、吸引欧洲资本、推动本地经济发展紧密地联系在一起，成了拉美的主流思想。为了克服半个世纪以来的无政府状态，推进以经济自由主义为旗帜的现代化运动，拉美各国的统治阶级在实证主义政治思想的指导下，都支持著名的军界人物或有声望的考迪罗建立起专制独裁统治，建立了一种自由派大地主阶级的统治秩序，一种"政府、大庄园主、新兴资产阶级和外国资本的全国性联盟"的统治，实现了独立以来从未有过的国家统一和稳定。

2. 巨大的出口市场

1846年英国的废止谷物法和实行自由贸易政策以及19世纪中期以后欧美第二次工业革命对拉美原料日益增长的需求，给了拉美贸易的外向扩展一个有力的刺激，特别是欧洲第二次工业革命所推动的经济全球化浪潮，激起了欧美国家对拉美各国史无前例的投资热潮和技术更新（如蒸汽轮船、铁路、冷冻设备和带刺铁丝网的运用），从而掀起了拉美国家的第一次现代化浪潮。拉美国家原料（如铜、橡胶）和消费品（糖、小麦、牛肉、咖啡）的大量出口，使拉美国家被纳入了国际贸易发展的轨道，并形成了三种类型的初级产品出口国：温带农产品出口国（主要是阿根廷和乌拉圭）、热带农产品出口国（包括巴西、哥伦比亚、厄瓜多尔、中美洲和加勒比以及墨西哥和委内瑞拉的某些地区）和矿产品出口国（主要有墨西哥、智利、秘鲁和玻利维亚等国）。1875～1914年，阿根廷出口总值的年均增长率达到了5%。1877～1900年，墨西哥的出口翻了4番。1833～1889年，巴西外贸总值增长了近七倍。与此同时，出口的扩大也在一定程度上带动了拉美几个主要国家早期工业的发展。

墨西哥就是一个很典型的例子。由于矿业和铁路发展对钢铁产品的需求，导致墨西哥蒙特雷钢铁冶炼厂的创立（1903年）。出口部门以及与出口部门相联系的各个部门产业的发展，引起国内市场需求的增长，从而提高了墨西哥人办工业的兴趣，于是一个以国内市场为目标的工业部门就慢慢成长起来，到1909年，墨西哥已有工业生产单位6000多家（其中72.5%是食品工业，其余是纺织、烟草和制鞋工业）[①]。在本国工业诞生的过程中，欧美第二次工业革命的划时代成果电力工业也开始引进墨西哥，

---

① 苏振兴主编：《拉丁美洲的经济发展》，经济管理出版社2000年版，第63页。

使得墨西哥的纺织业、矿业、金属冶炼、粮食加工、酿酒、造纸、家具制造以及城市交通运输等行业得以开始运用新的能源,不同程度地开始了工业的现代化进程。

3. 开放的资本市场

在欧美自由主义经济思想的指导下,拉美国家大都对外开放本国的资本市场。由于有丰富的原料出口作担保,拉美国家尽管负债累累,仍不难吸引外国的投资。英国是整个19世纪拉美最重要的外国投资者,占1913年拉美外国投资的2/3,但到19世纪末,美国企业发挥的作用越来越重要。

4. 技术革新与教育改革相结合

19世纪中叶以后,一些主要的拉美大国,大都引进欧洲的教育制度,开始进行教育改革。譬如在阿根廷,多明戈·萨米恩托总统就曾经在鼓励铁路建设和自由移民的同时,于19世纪70年代建立起了一个全国性的民众教育体系,并创立了新的科研机构。到19世纪70~80年代,阿根廷的移民牧场主还从英伦三岛进口优良羊种,以取代本地的劣质畜群,使得羊毛成了阿根廷的主要出口品。19世纪末最重要的革新是新的加工技术和冰冻条件下肉类长途运输技术的开发,这些技术革新为阿根廷的肉类出口打开了广阔的市场,并推动了食品加工包装厂和冷冻汽船的建设。到1905年,阿根廷已取代美国,成了向英国市场出口新鲜牛羊肉的主要出口国。

出口导向增长黄金年代的结束

拉美出口导向增长的黄金年代是短暂的,到1914年第一次世界爆发,这个年代就结束了。战争是造成黄金年代结束的首要的原因。

19世纪70年代,世界资本主义开始进入帝国主义阶段。在这个阶段,随着西方发达国家第二次工业革命的开始,西方列强变得特别野蛮,它们到处寻找市场,到处夺取原料产地,到处抢夺殖民地，从而出现了第一次工业革命后的第一次殖民扩张浪潮和经济全球化浪潮，使得地球上任何一个地方都遭到资本主义经济全球化浪潮的冲击，以这种或那种形式卷进工业化中心国家所需要的"现代化"进程。由于西方资本帝国主义国家的盲目扩张和相互争夺殖民地，到20世纪初，人类开始进入一个灾难的年代。首先是第一次世界大战的爆发，接着是1929—1933年的世界资本主义经济危机，紧接着又带来了第二次世界大战。

由于第一次世界大战的爆发，拉美出口导向增长的市场条件就无法维持了。拉美国家的出口商品，几乎都是单一的农矿产品（见表3-4），大战的爆发使得这些商品的世界市场变得很不稳定。硝石价格的下降，造成智利严重的出口崩溃。咖啡市场虽然继续增长，但非常缓慢。肉类出口，特别是乌拉圭的肉类出口因为20年代英国增长缓慢而遭受很大打击。在中美洲，食品进口增长造成了新的外国资本的紧张局面；在哥斯达黎加，联合水果公司在其所控制的274000公顷土地中，耕种的还不到1/10。

表3-4 1913~1928年拉美国家主要出口品（原料）和实际购买力指数

国家	主要出口品（1923~1925）	实际购买力指数		
		1913	1917~1918	1928
委内瑞拉	铜、石油	100	37	281
哥伦比亚	咖啡	100	54	276
墨西哥	石油、银	100	178	251
秘鲁	石油、棉花	100	106	198
巴拉圭	坚木、木材	100	96	174
萨尔瓦多	咖啡	100	82	167
巴西	咖啡	100	48	158
阿根廷	小麦、玉米	100	60	146

续表

国家	主要出口品 (1923~1925)	实际购买力指数		
		1913	1917~1918	1928
危地马拉	咖啡、香蕉	100	34	139
哥斯达黎加	咖啡、香蕉	100	52	118
古巴	糖	100	118	118
智利	硝石、铜	100	78	108
尼加拉瓜	咖啡、香蕉	100	43	104
乌拉圭	肉、羊毛	100	87	100
厄瓜多尔	可可粉	100	48	93
玻利维亚	锡	100	95	82
巴拿马	香蕉	100	46	56

资料来源: Eliana Cardoso, Ann Helwege, *LatinAmerica's Economy: Diversity, Trends, and Conflicts*, The MIT Press, 1992. p46.

  1929年世界资本主义经济危机的爆发，引起了全球经济条件的急剧恶化。危机在拉美各国所产生的后果因各国融入国际体系的情况不同及其出口品性质的不同而异。在出口热带产品的情况下，由于产品容易腐烂，产品供应的无弹性，需求的下降就会引起价格的严重下跌。而在出口矿产品的情况下，进口国工业的衰退就会直接导致出口国生产的衰退。譬如智利就是拉美受打击最严重的国家之一（见表3-5）。处境较好的国家一般都是像阿根廷那样的出口年周期性产品（特别是温带地区专门化产品）、收益弹性很低、市场组织较好的国家。巴西之所以能较快地恢复经济，是因为它及早地停止还债，并强有力地实行政府干预，以支持咖啡生产的收入。

表3-5　1929～1933年拉美几个国家的实际人均生产指数

年份	阿根廷	巴西	智利	墨西哥	秘鲁
1929	100.0	100.0	100.0	100.0	100.0
1930	93.5	93.6	92.0	91.2	87.2
1931	84.9	89.0	68.7	92.9	75.4
1932	80.1	89.4	67.2	76.5	70.3
1933	81.8	99.0	78.7	83.3	93.1

资料来源：Eliana Cardoso, Ann Helwege, *LatinAmerica's Economy: Diversity, Trends, and Conflicts*, The MIT Press, 1992. p50.

拉美出口导向增长的黄金年代的结束还有其内部的原因。首先，前面已经说过，西班牙美洲民族在独立进程中的分裂，给独立后的拉丁美洲留下了至今都难以解决的领土争端。在本节所述历史阶段，最为典型的就是玻利维亚周边兄弟国家对玻利维亚领土的蚕食和掠夺。玻利维亚在西班牙殖民统治时期，称查尔卡斯，是西班牙殖民帝国的一个重要的检审庭区。根据1825年8月独立大会的决议，玻利维亚的领土边界是：北部从亚巴里河（Yavari）发源地到马德拉河的汇合处；南部从托尔多斯（Toldos）和中查科直到萨尔塔（Salta）地区；东部以马德拉河、伊特内斯河（瓜波雷河）和巴拉圭河为界，到马托格雷索地区；西部则直到太平洋，包括太平洋沿岸地区；总面积近2363769平方千米[①]。但是，由于民族的分裂，这个边界划分并没有得到邻国的承认。随着19世纪50年代以后橡胶、鸟粪、硝石、石油等新资源在国际市场上的价格日益提升，玻利维亚盛产这些资源的边境土地和沿海土地也就成了西方列强及其邻国的蚕食对象，从

---

① "Perdidas Territoriales", http://www.solobolivia.com/geografia/perdidas.shtml.

而引起了一次又一次的领土冲突。其中最激烈、影响最大的就是智利与秘鲁、玻利维亚为争夺硝石矿藏而爆发的1879～1883年太平洋战争。通过激烈的陆战和海战，智利获得了原属于玻利维亚的太平洋沿岸盛产硝石的全部土地（约12万平方千米），成为世界上最大的硝石出产国，而玻利维亚则成了一个没有出海口的内陆国家。1889年，玻利维亚政府又被迫将南部中查科地区的17万平方千米土地割予阿根廷。1903年，在巴西的军事压力下，玻利维亚政府又不得不把生产橡胶的阿克里地区19.1万平方千米土地出卖给巴西。更为严重的是玻利维亚同巴拉圭之间的查科战争（1932～1935）。查科地区土地肥沃，面积约25万平方英里，早在1864年至1870年的巴拉圭战争中，这个地区的南部已经被巴西和阿根廷所夺走。到20世纪20年代，由于这个地区发现石油，美、英两国石油公司争相进入这个地区，一方支持巴拉圭，另一方支持玻利维亚，并多次发生严重的军事冲突。1932年6月，战争终于爆发。战争延续了整整三年，战况极其惨烈，最后以玻利维亚失败而告终。为了这次战争，玻利维亚付出了7万人的生命，丧失了面积约23.4万平方千米的国土。经过以上几次战争和屈辱性条约的签订，玻利维亚丧失了总计约126.52万平方千米的土地，独立初期所拥有的230多万平方千米的土地只剩下了不到一半，（见图3-4）给玻利维亚的发展带来了极大的困难。这样的领土争端和拉美地区类似的国际矛盾给拉美国家的发展带来了很多的麻烦。

其次，拉美国家的阶级矛盾与民族矛盾日益激烈。拉美的早期现代化是一种依附性的现代化，它有四个突出的特点：第一，这种现代化是欧美中心国家导引的、为了将落后国家或地区变成欧美中心国家的原料产地和产品市场而实行的现代化。欧美中心国家在落后地区投资的目的决不是为了要转变落后国家的生产方式，使之变成先进的资本主义国家，而是要把资本

第三章 拉美发展困境的历史考察 | 87

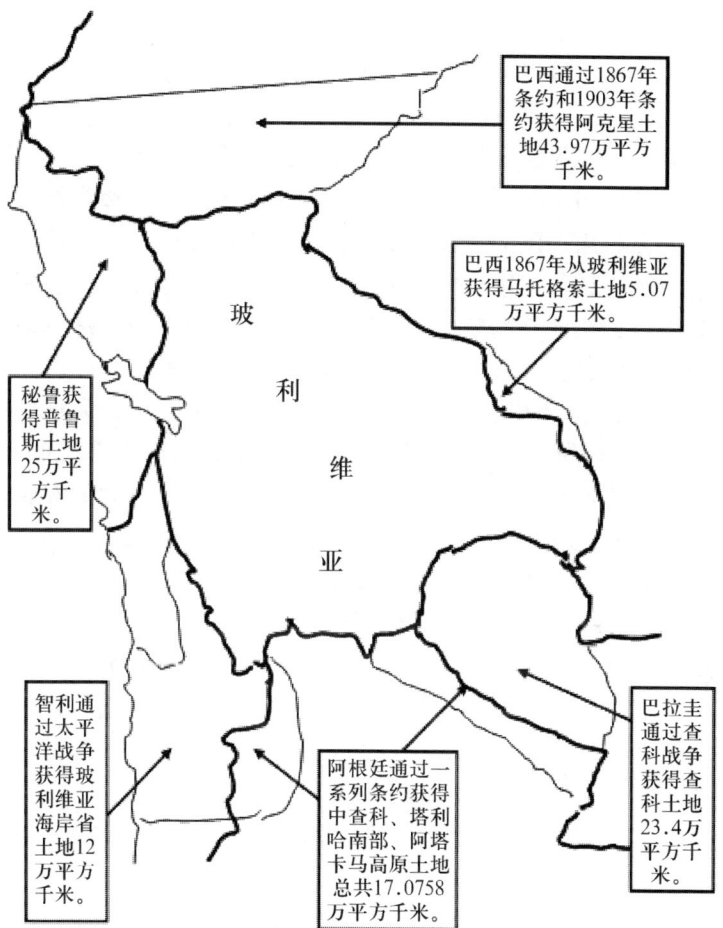

图3-4 玻利维亚失地略图

资料来源：Hugo Boero Rojo, *Enciclopedia "Bolivia Mágica"*, Editorial Vertiente, La Paz, 1993.

投到落后国家的出口部门,或为出口部门服务的、辅助性的第三产业部门,以满足中心国家大工业生产的需要。因此,这样的现代化充其量也只不过是一种"出口飞地现代化"①或"依附性现代化"。

第二,依附性现代化实行的是经济自由主义政策。其主要内容有三:(1)服从经济全球化的国际劳动分工,接受作为一个专门原料出口国的地位;(2)实行自由放任主义,经济完全听从市场力量的支配,国家不予干预。这样,西方发达国家就能以廉价的工业制品摧毁落后国家的地方工业,防止落后国家竞争实力的成长;(3)实行土地私有化和农业商品化。由于利润的驱使,这种政策受到大土地占有者的欢迎,他们大规模侵占土地,使土地集中和印第安人土地被剥夺的情况空前加剧。由于缺乏本国工业化发展所能提供的就业机会,过剩的农业人口便形成对土地的压力和大量农村人口向城市的无序转移,从而带来农业劳动生产率的降低和城市秩序的日益恶化。

第三,收入高度集中。依附性现代化在拉美造就了一个人数不多、依附于外国资本的农矿业寡头集团。在他们的统治下,拉美的现代化收益是高度集中的,高度非民族化的,这种收益从不在居民中进行分配,更没有在农村大多数居民中进行分配。

第四,政治独裁主义。帝国主义为了达到对殖民地、半殖

---

① 欧美工业化国家在拉美建立的农、矿企业在经济上只同母国进行垂直的联系,并不同拉丁美洲的其他经济部门发生横的关系,因而就在拉丁美洲形成了一批与所在国经济相隔离的"西化经济岛屿"或"西化经济飞地",被称之为"飞地经济"。这些"飞地"虽然也有当时很现代化的技术和设备,企业也是高度资本化的,但这些技术和资本都不是本地经济发展的结果,而是这些洋企业与宗主国联系的结果,它对所在国经济的现代化并没有起什么好的作用。这种"初级产品出口飞地经济"的形成和发展正是拉美早期现代化的特点,也是拉美在新殖民主义秩序下之所以日益落后的主要原因之一。

民地附属国生产、原料和市场的垄断,在这些国家建立起一套适应宗主国需要的考迪罗主义政治和寡头政治体制。在这个体制中,只有一小撮官僚、大庄园主、银行家和外国投资者才有参政的权利,其余的社会成员都被排除在这个狭小的政治圈子之外。

总之,拉美的早期现代化是"一种由外国资本领导的、非民族化的、收益高度集中的、自上而下由独裁政权领导的现代化"①,是一个既利用经济全球化的国际市场和资本条件启动了经济现代化,取得了经济上的巨大增长,同时又被西方主导的经济全球化所主宰,加深了经济殖民地化和对欧美发达国家依附性的进程。

由于拉美的早期现代化是这样一种依附性的现代化,就必然存在两个无法解决的矛盾,这就是广大农民同大庄园主阶级的阶级矛盾以及本民族同资本主义列强的民族矛盾。由于这两类矛盾的激化,拉美在这时期爆发了一系列反对独裁统治、阶级压迫、经济剥削的群众斗争和革命运动。早期的主要有1896年巴西的"卡奴多斯农民战争"、1917年危地马拉反对反动统治的武装起义;1918年里约热内卢的总罢工和工人武装起义;1919年布宜诺斯艾利斯被称为"流血的星期"的工人总罢工、1922年墨西哥几十万农民的全国总罢工、1927年古巴的"勒阿棱戈18号"农民武装起义等。其中规模最大、影响最为深远的革命运动就是1910年爆发的墨西哥资产阶级民主革命。墨西哥革命是墨西哥现代化进程中民族矛盾和国内阶级矛盾空前激化的结果;是墨西哥人民反对波菲里奥反动独裁政权,特别是反对这个政权残酷镇

---

① René Villarreal, *México 2010, De la Industrialización tardía a la reestructuración industrial*, Editorial Diana, 1988, p. 347.

压人民，出卖民族利益①等罪行的革命。这场革命一直延续到1940年才结束，这期间的卡德纳斯改革无论在拉美还是在全世界都有很大的影响。

1929年世界经济危机爆发后，拉美的群众斗争更加激烈。大萧条时期成了拉丁美洲社会冲突突发的时期。主要的斗争有1931年智利席卷全国的罢工浪潮、首都圣地亚哥的巷战以及一万多海军士兵的起义、1932年智利圣地亚哥等十几个城市成立工人代表苏维埃的运动、1932年萨尔瓦多四万人反对马丁内斯独裁统治的起义和建立革命政权的斗争、1933年古巴人民推翻马查多独裁政权的斗争等。

特别值得注意的是这个时期的社会主义运动。由于广大劳动

---

① 在波菲里奥统治时期，墨西哥土地集中和印第安人土地被剥夺达到了急剧与残酷的顶点。1894年波菲里奥政府关于荒地占有与转让的法律，给了各私人地产公司在掠夺土地方面以更多的自由，这些公司从1881年到1889年曾清丈了3220万公顷土地，其中39%被他们无偿占有，46%被他们以低得可怜的价格购买。从1809年到1906年，这些公司又清丈了另外的1680万公顷土地，8个地主就从4个州得了2250万公顷土地。据估计，在波菲里奥时期，印第安人有80万公顷土地被剥夺；在墨西哥中部高原地区，90%的印第安人村庄已经完全没有土地，而840个大庄园主却各自拥有好几个大地产，其中有的大地产面积超过几十万公顷，甚至几百万公顷。由于农业生产者向出口农业倾斜，面向国内市场的生计农业严重衰落。随着粮食作物的减产，人民大众的生活情况日趋恶化，有些地区发生饥荒，人口和婴儿死亡率上升，人口平均寿命下降。劳工的实际工资在波菲里奥统治的最后11年中下降了1/4，墨西哥人的死亡率从1895年到1910年的15年中上升了千分之二点二。（Roger D. Hansen, The Politics of Mexican Development, The Johns Hopkins Press, p22~23）

在出卖民族利益方面，波菲里奥政府将下加利福尼亚殖民权交给了美国的路易斯·赫勒等人，使这个省面临得克萨斯第二的命运；将科阿韦拉的煤炭矿藏拱手交给美国百万富翁亨廷顿；将石油矿交给美英等国的外国公司；授权古根海默家族垄断了墨西哥的冶金业；将奇瓦瓦的三百万公顷土地卖给了政府的两个红人，并通过他们转让给了美国的百万富翁赫斯特；授予美国驻墨西哥大使汤普逊以组织美国金融公司和泛美铁路公司特权；将近五千万公顷的土地卖给了政府的28个亲信，并通过他们转让给了美国人；驱逐索诺拉州的亚基人，把他们的土地分给了自己的亲信，并由他们转让给了美国人；任命美国人E·N·布朗为国有铁路系统总裁等。（参见Luis G. Zorrilla, *Historia de las relaciones entre México y los Estados Unidos de América*, 1800-1958. México, 1977, p182-183）

群众对资本主义完全丧失信心,欧洲的社会主义思想在拉美得到广泛的传播,并出现了生气勃勃的社会主义工人运动。早在1870年,墨西哥马克思主义者就成立了"有组织的劳动中心",并在六年后成立了拉美历史上的第一个社会主义政党。1872年,巴黎公社避难者在阿根廷建立拉丁美洲的第一个国际支部,七年后,该支部的成员建立了革命团体"前锋",并出版同名的科学社会主义的报纸。1888年,墨西哥《社会主义者报》刊出《共产党宣言》。1896年阿根廷成立社会党。同年,智利工人建立"社会公认中心",出版报纸《人民之声》。1897年,智利成立社会党。1900年古巴工人成立"人民党"。1905年,古巴建立社会主义工人党。1906年,墨西哥卡拉尼亚铜矿工人举行罢工。1912年,智利社会劳工党成立。1918年,阿根廷成立国际社会主义党,翌年加入共产国际,不久改名共产党。1919年,墨西哥共产党成立。1920年,乌拉圭社会党成立,翌年改名乌拉圭共产党。1922年,智利社会劳工党改组为智利共产党。同年,巴西共产党成立,英属圭亚那"工人联合会"成立。1925年,古巴共产党成立。同年,中美洲共产党成立,尼加拉瓜社会主义党成立。1926年,厄瓜多尔社会党成立,不久改名厄瓜多尔共产党。1927年,洪都拉斯共产党成立。1928年,秘鲁共产党成立。1929年,萨尔瓦多共产党成立。同年,拉丁美洲各国共产党举行第一次代表会议。1930年,哥伦比亚共产党成立。同年,巴拿马共产党成立,海地共产党成立。1931年,哥斯达黎加共产党成立,不久改名人民先锋党。1933年,巴拉圭共产党成立。1934年,波多黎各共产党成立。同年,拉丁美洲共产党召开第三次代表大会。1937年,委内瑞拉共产党成立。1939年,尼加拉瓜社会主义党(共产党)成立。

这时期由于发生了难以计数的罢工斗争,出现了一大批有影响的、进步的政党和有代表性的人物。这个时期又被称为"墨西哥的卡德纳斯主义时期""智利激进-社会主义-共产主义的人民阵线时期""秘鲁阿普拉主义最革命的时期""委内瑞拉民主行动党创立的时期""萨尔瓦多农民暴动的时期""玻利维亚和厄瓜多尔力图实行社会化的时期"① 等。

在民族解放斗争方面,这个时期也很突出。最著名的有1878年开始的、历时三十年之久的古巴独立斗争;1918年海地人民的反美起义;1924年的"全美洲反帝国主义同盟"成立;1927-1934年尼加拉瓜桑地诺游击队坚持7年之久的反美爱国民族解放战争等。

总之,19世纪末和20世纪初是农民的土地斗争、民众反对专制独裁政权和被压迫民族反对全球化资本统治斗争最激烈的时期。

拉美现代化进程的又一个延误时期

对拉丁美洲来说,1870年至1940年这个时期是一个很好的机遇期,因为:第一,当时正是美欧第二次工业革命时期,是拉美启动工业革命的大好机遇;第二,拉美同美国一样远离两次世界大战的战场,拉美的发展并没有受大战破坏性影响,相反,按很多经济学家的意见,两次世界大战还是拉美工业发展的一种积极的推动力。第三,这个时期世界贸易的保护主义不强,对于推动拉美工业化来说是一个极好的时机。但是,由于以下三个原因,拉美国家也没有办法利用第二次工业革命的机遇来实现自己国家的现代化:

首先,拉美国家的统治集团大都是一些在西班牙和葡萄牙重商主义殖民统治的环境中培养出来的集团,是一个历史上就同欧美工业国家有着利益联系的克里奥尔初级产品出口者集团。他们

---

① Eliana Cardoso and Ann Helwege, *Latin America's Economy*, The MIT Press, 1992, pp. 51~52.

只满足于当时的依附性初级产品出口的好处,在他们的指导思想上根本就没有任何一种连贯的工业政策;而依附性发展本身就是为中心世界的发展服务的,虽然有些工业部门在这个时期有了一定程度的发展,可以说是拉美现代化的启动,但这些工业部门的发展也是由中心国家的需要推动的,是为拉丁美洲初级产品出口服务的,因此根本不可能实现现代化的赶超目标。

其次,由于上述拉美国家所存在的激烈的社会冲突和国际冲突以及由此引起的连绵不断的大规模群众性革命斗争,拉丁美洲也不具备利用第二次工业革命的机遇实现自己国家现代化的国际条件和政治条件。

再次,在拉丁美洲,除了服务于出口部门的一些工业企业由于欧美中心国家的需要而有所发展之外,其他一切不符合欧美发达国家利益的工业,即使有所发展,也都遭到中心国家强大竞争力的封杀。譬如19世纪初墨西哥制造业的产值就已经有七八百万比索之多,其中大部分是纺织业的产值;像克雷塔罗和普埃布拉这样的城市,都曾经各有几百台纺织机,一千多纺织工人。在秘鲁的帕卡伊卡萨城,也"曾形成了一个拥有一千多名工人的广阔的纺织作坊"。但是,自从英国纺织品进入拉丁美洲之后,"那儿已经没有一家工厂"。在巴西,从18世纪开始就略有发展的纺织和冶金工场,也都被外国进口货所挤垮。玻利维亚的科恰班巴市19世纪已经有八万人从事棉布、毛料和台布的生产,但"面对外国同类商品的竞争,所有这些工业都消失了"。总之,"世界上最发达的英国纺织工业迅速战胜了拉丁美洲的纺织工业"①。

正当拉丁美洲的克里奥尔统治集团喜滋滋地靠着向西方发达

---

① 爱德华多·加莱亚诺:《拉丁美洲被切开的血管》(中译本),人民文学出版社2001年版,第202~203页。

国家出卖农矿产品享受他们奢侈淫逸的生活时，以及面对本国工业面临的灭顶之灾熟视无睹的同时，北方的美国却已迅速成为世界上第一大工业强国。在内战结束后的三十年里，美国的工业生产能力提高了七倍。美国的煤产量已经与英国持平，钢铁产量是英国的两倍，铁路总长度是英国的九倍。资本主义世界的中心正在向美国转移，英国在拉美的经济霸权正逐步转移给美国。很清楚，19世纪末到20世纪初这个时期又是拉美经济的一个延误时期。拉美虽然已初步启动了国家的现代化进程，但它却再一次延误了国家的工业化，而工业化是国家现代化的根本所在，没有工业化，没有生产方式的现代化，其他一切的所谓现代化，都是没有根底的，不巩固的。

美、拉发展差距的扩大

拉丁美洲的早期现代化是在世界资本主义发展的帝国主义阶段启动的。一方面，英国等早期工业化国家的第二次工业革命和产业结构的调整，对原料和粮食等初级产品又有了新的巨大需求，给新独立的拉美国家提供了一个参与世界现代化进程的大好历史机遇；另一方面，英、美等西方列强又"通过间接的、半殖民的统治，代替了过去主宰拉丁美洲命运的西班牙、葡萄牙殖民主义"①，进一步加深了欧美中心国家对拉美国家的半殖民主义统治。

由于地理位置上的优越性，拉美国家都远离世界大战的战场，两次世界大战并没有严重影响拉丁美洲的发展，相反，还给拉丁美洲带来了"发战争财"的机会，但是，由于拉美实行的是"飞地"现代化模式，中心国家所导引的战时国际劳动分工又使拉美国家继续陷入一种依附性的、非工业化的增长。所以，

---

① D. 博埃斯内尔：《拉丁美洲国际关系简史》（中译本），商务印书馆1990年版，第89页。

拉美国家的经济是非常脆弱的，尽管初级产品出口经济曾经一度出现"黄金年代"的繁荣，但到20世纪20年代国际市场由于世界资本主义经济危机的爆发而萎缩时，这种繁荣也就陷入停滞和衰落，拉美国家的第一次现代化进程也就由于国内外矛盾的激化而中断。

一方面，拉美国家的第一次现代化进程由于国内外矛盾的激化而中断；另一方面，崛起于北美洲的美国这时候正是取代英国霸权地位的关键时期，各方面的发展都突飞猛进，结果很明显：拉美国家与美国的差距就急剧地扩大了；历史上所形成的第一时间差不但没有缩小，反而更加拉大了。（见图3-5）

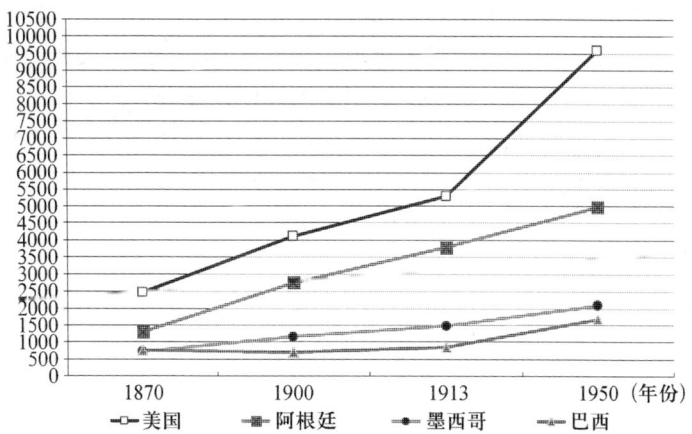

图3-5　1870—1950年拉美3国与美国人均GDP差距扩大趋势
（按1990年国际美元计算）

资料来源：根据麦迪森（Angus Maddison）：《世界经济二百年回顾》（中译本），改革出版社1997年版，第4页。

三、拉美的自主现代化进程及其断裂（1940—1990）

20世纪40年代至80年代是拉丁美洲的第二次现代化浪潮

时期。这个时期的头 30 年是其涨潮时期,被称为拉美现代化(工业化)的黄金年代;这个时期的后 20 年是这个浪潮的衰落时期,拉丁美洲的现代化进程再一次陷入断裂。

拉美现代化战略的转变

1. 拉美现代化战略转变的原因

在拉丁美洲现代化历史上,1929～1933 年世界经济危机是一个重要的转折点。在此之前,拉美实行的是初级产品出口导向的发展战略,在此之后,拉美开始推行一种自主性的进口替代工业化发展战略。之所以出现这种转折,主要有三个方面的原因。

第一,世界潮流发生了变化。由于 1929 年世界资本主义经济危机的爆发,世界的思想潮流发生了重大变化,人们对自由资本主义制度完全失望,拯救资本主义制度的凯恩斯主义经济学说应运而生,全球都开始从世界主义的自由放任经济体制到民族主义的经济管理体制的转变。前苏联成功的计划经济成了令人信服的榜样。1933 年 3 月上台的美国总统罗斯福宣布实行反危机的所谓"新政",利用国家权力,强行对资本主义生产关系进行了一定程度的改革,抑制了它的一些自发性,增加了一些计划性和组织性。在这样一种世界潮流的影响下,改良主义和国家干预主义的政治思想开始在拉美占了上风。一些国家的领导人(如巴西的瓦加斯、墨西哥的卡德纳斯等)开始明确提出了革命民族主义的、国家主导型的、自主的工业化 - 现代化战略。

到 20 世纪 40 年代末 50 年代初,联合国拉美经委会在普雷维什领导下又提出了著名的发展主义理论和一系列关于实行进口替代工业化战略的政策建议,并在拉美逐步形成发展经济学的一个重要流派——拉美结构主义学派,国家主导型的自主工业化 - 现代化思想进一步得到社会的支持和广泛的传播。

第二,1929 年经济危机爆发后,民族矛盾和阶级矛盾空前激烈,拉美国家普遍发生了民族民主革命运动。到 20 世纪四五十年代，拉美各国的社会状况和政治状况都已经发生了重大的变化：首先是过去的金字塔式的社会阶级结构发生了重大变化：处于最顶层的教权势力和土生白人贵族势力已被新兴的大地主、大庄园主阶级所取代，处于底层受压迫的"人民力量"除原来的成分外，增添了数量庞大的失去土地的农民和少量新兴的工业无产者。金字塔的中部则是由商人、小业主和政府官员等组成的中产阶级。其次是统治集团中阶级力量的对比发生了变化：保守派军队和教会势力均遭到了沉重的打击，旧的统治秩序已经被打破，原来长期被教会和军队所支持的保守派政治寡头所盘踞的国家政权已基本控制在主张发展民族经济的政党手里。这样，拉丁美洲早期依附性现代化的那一批领导人，即历史地形成的那个克里奥尔农矿产品出口者利益集团已逐步退出历史舞台，一批新的以工业资产阶级为核心的、以经济民族主义为指导思想的精英集团开始登上历史舞台，为拉美现代化（工业化）战略的转变做好了政治、思想和组织的准备。

第三，由于1929年爆发全球性的资本主义经济危机，接着又是连续四年的经济大萧条，其持续时间之长和规模之大都史无前例，再加上第二次世界大战的爆发，19世纪下半期开始的经济全球化进程陷入断裂，拉丁美洲的初级产品出口和工业品进口都遭遇了空前严重的困难，它们的依附性现代化进程陷入危机，不得不探求新的出路。

2. 拉美现代化战略转变的过程

由于上述三个因素强有力的推动，拉美开始了现代化战略的重大转折，开始实行进口替代工业化战略。从整个拉美来说，战略转变的起点是1929～1933年的世界资本主义经济危机。由于这次危机的爆发，中心国家与外围国家之间的贸易陷入停顿和崩溃：拉美国家堆积如山的初级产品卖不出去；它们所急切需要的工业制造品也买不进来，整个国家的经济生活陷入一片混乱。据统计，从1930年到1934年，拉美的进口能力下降了37%，达到了灾难性的程度。而且，拉美国家与欧美中心国家建立在初级产品出口基础上的联系遭到破坏后也很难恢复起来。原来深信不疑的"外向增长"的那些原理，现在都成了问题。在极度痛苦的经济生活中，人们越来越认识到，通过本国生产来满足国内需求是行之有效、并有利可图的办法。于是，1930年以前已有一定工业基础的国家就抓住了这次机会，扩大生产，使本国的民族工业得到了加速的增长。这是拉美从外向型初级产品出口发展模式转向内向型进口替代发展模式的转折点。

到20世纪40年代，由于第二次世界大战的爆发，参战国的商品供应急剧减少，拉美的"内向型"进口替代工业化进程又得到进一步的推动。另外，由于战争的消耗，中心国家对初级产品、特别是战略原料的需求增加，拉美各国的初级产品出口和国际购买力都有不同程度的恢复，能为国家的工业化提供财政的支持。这些因素的结合比以往任何时候都更快地推动了40年代拉丁美洲的工业化。

尤其重要的是，拉美经委会的卓有成效的理论工作为进口替代工业化战略的确立提供了强有力的理论支持。拉美经委会创建于1948年。这个组织成立的目的就是要扭转过去那种总是从发达国家的视角看待欠发展国家问题的倾向，以便在必要的时候采取必要的国际行动来改善拉美国家现代化的国际环境。[1]进口替代工业化政策本来是为了应付危机而采取的一种临时性政策，但是，经过拉美经委会理论家的辛勤工作，将其加以深化和系统化，上升为理论，就成了一种增长战略或发展模式，并为广大拉美国家所接受，成为拉美各国政府的自觉行动。

---

[1] 参见 Sunkel, Osvaldo, *El subdesarrollo Latinoamericano y la teoría del desarrollo*, P. 34, 23a. edición, Siglo XXI, México, 1991.

战后拉美现代化的黄金年代

20世纪30年代至40年代，一些拉美国家先后建立了崇尚经济民族主义的民众主义政权，出现了一批著名的民众主义领袖，如卡德纳斯、瓦加斯、庇隆等。这些民众主义政权和民众主义领袖的出现，标志着拉美国家进口替代工业化进程的开始。拉美国家的进口替代工业化从30年代到80年代初延续了半个世纪，其间又可以大致分为进口替代工业化起飞、进口替代工业化稳定发展和进口替代工业化危机三个阶段。

进口替代工业化起飞阶段从30年代到40年代。在这个阶段，由于拉美国家对进口替代工业化模式的广泛采纳，一场以满足国内市场需求为中心的工业化运动蓬勃兴起。实行进口替代工业化模式的国家普遍采取降低税率、提供优惠贷款和关税保护等政策，支持和照顾工业家的要求，扶植新生的工业企业。国家在制订工业发展规划、强化经济管理的同时，还作为投资主体直接创办国有工业企业。纺织、服装、食品加工、饮料、化工、建筑材料等工业都发展很快。这是一个主要发展非耐用消费品的"进口替代"工业化阶段。

进口替代工业化稳定发展阶段是1950~1973年。第二次世界大战后，在拉美结构主义思想以及国际上民族解放运动高潮的推动下，拉美地区工业化浪潮进一步高涨。但到50年代后期，少数先期实行进口替代的国家（如阿根廷、智利、乌拉圭）已开始面临国内市场狭小的限制。进入60年代后，先行国家开始从非耐用消费品进口替代推进到部分中间产品和资本货的进口替代；另一部分国家（如中美洲国家）也加入进口替代工业化的行列。与此同时，拉美国家采取了地区经济一体化和促进工业品出口的方针，以扩大工业品的销售市场。在这个阶段，有些国家（譬如巴西等一些南美国家）为了确保社会和政治的稳定，推进工业的发展，实行了军人独裁主义政治，从而在20世纪拉美的历史上出现了一个军人执政的时代。由于实行工业优先政策，拉美经济取得了20多年的稳定增长，其中巴西和墨西哥还一度创造了经济高速增长的"奇迹"，被称为拉美经济发展的黄金年代。

经过近半个世纪的进口替代工业化，拉美大陆国家的产业结构发生了根本性变化，工业产值在国内生产总值中所占的比重已达到30%左右；巴西、墨西哥、阿根廷等拉美大国基本上建立了较为完整的工业生产体系，技术自主程度和满足国内市场需求的能力均有所提高。由于产业结构的变化，社会结构也发生了深刻的变化。首先是城市化的趋势进展迅速。譬如墨西哥1940年还是农业社会，城市居民只占居民总数的18%，到70年代末，城市居民已远远超过居民的半数，经济自立人口中从事农业的人口已从本世纪初的70%左右下降到40%以下，而从事工业的人口则已从大约10%上升到30%，墨西哥已不再是一个农业社会。其次是社会阶级结构发生了重大变化，譬如墨西哥中间阶级的力量迅速壮大，到20世纪80年代初已占人口的1/3。再次，由于中等阶级的壮大，政治上的民主开放程度有所提高，政治文化变得越来越富有参与精神。总之，到20世纪80年代初，拉美的一些主要的国家已初步实现了从农业国向工业国的过渡。应该说，在这个阶段上，拉美现代化的成就是伟大的。

现代化黄金年代的结束

但是，到20世纪60年代末，拉美现代化的黄金年代就宣告结束，社会经济的各个方面都开始走下坡路。譬如到1969年，墨西哥制造业的增长率下降了1/3；农业增长率下降得更多，几乎下降了1/2，以致粮食的供应满足不了人口的需要；全国收入的增长率也下降了1/2，国民收入分配两极分化的情况越来越严重，5%的富豪家庭占有了全国收入的36%，而20%的贫穷家庭的收入却只占全国收入的4%，41%的学龄儿童上不了学，1120

万人吃不上蛋①。贫富的两极分化,造成日益严重的社会冲突,1968年的大规模学生运动和特拉特洛尔科流血惨案标志着这种冲突已经达到了危险的程度。到70年代,拉美国家的进口替代工业化发展战略已经失去活力,只是靠着源源不断的外国贷款才得以维持下来。这些贷款一旦中断,拉美的经济增长也就戛然而止,陷入了严重的债务危机。1982年,这个可怕的危机终于在墨西哥开始了,并很快遍及整个拉丁美洲。偿债是无能为力了,但债务仍在继续增长。到1989年,拉丁美洲的债务已经高达4341亿美元。(见表3-6)

表3-6 1989年拉美国家的债务与偿债情况

国家	1989年债务 (10亿)	1988年负债率	
		债务/国民生产总值	利息/出口总值
阿根廷	61.9	60.5	27.5
玻利维亚	5.8	135.5	17.2
巴西	112.7	30.7	36.1
智利	18.5	96.6	15.1
哥斯达黎加	4.6	100.0	13.4
厄瓜多尔	11.5	113.3	12.7
洪都拉斯	3.4	81.9	15.6
墨西哥	102.6	58.0	27.3
秘鲁	19.9	47.3	5.6
乌拉圭	4.5	50.1	18.3
委内瑞拉	34.1	57.7	24.1
拉丁美洲	434.1	53.6	22.3

资料来源:Eliana Cardoso, Ann Helwege, *LatinAmerica's Economy: Diversity, Trends, and Conflicts*, The MIT Press, 1992. p111.

---

① Miguel Basañez, *La Lucha por la Hegemonía en Mexico*, 1968~1980, Siglo XXI Editores, pp.142, 143.

债务危机的影响是广泛而深远的。美国经济学家伊利安娜·卡尔多索是这样描绘债务危机的:"街上的人们丢了工作,因为它造成了经济的衰退;孩子们不会识字,因为它迫使政府削减了教育预算;森林被砍伐了,因为它迫使国家必须增加出口作物;拉丁美洲所讨论的问题没有不与债务危机有关的。拉美欠债达4300亿美元,人均1000美元,而拉美每年人均 GDP 只2000美元。拉丁美洲怎么能还得起债!"①

债务危机爆发(1982年)后,拉美进入了它动荡历史上最引人注目的时期。在生产方面,特别是在与收入不平等有关的方面,80年代无疑如人们所评定的,是一个"失去的十年"。在这10年中(1981～1989年),拉美人均国内生产总值下降了8.3%,倒退到了1977年所已经达到的水平。分配情况更倒退得厉害②。货币流动的方向也倒转了过来:国外贷款不但不再流入拉美地区,而且拉美还要拿出越来越多的钱去偿还巨大数量的外债。通货膨胀和政局不稳问题日益加重。与此同时,大量资本外流。危机前还非常强劲的投资大大缩减:从1980年占国内生产总值的22.7%下降到1989年的16.4%。在50年代、60年代、70年代这三个10年中,拉丁美洲国内生产总值的年均增长率都超过5%,达到了远远高出人口增长率的水平,而80年代的这个比率却只有1%,大大低于人口的增长率③。经济的停滞使拉美人民本来已经很低的收入更加恶化。(见表3-7)据估计,

---

① Eliana Cardoso, Ann Helwege, *LatinAmerica's Economy: Diversity, Trends, and Conflicts*, The MIT Press, 1992. p. 112.

② CEPAL, Transformación productiva con equidad. La tarea prioritaria del desarrollo de América Latina y el Caribe en los años noventa, Santiago de Chile, 1990. pp. 21 – 22.

③ Rodrigo Arocena, La cuestión del desarrollo vista desde América Latina, Una introducción, Ediciones Universitarias de la Republica, Uruguay. p. 38.

1991年城市居民的实际最低工资大约只有1980年的60%[1]，社会矛盾日益激化。

表3-7 拉美国家年人均收入、投资和消费增长率（1981~1989年）

国家	年均增长率（%）		
	人均收入 1981~1989年	人均消费 1981~1989年	人均投资 1981~1989年
阿根廷	-2.9	-3.0	-12.9
玻利维亚	-3.4	-3.0	-8.2
巴西	0.0	0.0	-3.5
智利	1.0	0.2	0.2
哥伦比亚	1.7	1.1	-0.9
哥斯达黎加	-0.7	-0.9	-2.6
厄瓜多尔	-0.1	-0.4	-7.2
洪都拉斯	-1.4	-1.1	-6.7
墨西哥	-1.1	-0.9	-5.9
秘鲁	-3.1	-2.6	-7.6
乌拉圭	-0.8	-0.3	-8.8
委内瑞拉	-3.1	-3.0	-9.8
拉丁美洲	-1.0	-1.1	-5.4

资料来源：Eliana Cardoso, Ann Helwege, *LatinAmerica's Economy: Diversity, Trends, and Conflicts*, The MIT Press, 1992. p109.

---

[1] CEPAL - UNESCO, Educación y conocimiento: eje de la transformación productiva con equidad, Santiago de Chile, 1992，．

现代化进程的再一次断裂

债务危机爆发后，拉丁美洲的现代化进程便再一次陷入断裂，债务危机成了拉丁美洲现代化进程再一次断裂的最直接原因。这里有一个特别值得注意的问题，就是这一次拉丁美洲的债务危机同20世纪30年代拉丁美洲债务危机的区别问题。关于这个问题，著名经济学家伊利安娜曾经做过比较研究。她指出，拉美国家诞生的时候就是"满身债务来到这个世界的"。19世纪20年代它们就有了第一次债务拖欠。到1828年，除了巴西，所有拉美国家都是还不了债的债务拖欠国。当19世纪70年代资本主义经济危机到来的时候，拉美只有几个最富的国家得以幸免。到1890经济危机的时候，阿根廷的债务已经超过了它国内生产总值的三倍；因为无法还债，致使英国巴林兄弟银行垮台。在1929年世界经济崩溃发生之后，拉美国家由于不可能在欧洲和美国市场上销售自己的商品，因而再一次发生了严重的债务危机。当时，除了阿根廷，所有其他的拉美国家如玻利维亚、智利、秘鲁和巴西等，都在1931年停止了偿债。伊利安娜在对20世纪30年代拉美的债务危机同20世纪80年代的债务危机进行了比较研究之后发现：尽管30年代的危机是全球性的，甚至包括德国在内的许多欧洲国家都未能幸免，尽管30年代的拉丁美洲也同样广泛爆发了政变和革命；尽管两次危机的根源都"不仅仅在于债务国国内的政策，同时也同全球的经济形势有关"；尽管在贸易方面80年代拉美国家的处境比30年代好，不像30年代那样受到限制，尽管在所有这些方面，80年代拉美国家的处境并不比30年代差，甚至还要好，但是，债务危机的后果却比30年代严重得多。她说："30年代在债务危机发生5年之后，拉丁美洲的情况似乎比今天要好。在20世纪90年代，整个拉丁美洲都处于经济衰退之中……；相反，30年代的许多拉美国家在1933年之后，尽管当时的世界经济环境并不是更加有利，但本国的人均收入却都增加了"。①伊利安娜的这一发现很值得我们深思，究竟是什么原因造成了这种反常的状况？显然是因为债务危机爆发的原因不同。1929年世界经济崩溃发生之后拉美国家之所以陷入债务危机，正如伊利安娜所指出的，是因为拉美国家已经不可能在欧洲和美国市场上销售自己的商品造成的。那么20世纪80年代拉美国家债务危机爆发的原因是什么呢？关于这个问题，西方主流派经济学者一般都归咎于拉美国家的经济民族主义政策和所实行的进口替代工业化战略，国内学者也往往不假思索地跟着这个调子来总结拉美现代化失败的原因、经验和教训。这是一个值得研究的问题。客观地讲，拉美国家在发展政策上的确是存在一些缺陷。譬如，由于国家的投资方向过于向工业倾斜，造成农业出口创汇能力日益缩减；由于粮食价格长期冻结（实际上是不断下降），迫使农业部门的资本向工业部门转移；由于进口替代工业化过于依赖外国技术和设备，造成国家资金短缺；由于墨守布雷顿森林体系固定汇率，丧失了调整国际收支失衡的汇率机制；由于对进口替代工业给予不恰当的关税保护，造成本国工业制成品价高质次，缺乏市场竞争力，无法向外发展，只能面向国内市场，从而在增长与分配、工业效益与就业、增长与国际收支逆差之间造成越来越多的难以克服的矛盾等。……所有这些缺陷，都给国家带来了日益严重的财政赤字和扶摇直上的外贸逆差（见表3－8），以致不能不大量举借外债，从而导致80年代的债务危机。但是，我们还必须看到，这只是问题的一个方面，还有大环境上的原因，也就是国际经济秩序上的原因。我认为，后者更是主要的、决定性的。关于这一点，我们只要看看战后世界经济发展的历史就可以明白。

---

① Eliana Cardoso, Ann Helwege, *LatinAmerica's Economy: Diversity, Trends, and Conflicts*, The MIT Press, 1992. pp. 114－116.

表3-8　1956~1970年墨西哥的外贸逆差

（单位：百万美元）

年份	1956	1960	1965	1970
商品与劳务出口	1420.4	1520.3	1989.1	3147.4
商品与劳务进口	1456.0	1694.3	2364.8	4056.3
外贸逆差	-35.6	-174.0	-375.7	-908.8

资料来源：墨西哥银行《年度报告》，转引自罗伯特·F·卢尼：《墨西哥经济》，美国1978年版，第20页。

导致拉美现代化进程断裂的经济危机虽然开始于1982年8月债务危机的爆发，但其导火线则早在20世纪70年代就点燃了。拉丁美洲的经济危机实质上并不是拉美单独某个国家的事情，也不是拉丁美洲一个地区的事情，而是南北两个世界国际经济矛盾长期发展的结果。在这场斗争中，由于战后第三世界的崛起及其现代化运动的蓬勃发展，力量对比的发展趋势本来是有利于发展中国家的，发展中国家凭借自己的资源优势甚至在70年代初就破天荒地显示了自己的力量，给自己的产品规定了市场价格，给了发达国家以有力的冲击（"石油冲击"）。但是，也正是这个时期，南北力量对比有利于南方的发展趋势达到了顶点。此后，形势开始逆转，发展中国家在国际经济斗争中的处境越来越困难。此种转变的根本契机就是20世纪70年代首先在发达国家兴起的第三次工业革命。

早在20世纪60年代末，战后世界资本主义经济体系即开始出现市场萎缩、经济停滞、通货膨胀、劳动生产率下降的现象，70年代初又发生能源危机和国际收支危机。作为对这种挑战的回答，西方发达国家在战后科学技术迅猛发展的基础上，开始了世界第三次工业革命，其主要标志就是劳动力的机械化（机器人）、自动机械的微电子程序化、生物工程化（生物技术）以及信息技术、新能源（人工能源）、新材料的开发和运用。由于新的工业革命的兴起，生产力的社会化性质达到了空前的广度和深度，其突出的表现就是生产国际化、经济全球化趋势的迅猛发展，出现了许多名为"跨国公司"的"世界工厂"。据一些研究报告透露，发达国家的许多大公司都把它们的势力伸展到了世界的各个角落，譬如到70年代初，墨西哥工业界就已经至少有多国跨国公司的子公司106家。[1]另据玻利维亚《现状报》报道，到70年代中期，美国各跨国公司已经控制着拉美生产总值的14%、工业生产的1/3和工业生产总值的35%，而美国在拉美各跨国公司所获利润总额中，88.2%都来自拉美[2]。此外，在这次工业革命中，西方发达国家还出现了工业布局的大变动。它们为了节省能源开支、原料开支和人力开支以及为了解决本国的污染问题，避开发展中国家那种类似于"石油冲击"的打击，许多技术过时的工业都移到了发展中国家。与此同时，世界各地还出现多种多样的国际再承包，譬如"合股生产""客户工业"等。据统计，到70年代末，墨西哥已经有这类企业500余家[3]。

新的工业革命对国际贸易的影响尤其巨大。由于新技术、新能源和新材料的开发和利用，数百年来关于国际贸易中比较优势的概念已经发生了根本的变化。在过去，国家在国际贸易中的比较优势在很大程序上取决于这个国家的自然条件，是一成不变的。现在，市场竞争中的这种天赋的优势已经被新的科学技术所改变，所谓比较优势已不是静态的了，比较优势的决定条件已不属于自然，而是科学技术、是新的高质量产品、是灵活日新的生产体系。一个国家在市场竞争中有无比较优势，主要决定于它有

---

[1] Miguel Basañez, *La Lucha por la Hegemonía en Mexico*, 1968～1980, Siglo XXI Editores, p. 94.

[2] *Presencia*, Bolivia, 20 de Agosto de 1981.

[3] 张文阁、陈芝芸：《墨西哥经济》，社会科学出版社1980年版，第235页。

没有能力开发这种优势。掌握了遗传密码的国家就可以通过生物技术夺得农牧业生产的比较优势；掌握了微电子技术的国家可以通过此种技术的运用，实现生产的自动化，从而夺得劳动力成本的优势；能不断开发新材料的国家可以摆脱对自然资源的依赖，夺得市场竞争中的材料优势。显然，第三次工业革命所带来的"比较优势"概念的这种变化，已经使国际分工的舞台发生了根本的变化，这种变化使原来科技水平高的发达国家越来越占有优势，而原来靠丰富自然资源和劳力优势而参加世界经济竞争的国家越来越处于不利地位。同时，这种变化也使墨西哥战后工业化高潮中所赖以形成的主要靠外国资本、外国技术、本国市场和国家保护而运转的进口替代工业化模式陷入了难以自救的困境。这就是为什么像墨西哥这样一直处于高速工业化进程中并掌握有优势天然能源的国家，居然到60年代末以后越来越陷入债务的深渊，并最后陷于为期10年之久的严重经济危机的最根本原因。

对于第三次工业革命给墨西哥等拉美国家所带来的严重影响，墨西哥政府和拉美经济学家并不是没有觉察，他们当时就越来越感到，为少数西方发达国家所控制的国际经济秩序已经无法忍受：国际贸易条件恶化，使原料生产国倍感艰难；由于发达国家实行贸易保护主义，到1974年拉美国家的贸易逆差已高达87亿美元；发达国家对科技的垄断使发展中国家不堪重负，仅1978年就付出80多亿美元。为了改变这种严重损害发展中国家利益的国际经济秩序。墨西哥政府曾在70年代和七、八十年代之交，开展了频繁的国际活动，特别是为筹备1981年坎昆南北首脑会议做了大量的工作，力图通过南北对话和全球性谈判来逐步改变局面。但是，西方发达国家的政府无不受本国垄断资产阶级利益所左右，所以，这次关系着"数十亿人死活"的会议终于不得不"屈服于美国的强硬路线",以"令人失望"而告终①。会议结束不到一年,危机便首先在墨西哥爆发了。由此可见,20世纪80年代拉丁美洲的债务危机主要是第三世界国家建立合理的国际经济新秩序的努力遭到失败的结果;同时也是西方发达国家第三次工业革命战胜发展中国家实际上已经落后的工业化进程的结果。

此外,战后拉美国家现代化进程之所以断裂,还有第二个原因,这就是拉美的社会矛盾空前尖锐,发生了严重的社会政治危机。

拉美国家的进口替代工业化始于上世纪30年代。到50年代后期,拉美国家便普遍出现社会矛盾激化的趋势。其关键的原因就是社会分化。拉美国家从来就是一种社会财富占有极度不公、等级森严的社会。在工业化、现代化过程中继续采取忽视社会公平的政策,成为"世界上收入分配最不公平的地区"。1970年前后,拉美10个主要国家的基尼系数,除阿根廷为0.44外,其余9国都在0.48－0.66之间;同期10国处于贫困线以下的家庭占家庭总数40%,处于极端贫困的占19%。连当时拉美最知名的主流经济学家普雷维什也承认:"从社会观点来看发展已偏离方向""一极是繁荣以至富足,另一极则是持续的贫困"。20世纪70年代国际学术界关于"有增长而无发展"的说法,就是首先针对拉美地区提出来的。由于社会矛盾的激化,在拉美进口替代工业化进程的后期(60年代),整个拉丁美洲都已经成为一个极不安定的地区。1959年古巴革命胜利无疑对拉美地区的社会冲突起了一种催化作用。进入60年代后,一场社会－政治危机全面爆发:工人罢工,农民夺地,市民抗议;左翼政党在部分国家大选中获胜;学术界提出激进的"依附理论",批判主流经济学——拉美结构主义;特别是城、乡游击队的武装活动此起彼

---

① [日]《读卖新闻》1981年10月25日。

伏，持续十多年（有些游击队至今依然坚持斗争）①，深深震撼了整个拉美大陆。

面对日益尖锐的社会矛盾，拉美国家采取了不同的社会政治战略，出现了三种不同的发展道路和社会变革模式：一些国家走上了革命的道路，如玻利维亚、古巴、尼加拉瓜、委内瑞拉等；一些国家走上了军事政变的道路，建立了军人独裁统治的政治秩序，如巴西、智利、阿根廷等；还有个别国家，选择了巩固一党执政的职团主义政权，实行利益平衡和利益调节的政治改革道路，并获得了相当成功的结果，如墨西哥。拉美国家的统治阶级和美国政府虽然把拉美的这场社会政治危机归咎于古巴"输出革命"和"国际共产主义渗透"，但内心也明白危机的根源所在。所以，在开始的时候，肯尼迪政府曾积极支持拉丁美洲的改革，决定在拉美推行"争取进步联盟"计划。据统计，在1961年以后的十年间，美国通过多种渠道向拉美提供的资金支持超过

---

① 著名史学家艾瑞克·霍布斯鲍姆指出：当时，"第三世界已经成为仍然相信社会革命的那些人的信仰和希望的中心支柱，它代表人类的绝大多数，它就像是一个等待爆发的全球性火山，一个地震区，它的震颤宣布了巨大的变动即将来临。"他还说："1945年之后，在第三世界，主要的革命斗争形式就是游击战"。在二战结束至20世纪70年代中期的一份《主要游击战年表》中，总共列出了游击战32场，其中除了希腊内战、塞普路斯反英斗争和北爱尔兰反英斗争等三场游击战之外，都发生在第三世界，拉丁美洲尤其突出。像古巴游击队发动的一个本来很小的运动，居然把游击战略推到了世界纪录的首页，并获得了特殊的成功，这就是1959年1月1日发生在加勒比古巴岛上的革命。"在充满魅力人物的20世纪，大概没有哪一个领袖人物的听众有比卡斯特罗的听众更多的了"。霍布斯鲍姆指出，虽然农民采用了游击的道路，但游击战几乎都不是农民运动，这些游击运动都是年轻知识分子以势不可挡的气势带进第三世界的农村的。起初，它们吸引了这些国家的中产阶级，后来又有新兴农村小资产阶级的新的一代学生子女加入进来，壮大了力量。当游击战略从农村地区转到大城市世界的时候，立即就被某些第三世界国家的左派所采用了，因为城市游击运动较之农村游击运动更加容易发动。霍布斯鲍姆还指出，游击队员的形象还是第一世界左翼力量激进化的一个最重要的部分，可能还是主要的灵感之源和鼓舞。多数第一世界左派理论家都信仰"第三世界主义"，相信人类一定能通过摆脱受中心国家压迫的依附地位而获得解放。参见 Eric Hobsbawm, *Age of Extremes, The Short Twentieth Century*, 1914—1991, Penguin Group, London, 1994. p437~443.

127亿美元；不仅如此，美国还在《埃斯特角宪章》中敦促拉美国家实行土地改革，改善收入分配，改善教育、医疗、住房等，以期通过改革的道路阻止所谓的"社会主义渗透"。与此同时，为了镇压拉丁美洲的革命群众运动和游击队，美国政府又支持拉丁美洲的军事政变，力图通过军人独裁与军事镇压的手段来维持美国后院的秩序。一时间，拉美掀起了一股席卷整个地区的右翼军事政变浪潮。这批军人政权在残酷镇压激进势力、实行独裁统治的同时，大都注重推动经济增长，其中巴西还出现了"经济奇迹"。但是，到20世纪80年代，所有这三条道路，不管是成功的还是不成功的，除了古巴，最后都以失败而告终，包括美国政府的"争取进步联盟"计划。试想，在如此动荡的政治局势下，有哪一个政府能够在不付出重大社会代价的条件下继续坚持他们的现代化进程?! 所以，20世纪60年代末至80年代拉美现代化进程的最终断裂，在相当大的程度上也是这个地区社会政治危机的一种必然的后果。

美国、拉美发展差距的急剧扩大

从拉美独立以来债务危机发展的历史来看，20世纪80年代的债务危机特别值得研究，因为20世纪80年代债务危机所处的世界经济环境并不比20世纪30年代差，但危机的后果却严重得多。关于这个问题的尖锐性，我们可以从上一节图3-4和本节图3-5的对比中看得很清楚。图3-4是1870至1950年拉美3国与美国人均GDP差距扩大的一个趋势图，可以看到，尽管这个时期爆发了世界经济史上最严重的经济危机和持续四年之久的经济大萧条，尽管1913年之后拉美国家同美国的经济差距明显地在扩大，但拉美国家的经济并没有出现倒退现象，仍然在缓慢增长。图3-6所描绘的境况就大大不同了（见图3-6）。这是1950年至1992年拉美三国与美国人均国内生产总值差距扩大的一个趋势图。从这个图上可以很清楚地看到，自1973年之后，特别是1982年爆发债务危机之后，拉丁美洲国家同美国的差距已经不是一般差距的扩大问题了，而是一方高速增长、另一方往后倒退。之所以造成这种结果，是因为1929年经济危机的策源地是美国，美国为了自救，对内进行了改革，实行了罗斯福新政；对外放弃了"大棒"政策，对拉美实行了"睦邻"政策，国际经济秩序有所改善；而20世纪80年代拉美的债务危机是美国拒绝拉美改善经济秩序的要求，对拉美国家实行以邻为壑、损人利己政策的结果。这种情况如果继续下去，拉美发展面临的困难会越来越严重。

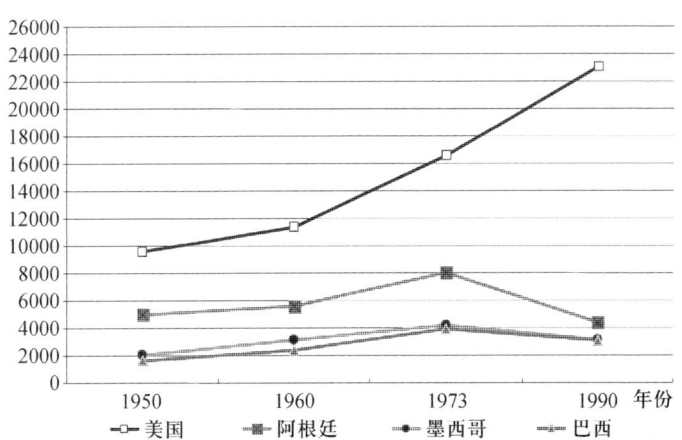

图3-6　1950至1992年拉美3国与美国人均GDP差距扩大趋势
（按1990年国际元计算）

资料来源：根据麦迪森（Angus Maddison）：《世界经济二百年回顾》（中译本），改革出版社1997年版，第4页。

四、现阶段拉丁美洲的发展困境（1990—　　）

20世纪90年代以来的这个阶段是第三次全球化浪潮勃兴的时期，是西方所鼓吹的新自由主义经济改革在拉美盛行的时期，也是拉美现代化进程第三次浪潮开始，并遭遇深重困境、危机频发、经济起伏无常的时期。因为这个时期拉美现代化的特点是实行西方的新自由主义政策,所以政治学家瓦格曼(Craig Waggaman)又把"新自由主义"称为"新现代化"[①];拉美这个阶段的现代化也就叫做"新现代化"。

20世纪90年代拉美形势的变化

债务危机之后,特别是经过80年代失去的十年之后,拉美的形势已经发生了重大的变化。

首先是第三次经济全球化浪潮的勃兴。由于东欧剧变,苏联解体,美苏争霸以美国的"胜利"而告终,拉美重又回到过去"两个美洲"的、美国独霸的时代:美国立马出台了"华盛顿共识",原来可以利用东西方对峙局面来谋求自己独立发展的国家,由于丧失了"冷战"所提供的这种战略地位而不得不与强大的美国直接对阵,使得像墨西哥、阿根廷这样的拉美大国也不得不向美国靠拢,从原来的"第三世界主义"外交政策转变为所谓"外围现实主义"的外交政策。与此同时,世界经济潮流也发生了巨大变化。随着两极格局的结束,新的经济全球化浪潮随之勃兴,西方发达国家纷纷成立大规模的跨国公司,并始把车间或工厂迁往劳动力价格低廉的第三世界国家,实行所谓经济全球化的生产改组,开始了新的一轮经济全球化进程。经济全球化进程必然要求有一种与之相适应的全世界范围的自由贸易制度,必然要求摧毁广大发展中国家所一直实行的、强烈保护主义的进口替代工业化战略。所以,从这时候开始,美国统治集团开始积极反对第三世界国家的经济民族主义和贸易保护主义,宣传政府的唯一职能就是保护私有财产以及保证实行与此密不可分的自由主义市场制度,遵守"自生自发社会秩序"原理,为美国经济

---

① Lynne Phillips (Edit.) *The Third Wave of Modernization in Latin America, Cultural Perspectives on Neo-liberalism*, SR Books, 1997, p. vii.

的全球化开辟道路。与此同时,为了摆脱70年代初期开始的能源危机和国际收支危机,美国等西方发达国家开始在战后科学技术迅猛发展的基础上,积极开展以劳动机械化(机器人)、自动机械微电子程序化、生物工程化(生物技术)以及信息技术、新能源(人工能源)、新材料的开发和运用为主要标志的第三次工业革命。由于新的工业革命,特别是新的信息技术革命,生产力的社会化性质达到了空前的广度和深度,为经济的全球化奠定了强有力的科学技术基础,生产的国际化和经济的全球化已成了一种必然的、不可逆转的发展趋势,拉美国家要想坚持原来的自我保护型的进口替代工业化模式,显然已不可能。

其次,新自由主义成为主流意识形态。从20世纪70年代开始,意识形态方面也发生了巨大的变化。为了推进经济全球化运动,西方经济学家在发展理论上发动了一场针对凯恩斯"经济学革命"的"反革命"运动,集中矛头反对拉美经委会的结构主义理论,反对国家干预,反对运用经济计划来对付发展问题。拉美依附论学派和发展主义学派的理论家虽然也积极迎战西方的攻击,但由于他们对拉美80年代的经济危机尚未找到科学的解释,同时也由于前苏联集团土崩瓦解,东西方力量对比突然改变、世界政治格局急剧地朝着有利于西方的方向发展,他们在论战中几乎处于完全的劣势,毫无招架之力。一时间,美洲大陆卷起了一股来势凶猛的新自由主义潮流。在新自由主义浪潮的冲击之下,"历史终结论"甚嚣尘上,拉美思想界一片混乱,意识形态变得空前复杂,各种政治色彩的意识形态都登上历史舞台,

除了传统的"现代化理论""依附论""世界体系论"之外,又出现了北美的"全球化理论"、阿根廷的"外围现实主义"理论和"第三次革命论"、墨西哥的"社会自由主义"理论和"新民族主义"理论、秘鲁自由派的"穷人资本主义"理论(亦即"另一条道路"理论)、拉美民众主义的"第三条道路理

论"、在战后结构主义理论和发展主义理论基础上提出的"新结构主义"理论和"新发展主义"理论以及激进左派提出的"21世纪社会主义""公社社会主义"等新型社会主义理论等。

再次,拉美的社会阶级结构也发生了重大变化:富豪阶级中的暴发户开始增多;中产阶级严重分化,所占人口的比例减少;贫困阶层的人数增多,社会问题严重,社会矛盾激化。与此同时,在北美"民主输出"外交的压力下,拉美各国普遍实行以美国为样板的所谓民主化政治改革,使得很多国家在经济陷入严重危机的状况下,政治上的民主开放程度却有所提高,政治文化变得越来越富有参与精神,因而造成政治局面更加动荡,更加难以控制;原来一些已经制度化的政治制度(如墨西哥的民主主义政治制度)也开始解体。

拉美国家的新自由主义改革

在上述的背景之下,整个拉丁美洲除了古巴,都接受了"华盛顿共识",再一次出现了现代化道路的转折:新自由主义的发展道路取代了结构主义的发展道路。对于拉美地区来说,新自由主义理论是舶来品,是国际货币基金组织(IMF)、世界银行和西方国家为拉美"医治"债务危机,使之能够偿还债务而开的处方,其内容在 1989 年被华盛顿国际经济研究所所长约翰·威廉姆森归纳为所谓"华盛顿共识"的 10 条原则,即遵守财政纪律;削减公共开支;实行税制改革;金融自由化;竞争性汇率;贸易自由化;开放外国直接投资;国有企业私有化;取消管制;牢固确立资产所有权等[1]。新自由主义首先通过智利(1973 年)和阿根廷(1976 年)等国的经济改革进行试验。20世纪 80 年代,拉美国家普遍陷入债务危机,在债权国的压力下,

---

[1] John Williamson, *The Progress of Policy Reform in Latin America*, Washington, 1990. pp. 10–33.

拉美国家不得不进行结构性经济改革，新自由主义遂在拉美地区占了支配地位。

由于这一转变，拉美的现代化不得不从原来国家主导的自主现代化道路转到新自由主义的道路上。这是拉美现代化道路的又一次大转折，是拉美第三次现代化浪潮的开始。在这次现代化浪潮中，拉美国家普遍推行新自由主义的经济改革，如在工业方面拍卖国有企业，实行国有企业的私有化；在农业方面颁布新的土地法，实行村社土地私有化，消灭土地社会所有制；在对外贸方面，改革外贸政策，实行贸易自由化；在金融方面，颁布鼓励外国直接投资的法令，开放投资禁区，允许外国资本自由流通；在政府财政方面，缩减政府开支、削减对基本食品供应的补贴以及保健和教育服务等；在劳工方面，实行"劳工市场灵活化"改革；在外交方面，摒弃原来反对霸权主义的"旧民族主义政策"，采取疏远发展中国家而与美国"特殊接近"的所谓"外围现实主义"政策等。

对于新自由主义改革，拉丁美洲国家并不是没有抵制和斗争，它们是在国际经济旧秩序的压力下不得已而进行的，经过了一个从"卡塔赫纳共识"到"华盛顿共识"的、逐步被压服的过程。在这一方面，最典型的例子是墨西哥。

墨西哥在1982年爆发债务危机后，摆在政府面前最紧迫的任务自然是要解决债务问题。当时，债权国与债务国的关系相当紧张，债权国坚持借债还债，不给任何让步。但是危机的后果严重影响了国际经济活动，货币陷入紊乱，利率达到了创纪录的水平，国际贸易连续三年处于停顿状态，世界经济在很多方面开始倒退，或面临倒退趋势。拉美地区由于外债总值超过了生产总值的一半，整个拉美地区都看不到恢复发展的前景。为了寻找经济的出路，墨西哥总统德拉马德里在墨西哥历史上第一个把外交政策看成是全国发展计划的一个至关重要的部分，并列入了他所颁布的《全国发展计划》之中。1984年5月19日,他与阿根廷总统阿方辛、巴西总统菲格雷多以及哥伦比亚总统贝坦库尔联名发表宣言,指出利率的不断攀升以及贸易保护主义措施的加强,已造成整个地区前景暗淡,建议采取具体措施对国际金融和贸易政策进行实质性改革,以增加发展中国家商品进入发达国家市场的可能性,特别要求展宽还债期限,并降低利率,减免利润、佣金及其他财政负担。宣言在债权国反响很大,似乎是可怖的"债务国俱乐部"幽灵出现了。两周后,上述四国总统又与厄瓜多尔、秘鲁、委内瑞拉三国总统于1984年6月5日联名致信即将出席七国首脑会议的西方七国首脑,并指出,在债务问题上靠同债权银行接触是解决不了问题的,必须促进债权国与债务国之间的建设性对话,有一种真诚合作的气氛。同年6月21~22日,上述拉美七国又同玻利维亚、智利、多米尼加共和国以及乌拉圭等四国在卡塔赫纳召开会议,确定了解决债务问题的共同纲领,被称之为"卡塔赫纳共识",其要点是,他们愿意"履行还债的承诺",但条件是"债务国与债权国共同负责"、"平等分担经济调整的代价"、"降低利率"、"对提高的利率给以补偿"、"展期付息"、"修改债权国银行条例"、"改善国际贸易条件"等。

尽管墨西哥等拉美国家做了如此努力,美国等债权国并不同意一揽子解决的办法,而是坚持要双边谈判,有条件地逐个解决。他们的条件就是要拉美国家实行债权国所需要的"政策改革",也就是要按代表债权国和债权组织利益的,后来被称之为"华盛顿共识"的要求进行改革。这些要求就是前面所说的包括税制改革,金融自由化、贸易自由化、国有企业私有化等内容在内的要求。出于经济外交的需要,墨西哥在经过多年的抵制后不得不作出让步,于1986年有条件地加入了以贸易自由化为指导原则的关贸总协定。1988年,被称为"墨西哥经济政策设计师"的萨利纳斯当选总统后,墨西哥政府在债权国俱乐部的压力下,开始按上述要求进行改革。首先当然是要解决债务问题。由于墨西哥政府表示同意实行债权国所需要的改革,墨、美两国政府开始就债务问题重开谈判。墨西哥政府确定的谈判方针是"墨西哥人的利益高于债权人利益",并宣布"如果偿还债务利息阻碍经济恢复,我们就不还债"。在墨西哥等拉美国家的压力下,美国于1989年3月宣布减免债务新战略和"布雷迪计划",头一次把削减债务及其利息放在首位。而第一个"受惠者"就是墨西哥。经过一年多的债务谈判,墨西哥获得减债200亿美元、每年少付利息40亿美元的优惠,从而缓解了墨西哥的债务危机。

与此同时,萨利纳斯按"华盛顿共识"的要求,开始了多方面的改革。首先是借助外国资本实行国营企业私有化。墨西哥原有国营企业1100多个,经过私有化,加上关闭、合并和停产者,仅两年时间就只剩下500个。墨西哥最大的迪纳汽车公司、航空公司、电话公司以及世界10大铜矿之一的卡纳内阿矿业公司都出售给了私人。到1994年,除墨西哥石油公司、联邦电力委员会、国家铁路总局、电报总局、水电及煤气公司、国家货币印刷所、墨西哥银行等11家企业继续由国家控制外,其余都已拍卖。其次是解除石油工人工会和教师工会领导人的职务,改变政府与工会长期保持的良好关系。第三是单方面降低贸易壁垒,使墨西哥成为美国制成品的第二大销售市场和美国农产品的第三大销售市场,并于1990年6月正式同意与美国就签订双边自由贸易协定问题举行谈判。第四是开展所谓的农村改革,主要是取消旧的农村保险机构——农牧业保险公司,重建农村银行基金会;取消农产品保障价格(只有两项例外);修改宪法第27条(1992年),废除有关土地分配的条文,终止土地分配,扩大农民自由,允许占全国农民60%的村社社员抵押、租赁和买卖土地,实际上就是实行村社土地私有化政策,从而使墨西哥革命的土改成果荡然无存。第五是加速经济开放,极力吸收外资。政府颁布了一系列鼓励外国直接投资的法令,开放投资禁区,允许外资股份最高可达100%。执政的头5年即引进外资340亿美元[1];第六是同工人、农民及企业界代表签署"稳定和发展经济契约",通过由社会各方面承担义务,实行紧缩政策,抑制通货膨胀。

与上述经济改革相适应,萨利纳斯还进行了一项引人注目的改革,就是他的外交政策改革。在德拉马德里时期(1982—1988),墨西哥虽然已经沿着出口导向的经济轨道进行了一些经济改革,但外交上仍坚持传统的"第三世界主义"政策,认为人类世界正遭逢"一场全球性的、普遍的共处模式的危机",一些"旨在维持世界和平和安全、支持发展合作的组织几乎又都处于瘫痪状态""国际经济合作的前景令人沮丧"。因此,他的政府在国际关系上"将努力推进发展中国家的团结,加强其谈判的力量"。他说,墨西哥的历史遭遇、社会结构和意识形态,都使墨西哥"成了发展中国家总体的一部分",墨西哥对外政策的基本路线"便是从这一承认中产生的""墨西哥真诚地希望密切同非洲、亚洲和大洋洲的政治、文化和经济联系""支持发展中国家经济合作的努力,并把这种合作理解为一种争取经济自主的基本的机制,一种提高其在多边论坛中地位的手段,以及一种为了建立国际经济新秩序而采取的诸行动的不可替代的补充措施"。他还明确指出,墨西哥同美国的联系是"两个根源上、历史传统上、经济发展程度上以及政治、经济、社会和文化发展计划都不同的社会之间的联系"[2]。但是,萨利纳斯执政之后,则完全改变了这种政策,采取了与美国"特殊接近",想"与美国

---

[1] Carlos Salinas de Górtari, *V informe de Gobierno*, en "El Día", 2 de noviembre de 1993.

[2] Secretaría de Relaciones Exteriores, *Política exterior de México*, México, 1985, pp. 329 – 334.

实现一体化"的政策,其最重要的步骤就是退出发展中国家的组织——77国集团而加入了发达国家的24国集团——经济合作与发展组织。为了给他的这项改革以理论的支持,萨利纳斯提出了一种叫做"新民族主义"的理论,并把它作为墨西哥"新一代领导人"内政外交的基石。该理论认为,当今世界的形势已经发生了巨大的变化,"今天的民族主义已很难用过去的字眼来解释",必须实现"民族主义的现代化"。"新民族主义"的最主要的原则就是在国际关系中要避免对抗,摒弃墨西哥历来所坚持的针锋相对反对霸权的政策,提倡通过对话来"捍卫主权与民族国家",认为"在当今单极形势下,对抗对主权来说是无谓的冒险"[1]。

萨利纳斯的改革在墨西哥完成了从自主型进口替代工业化发展战略到新自由主义现代化发展战略的转变。墨西哥现代化的历史,经过自主发展的高峰,跌落到债务危机,再从"卡塔赫纳共识"到"华盛顿共识",似乎拐了一个大弯,又回到波菲利奥时代的"自由主义"。

墨西哥的这个转变大体上可以代表20世纪90年代整个拉美洲的走向:在债务危机的压迫下,拉丁美洲的现代化开始了一个回归西化的过程。

新自由主义改革的危机

事实证明,新自由主义改革不但不能解决拉美的发展问题,相反,这种改革严重损害了国家的主权和民族的利益,特别是侵害了社会中下阶层的权益,导致了社会的分化和政治的动荡。在全面实行新自由主义政策之后的十几年中,拉美连续爆发了墨西哥金融危机(1994~1995年)、巴西金融危机(1999年)和阿根廷社会、经济和政治危机(1999~2003年)以及其他拉美国

---

[1] Carlos Salinas de Górtali, *III informe de Gobierno*, 1 de noviembre de 1991.

家波及面较小的银行危机。每次危机爆发后，货币大幅度贬值，股票指数猛跌，美元抢购一空，资金大量外逃，通货膨胀率上升，金融市场一片混乱，经济灾难降临拉美人民头上。危机一次又一次地爆发，经济也随之一轮又一轮地滑坡。因此，这个时期拉美经济的特点是危机频仍，起伏无常，呈现一种低迷的状态。之所以如此，主要的原因是新自由主义改革自身存在着难以解决的矛盾。

首先，新自由主义的贸易自由化政策同发展中国家的工业化目标背道而驰。贸易自由化对于工业水平落后的发展中国家来说就是贸易赤字化，急剧的市场开放引起的外来商品激烈竞争必然导致发展中国家制造业企业的衰败或破产。

其次，新自由主义改革的重要目标是吸引外资，但是，外资是逐利而来的，是投机而来的，在20世纪90年代短期投机资本大量涌入的情况下更是如此。这样的资本积累，实际上不过是一种外债的积累（资本的债务化）和风险的积累，是拉美宏观经济不稳定的最主要原因之一。

再次，新自由主义极力倡导发挥比较优势，用比较优势原则来指导工业部门的产业结构调整，导致拉美国家的工业重新走上以资源加工业为主的发展道路。这样，工业化所需要的许多资本货和中间产品又要回到依赖进口的老路上去。产业结构模式的这种大反复必然引起工业化的倒退，或者称之为"去工业化的进程"。所以，有专家得出结论说："自由化已经完全不能作为一种发展战略发挥作用""必须对全盘贸易自由化这种战略给予重新的考虑，因为它对工业的结构有严重的破坏性影响"[1]。

最后是政治动荡的破坏作用。由于实行新自由主义改革，把

---

[1] Gerardo Otero, *Neoliberalism Revisited*, *Economic Restructuring and Mexico's Political Future*, Westview Press, 1996. P81.

现代化完全交给市场力量来实现，造成经济与社会不能协调发展，广大民众的处境更加恶化，其结果就是民众为自己的生存而斗争。20世纪90年代以来，拉美国家的社会冲突明显加剧，各种形式的民众示威、抗议活动此起彼伏，如墨西哥恰帕斯州的农民起义①、巴西的无地农民运动、阿根廷的市民暴动等。历史竟是这样的无情，20世纪70年代末到整个80年代，拉美地区曾经出现规模空前的政治民主化浪潮，使拉美国家普遍形成由民选的文人政府当权的政治民主局面，而在进入90年代以后的短短10多年内，新自由主义改革却使民主失去了它的基本内涵，民众由对民主政治的热切期望转入了巨大的失望。拉美国家的新自由主义改革已经陷入了危机！在这方面，阿根廷的例子最为典型。

在拉美国家的现代化进程中，阿根廷一直是一个领先的国家，20世纪初，它还曾经是世界人均收入最高的几个国家之一。当时，阿根廷的人均收入为3797美元（1913年），比同一时期的法国、德国都高。就是到1950年，阿根廷的富裕程度仍领先于日本与意大利，同德国、澳大利亚大致相当。但是，自1976年魏地拉军政府开始新自由主义改革后，阿根廷的发展变得越来越不稳定，越来越落后。到1990年，阿根廷的人均国内生产总

---

① 墨西哥新自由主义改革的的一个最直接的政治后果，就是墨西哥南部恰帕斯州印第安农民的武装反抗。1994年1月1日，也就是北美自由贸易协定正式生效的这一年的元旦，恰帕斯州一批自称萨帕塔主义民族解放军的起义者，占领了这个州东部的圣克里斯托瓦尔－德拉斯卡萨斯、拉斯玛格丽塔等6个城市的市政府和电台，对北美自由贸易协定进行了武器的批判，以表示他们坚决"反对经济自由化，尤其反对停止土改"。恰帕斯州的大主教也"强烈地批评萨利纳斯的经济自由化政策，其中包括将村社私有化和签署北美自由贸易协定。他认为，这种政策将使墨西哥的有钱人和外国投资者拥有更多的土地。而暴动的领导人则更把北美自由贸易协定看成是针对印第安人的《死刑判决书》"。由于萨帕塔主义民族解放军声势浩大，政府出动了15000正规军，进行大规模的镇压。解放军在进行了激烈的反抗之后，撤进了深山老林。起义变成了旷日持久的"两军对垒"。

值在世界排名榜上，已经从过去的名列前茅掉到了第80位。20世纪90年代，梅内姆政府开始实行阿根廷现代史上的所谓"第二次革命"①，也就是按"华盛顿共识"进行的新自由主义改革。

"第二次革命"的主要内容分国际和国内两个方面。在国际方面，阿根廷决定实行所谓"外围现实主义"的外交政策，同美国确立战略结盟关系。为了成为美国的战略盟友，阿根廷从1990年年初派军舰参加美国发动的海湾战争，到1997年获得美国的非北大西洋盟国地位，始终没有停止过同美国构筑特殊关系的外交努力。在国内方面，阿根廷实行了大刀阔斧的经济、政治改革。经济改革主要是放弃过去的国家工业化方针，按古典经济学的比较优势原则，决定作为农牧业初级产品出口国加入全球化经济的国际劳动分工体系，把农牧业食品专业化作为阿根廷经济发展的战略重点。政治改革主要是推行西方的代议制民主政治，要走一条与东南亚国家相反的道路，即先恢复民主然后再进行经济改革的道路，也就是"戈尔巴乔夫在苏联想干而没能干的"道路。②他任命受训于哈佛大学的经济学家多明哥·卡瓦略为财政部长，推行阿根廷历史上最无限制地向外国资本开放资本市场以及国有企业全盘私有化的政策，实行按1∶1的汇率把阿根廷比索钉牢在美国美元上的货币局制度和彻底的贸易自由化政策。梅内姆政府的改革被世界银行盛赞为"第三世界的样板国家"；《华尔街日报》和《金融时报》还发表社论，赞扬"梅内姆新自由主义政权进行的经济改革既深刻，又有效"。但是，由于美元较之阿根廷通货更加坚挺，阿根廷变得越来越难以出口；突如其来的贸易自由化使阿根廷的许多工业企业陷入破产；国营企业的低

---

① 豪尔赫·卡斯特罗：《第三次革命》（中译本），世界知识出版社1999年版，第64～67页，第192页。

② 豪尔赫·卡斯特罗：《第三次革命》（中译本），世界知识出版社1999年版，第74页。

价出售以及国家垄断权和专卖权被转让给私人部门，使得惊人的利润汇到了私人部门的国外总部；90年代初期大量流入的外资因1994年12月墨西哥爆发比索危机而大量外逃。结果，阿根廷陷入经济衰退，失业率猛增。1994年以后，阿根廷的失业率一直高达13%以上，收入不平等达到了史无前例的严重程度。到2002年，阿根廷已变成一个真正的灾难国家。经济的负增长超过了20%，50%以上的居民生活在贫困线以下。

1999年费尔南多·德拉鲁阿上台执政后，阿根廷的经济衰退更加恶化。为了挽救阿根廷经济，他又把梅内姆执政时期的财政部长卡瓦略请回政坛。但卡瓦略也没有什么新招，还是采取严厉紧缩和政策调整的老一套做法。这时，政治危机已露端倪。投资者开始大规模提取银行存款。为了阻止资金流失，卡瓦略于2001年12月1日颁布"限制储户提款"的法令，规定每人每月从银行提取的现金不得超过250美元。这一法令损害了社会各阶层的利益，银行门前排队取款的队伍越来越长，民众的不满和失望日益加剧。2001年12月12日，民众在经济上的不满开始激化为政治上的抗议风暴，阿根廷出现了民众性的"击锅抗议"运动。

2001年12月14日至17日，一个由失业者组织、进步劳工组织、人权组织和小商贩组织联合组成的广泛联盟——"全国反贫阵线"发动起300多万民众，要求政府应给予失业者以失业补贴。12月18日，罗萨里奥城开始发生贫苦居民抢劫超市的事件。接着，抢劫风暴席卷其他城市和布宜诺斯艾利斯郊区的许多地方。贫苦民众抢劫超市和商店的画面充斥阿根廷的电视节目，传播到了全世界。12月19日22时45分，德拉鲁阿总统出现在全国电视屏幕上。他宣布全国处于紧急状态，谴责抢劫行为。总统的话音未落，整个城市立即响起了一片刺耳的敲打锅碗瓢盆的抗议声。午夜，击锅声和咒骂声一浪高过一浪，人们开始涌向财政部长住宅、总统府、五月广场和国会所在地，强烈要求结束新自由主义和惩治腐败。由于警察的残酷镇压，混乱的商业区留下了5具尸体。抗议风暴变成了惨案。2001年12月20日凌晨1时20分，财政部长卡瓦略被迫辞职。几个小时后，德拉鲁阿在得不到正义党支持的情况下，也只好辞职。德拉鲁阿辞职后，第一位临时总统萨阿上台。由于萨阿上台后立即任命几位梅内姆时期的腐败官员为其内阁成员，民众再次上街示威，抗议腐败。上台还不到一周的萨阿也不得不辞职。经过激烈的内部争吵后，正义党任命布宜诺斯艾利斯省参议员杜阿尔德为临时总统。杜阿尔德上台后郑重宣布，他的政府将不再同财政资本联姻，将坚持停付外债，将立即废除已实行10年之久的比索钉住美元的固定汇率制度。尽管如此，危机仍继续发展：2002年1月17日，民众再次拥向街头，迫使阿根廷中央银行行长罗克·马卡罗内辞职；3月4日，由于比索贬值（1比索大约只相当于半美元），愤怒的民众向银行投掷鸡蛋、砖块、酒瓶、锤子甚至擀面杖，迫使银行职员出门必戴头盔，如临大敌；3月25日，比索再度大幅下跌，阿根廷再次发生哄抢超市和商店事件，全国一片恐慌；4月23日，由于国会拒绝考虑政府防止阿根廷银行系统崩溃的计划，第五任经济部长莱尼科夫宣布辞职。所有这一切都表明，梅内姆所谓"第二次革命"的新自由主义改革，已经彻底失败，阿根廷已经陷入深重的发展危机。

  阿根廷的所谓"第二次革命"，实际上是一场以应对经济全球化为战略目标的改革。梅内姆政府之所以失败，最主要的原因是在经济全球化的挑战面前，放弃了民族自主的原则。这主要表现在以下四个方面。

  首先是实行货币准美元化的货币局制度，丧失了金融政策的自主权。根据正义党的全球化理论，阿根廷所要作的一切，归结起来就是要讨好市场，要确保市场对阿根廷有一个满意的看法。

他认为只要做到了这一点,资金就可以源源而来,就足以使一个国家的经济走上正确的轨道。所以梅内姆上台后的第一件大事,就是要解决当时高达4位数的通货膨胀,以稳定货币,为吸引外资创造条件。为此,他在国内货币政策上实行一种准美元化的货币局制度。货币局制度原本是英国在其殖民地实行的一种货币制度,1848年创立于英国殖民地毛里求斯,目的在于推行英国货币学派的计划,保障外国资产的安全。在19世纪和20世纪之交,货币局制度曾普及于许多英国殖民地,20世纪50年代达到鼎盛时期。50年代末和60年代,由于殖民体系的瓦解,绝大多数新独立国家都用中央银行取代了货币局。货币局制度从此衰落。在新自由主义改革中重新起用这种制度的,梅内姆算是第一个。这种制度虽然一时解决了阿根廷4位数的通货膨胀率,但却给阿根廷带来了一个可怕的后果,这就是使阿根廷的经济完全丧失了自主发展的能力。在新自由主义经济模式造成民众日渐贫困、国内市场凋敝的情况下,唯一可以挽救国家经济的出路就是发展出口贸易。但是,由于阿根廷实行这种把本国的货币同美元捆绑在一起的货币局制度,丧失了汇率调节的能力,这条出路也就被堵死了。因此,阿根廷的新自由主义发展模式被海因茨·迪特里希·斯蒂芬定义为"新殖民主义发展模式"[1]。

其次是国有企业的私有化和劳动力市场的自由化,造成大批工人失业和中下阶层的贫困化。梅内姆政府执政之后,对几乎所有的国有企业都进行大拍卖,而且大都廉价卖给了外国跨国公司。这个进程可以说是少数人对阿根廷社会财富进行大掠夺的一个过程。因为第一,国有企业私有化并不完全因为这些企业没有效益。委内瑞拉政治学教授韦尔施等人就对国有企业私有化的真

---

[1] Ariel Ogando:,"*Insurreciony movilizacion popular en Argentina*", 24 de enero, 2002.

正目的提出了质疑,他们说:"就结果而言,为解决公共部门的问题而将国有企业私有化,未必就比力求提高效率的计划更令人信服";"国有电讯公司一向以公认合理的价格提供服务,有效率而能赚钱,这使人很难理解政府为什么如此急于卖掉它们"①。第二,私有化进程中存在严重的腐败现象,使得很大一部分国家财富落进了少数人的腰包,而广大人民群众则因为国有资产的丧失而陷入进一步的贫困。据《纽约时报》揭露,梅内姆政府出卖国有资产所得的100多亿美元"有很多落进了政府官员的腰包,而没有用于社会服务"。第三,自实行国际货币基金组织所要求的结构调整政策之后,特别是实行梅内姆的休克式经济改革(正义党称"第二次革命",有些经济学家称梅内姆的"经济政变")之后,阿根廷的经济收入和财富被大规模转移到了跨国大资产阶级手里,大批工人失业,人民大众和中产阶级陷入贫困,形成了一种以牺牲民众利益为代价的新的积累制度。随着中下阶层的贫困化加剧,国内市场萎缩,许多中小企业陷入破产,经济结构发生部门脱节以及与社会脱节的变化,从而形成一种危险的恶性贫困循环:社会贫困化——国内市场萎缩——经济结构失衡——贫困化进一步加剧——国内市场更加萎缩——经济结构更加失衡……。梅内姆是以廉价出卖阿根廷历史上最赚钱资源而出名的总统,由于他的行为模式在拉美具有普遍性,所以梅内姆又被认为是普遍流行于拉美的'政治仆从主义'行为模式(即利用总统职位为多国公司的购买要求和购买倾向效劳)的代表人物。正是这种行为模式的流行,使得20世纪90年代成为美、欧银行和美、欧多国公司获利最多的年代,同时也成为拉美国家经济危机最多、民众贫困化加剧的年代。阿根廷胡胡伊省的工会领

---

① 弗里德里希·J·韦尔施、何塞·V·卡拉斯格罗:《对拉丁美洲国家改革的评论》,转引自《国际社会科学(中文版)》2001年第1期。

袖甚至愤愤地说,"梅内姆认为,由于他使我们国家听命于国际货币基金组织,就把我们带进了第一世界。但是,工人们奋斗了一个多世纪才争得的权利,短短几年时间就丧失殆尽。现在我们这儿已成了殖民地,只差克林顿来这儿升上美国国旗了!"①

再次是以西方古典经济学的比较优势理论为指导,实行任意开放的贸易自由化政策,走上了一条"去工业化道路",陷入了对西方发达国家技术依附的困境,丧失了技术的自主权。早在20世纪60年代,国际货币基金组织就曾经对阿根廷的工业化计划进行过干预,强加了各种各样的限制。后来,当美、德、日"三边委员会"开始设计所谓"新的国际劳动分工"时,阿根廷和巴西两国军政府曾经签订比奥拉-菲格雷多协定,指定阿根廷承担"世界粮仓"的角色,就像20世纪初阿根廷所曾经扮演过的角色那样。1989年梅内姆上台执政之后,如前文所说,为适应以美国霸主地位的确立和经济体系全球化为特征的新的国际现实,阿根廷更是明确地放弃了过去的国家工业化方针,自甘作为农牧业初级产品出口国加入全球化经济的国际劳动分工体系,把农牧业食品专业化作为阿根廷经济发展的战略重点。

用自己的暂时享有比较优势的自然资源和初级产品去交换发达国家的高附加值制造品和高技术,就眼前来说,也许比自己制造和开发这些产品和技术要合算一些,但是从长远来说,这是一条走向贫困的道路。著名经济学加S·兰德斯在谈到南美洲国家这种"比较优势"理论的合理性的时候就清楚地指出,一个国家的比较优势使购买洋货更容易,也更便宜,这一切似乎都合情合理;但是,"这种合理性的问题是:今天的明智也许到明天就成了错误。发展是长期的事情;而逻辑却是暂时有效的"。他还

---

① Bob Djurdjevic, Perpetual War for Perpetual Commerce, http://www.moneyfiles.org/global000.html.

举了一个德国的例子,他说,如果德国人当初听从了英国经济学家的建议,不是"愚蠢"地去制造钢铁,而是坚持生产小麦和黑麦,那么,英国经济学家是满意了,德国的经济会成为英国所希望的那种"合理性经济的完美模式",但与此同时,德国人结果会穷得多。①从阿根廷的情况来看,这种眼光短浅错误所造成的后果无需等到明天,今天就已经看得很清楚。因为在技术上处于依附地位,所谓自由贸易往往是不公平的,通常都会带来贸易的逆差。譬如从1990年到1998年,阿根廷的出口总值从123亿美元增长到264亿美元,10年间增长了一倍,但同一时期,阿根廷的进口总值却从41亿美元增长到了314亿美元,增长了近7倍②;贸易差额由原来的顺差变成了逆差。之所以产生这种变化,就因为阿根廷需要进口现代技术,没有这些现代技术,国内的出口企业不可能提高产品质量,更不可能参与日益激烈的全球化市场竞争。这种局面如不加以改变,还是按非工业化的方向走下去,其结果必然是一个民族毁灭的进程;因为没有工业也就没有主权,而主权正是一个民族存亡的根本。

最后是过于依赖外资、实行借债发展的方针。由于过于相信西方发达国家开具的自由市场药方,以为只要实行私有化、贸易自由化和废除控制的自由市场经济制度,阿根廷就能自然而然地走向繁荣,所以,梅内姆政府就放手借债。西方国家在认定梅内姆领导的阿根廷是美洲最有前途的"巨大新兴市场",而且很讲信用之后,也源源不断地把大笔的贷款送到阿根廷政府手里,即使是1998年已经出现了危机的迹象,他们也视而不见,仍继续借款给梅内姆政府。这样,阿根廷的外债负担就从拉美债务危机

---

① [美]戴维·S·兰德斯:《国富国穷》(中译本),新华出版社2001年版,第443页。

② Size of Argentina's Foreign Trade,http://www.invertir.com/argentina/c06-70.html.

爆发时候的430亿美元猛增到了2000年的1 320亿美元。从1999年开始，阿根廷用于偿债的开支已经占了阿根廷出口收入的70%以上。①在这种情况下，无论什么样的"比较优势"，也经不住债务负担这个无底洞的吞噬了。所以，尽管靠着大量外国资本的支持，阿根廷曾经创造了拉丁美洲最高的增长记录（1997年曾达到8.1%的增长率），但毕竟长久不了。因为，靠外债撑起的增长，其能否持续下去，主动权并不在阿根廷，而是决定于外债的供应是否能继续下去；一旦外债中断，增长也就成了水中月了。关于这一点，经济学家沙姆韦说得很清楚，他说："由于一些从未搞清楚的原因，它（阿根廷）一直依赖于外国资本，看贷款国的眼色行事，由此严重损害了这个国家处理自己事务的能力。"②事实的确如此，自1998年外资开始撤出阿根廷之后，阿根廷也就开始陷入了发展危机。

总之，阿根廷政府应对经济全球化战略的主要问题是未能正确地认识和处理开放与自主的关系，错误地放弃了自主发展的方针，重新陷入了日益严重的依附地位。这是阿根廷日益陷入贫困以致濒临破产境地的根本原因。

阿根廷应对经济全球化战略的第二个重大失误是未能正确地认识和处理国家与市场的关系。近20年来，在发展问题上宣传得最多的恐怕是如何限制国家的作用，如何排除国家对经济的干预的各种理论。阿根廷正义党的全球化理论在政治上就属于这样的一种理论。其总的精神就是鼓吹市场至上，由市场来指挥一切。该党还有一种颇有影响的理论，叫做"外围现实主义"理

---

① 阿根廷偿债开支所占出口总值的比例1994年为35.6%，1996年为46.9%，1998年为55.8%，1999年为71.1%，2000年为74.1%，2001年为74.8%。（资料来源：Argentina, http://www.trading-safely.com/sitecwp/ceen.nsf/v...）

② Shumway, Invention of Argentina, p.156. 转引自戴维·S·兰德斯：《国富国穷》（中译本），新华出版社2001年版，第455页。

论（前面已经提到过），这是该党外交政策设计师、梅内姆总统外交顾问卡洛斯·埃斯库德提出的一种理论。按照这种理论，在民主制度中，至高无上的并不是国家，而是"公民"个人[1]。阿根廷这次发展危机的经验证明，这种市场至上和个人至上的理论是十分片面的，也被实践证明是彻底失败的。

什么是"个人"？一定社会的个人，就是组成为该社会不同社会阶级的个人。阿根廷的发展危机是同阿根廷社会阶级结构的状况密切相关的。20世纪70年代以来，由于推行新自由主义政策，阿根廷的社会阶级结构发生了很大的变化，首先是在上层出现了一个新的跨国资产阶级。这个阶级的许多人原来都是政客，他们都是在国有企业的私有化进程中暴发起来的。他们利用自己手中的政治权力，为外国跨国资产阶级服务，从这种损国利己的服务中牟取暴利。这些人在获取暴利后，就没有任何法律能够阻挡他们作为股东或合伙人参与国有企业私有化的进程。由于这一阶级与跨国公司有着千丝万缕的联系，因而也被称作拉丁美洲的"跨国资本主义"新阶级。经济权力结构上的这一变化反映到政治上，就是这一阶级急切需要控制国家的政权[2]。90年代掌权的梅内姆就是这一阶级的代表人物。在这个阶级的控制之下，阿根廷存在一个由特权集团安排的、不事生产却可以每月照领工资的寄生者集团，这一集团的人数估计有10万人之多，2001年用于这方面的"政治开支"高达20亿至40亿美元[3]。1999年，普通阿根廷退休职工每个月只能靠相当于150美元的养老金勉强糊

---

[1] Carlos Escude, "Foreign Policy Theory in Menem's Argentina" (http://www.upf.com/Spring 1997/escude.html)

[2] Secretaria Permanente del SELA, "Inversiones Extranjeras directas en America Latina y el Caribe", Octubre de 2001.

[3] The New york Times, February 18; October 18, 2001. 转引自江时学《阿根廷危机的由来及其教训》，载《拉丁美洲研究》2002年第2期，第11页。

口，85%的退休者的养老金低于最基本的生活需要。但阿根廷的劳动部长却除了每月领取相当于8 000美元的工资之外还领取大约9 000美元的国家退休金①。尤其严重的是，在梅内姆政府内还存在一个高层犯罪集团，专门从事军火走私活动。他们与军队以及军工企业相互勾结，通过国际"幽灵企业"，多次进行国际军火走私，走私的武器多达6 500吨，涉嫌这类案子的政府官员达40多人。据揭露，走私军火的收入总共计1亿美元，而政府得到的只有4 000万美元，其余都落到了私人的腰包。由于这一新阶级的利益需要，阿根廷选择了所谓新自由主义的发展模式。这是一种依附于西方发达国家的模式，被有些学者称之为"奴性总统模式"（model de peonismo presidencial）②。这个阶级同阿根廷人民的矛盾十分尖锐。

其次是中产阶级陷入了深刻的贫困化进程，发生了严重的分化。据米纽吉（Alberto Minujin）和凯斯勒（Gabriel Kessler）多年的调查研究，近20年来，阿根廷整个劳动民众的收入几乎损失了40%，布宜诺斯艾利斯地区的贫困程度在90年代增长了67%，其中有一个群体特别值得注意，这就是中产阶级，他们是新加入贫困者行列的成员，其人数增加了338%。据这两位学者描述，这些新贫困者在某些社会文化方面并不像贫困者，譬如他们能受到中高等教育，小孩的数量比结构贫困者家庭少得多等，但在同危机的关系方面则又很像旧式穷人，如失业、就业不稳、健康无保障等。两位学者指出，阿根廷中产阶级的贫困并不是过去造成的，而是最近的一种现象；标志着一种特定社会模式的结束。在这之前，阿根廷是一个相当一体化的社会，在这个社会

---

① 弗雷德里克·C·特纳：《国家作用的变化：测量、机会与问题》（译文），载《国际社会科学（中文版）》2001年第1期。

② James Petras, "el menemismo: el contexto internacinal de la decada de los 90".

中，中产阶级是作为社会进步的结果而出现的一个重要的阶级，它的继续壮大一直不成问题。但是今天，在经过几乎20年的中产阶级大规模贫困化之后，"这个国家已经不是原来的国家了"①。拉美经委会最近的一份研究报告也指出，尽管阿根廷90年代也有过经济增长，但中产阶级的贫困化却仍在继续。半个世纪以来，这个阶级由于生活条件比较优裕，从来都是恪求稳定，决不参加上街游行示威这一类活动。但是，在阿根廷的这次危机中，中产阶级也成了"反模式"的英勇斗士，参加了2001年12月20日晚上布宜诺斯艾利斯的暴乱。他们的斗争方式就是发动"敲锅运动"（el cacerolazo），以示抗议。一阵阵急雨般的锅碗瓢盆敲打声证明了这一阶级的威力；经济部长卡瓦略、总统德拉鲁阿、临时总统萨阿等一大批显赫人物都是被他们的"敲锅抗议"赶下台的。

再次是在下层出现了一个庞大的失业者阶层。在军事政变前的1975年，阿根廷的贫富收入之比是1∶8，到梅内姆上台之后的第二年即1991年，这个比例已恶化为1∶16，到1997年，更恶化为1∶25。梅内姆不是宣布阿根廷已经进入"第一世界"吗？实际上，享受第一世界生活的人还不到1/5，80%的人都生活在一个完全不同的世界里。由于工厂大批裁员，失业率高达创记录的20%，工人的生活水平急剧下降，使2/3以上的人从第三世界降到第四世界②。据艾克·纳克姆（Ikc Nahcm）的估算，阿根廷的贫困人数以每天1.5万人的增长速度增加，如果为了还债而接受国际货币基金组织的贷款条件。那么，阿根廷的失业率还将进

---

① Alberto Minujin, Gabriel Kessler, "La nueva pobreza en la Argentina", Ano: 1995.
② 詹姆斯·佩德拉斯、亨利·韦尔特迈耶：《千年末的拉丁美洲》，美国《每月评论》1999年第3期。转引自李少军：《千年末的拉丁美洲》，载《国外理论动态》，2000年第3期。

一步超过 20 - 25%①。在全国普遍营养不良的情况下，如果再借款还债，变本加厉地剥夺老百姓，必将激起民众的更大愤怒。90年代在阿根廷出现的"皮克特运动"（el movimiento piquetero）就是一个证明。

"皮克特运动"是阿根廷这次危机中出现的一种新的政治现象。"皮克特"（piquete）一词原指纠察队，一般是罢工运动中维持秩序的组织。在这里，"皮克特"是指那些组织起来反对失业和贫困的工人团体。"皮克特运动"最早（1995年年初）出现于阿根廷的内乌肯市，是以市镇或街区失业者委员会的形式组织起来的。当时正值梅内姆准备连选连任总统之时。梅内姆政府执政之后奉行的那种牺牲工人的政策以及工会官僚对失业者的漠不关心，使失业所造成的社会问题达到了灾难性的程度。为了生存，工人们决定组织起来，进行共同的斗争。"皮克特运动"的旗帜仍然是"庇隆主义"或"正义主义"。"皮克特"成员的斗争方法同中产阶级人士不同，他们不是敲打锅碗瓢盆，而是以拦截道路的方式进行示威。他们都是失业者，罢工的方法已经同他们毫无关系，因此，他们选择了拦截重要通道的斗争手段。目前，"皮克特运动"已经有了巨大的发展，它在全国已建立了"争取土地和住房联合会""阶级战斗派组织""全国皮克特罗集团"和"阿尼瓦尔·贝罗恩失业工人联合会"等四个大的皮克特罗集团。每个集团又都有很多的基层组织，这些组织和它们的活动主要分布于布宜诺斯艾利斯、恩特雷里奥斯、米西奥内斯、科连特斯、萨恩斯佩尼亚、查科、圣地亚哥德尔埃斯特罗、萨尔塔、胡胡伊、圣胡安、门多萨、科尔多瓦、圣路易斯、内乌肯和里奥内格罗等十几个省和地区。由于民众生活状况的急剧恶化，自2001年年底开始，"皮克特运动"迅速壮大，严重影响到阿

---

① Ike Nahcm, *Argentina's Permanent Crisis*, July 2002.

根廷政治的稳定。2002年1月中旬，胡胡伊省的"皮克特运动"曾发动了一场规模巨大的群众斗争，致使全省陷于瘫痪。最后斗争取得胜利，迫使政府不得不发放了5000多份失业补贴。6月下旬，"皮克特运动"再次占领布宜诺斯艾利斯各主要街道，要求萨阿政府兑现其许诺的就业计划。6月26日，斗争再次发展成暴力事件，在布宜诺斯艾利斯省的阿维利亚内达火车站附近，"皮克特"分子同警察发生激烈冲突，造成两名年轻的皮克特成员死亡。惨案发生后，局势更加恶化，7月4日，在这些组织的发动下，成千上万的示威者从大布宜诺斯艾利斯的各个地区向首都五月广场集中，要求惩办那些造成两名皮克特青年死亡的政治责任者、思想责任者和组织责任者；甚至指控警察是"祖国的叛徒"，是"FMI所豢养的刽子手"，其政治声势和政治影响之大远远胜过去年年底的"击锅运动"和哄抢商店事件。

总之，正如阿根廷著名评论家博罗恩所说，梅内姆的统治代表了"一种反常的国家形式""在当今新自由主义全球化的形势下，它使资本家的劫掠合法化，使一个变得无自卫能力的、成为资本家利益猎获物的社会，陷入解体，成了这种掠夺的牺牲品"①。而且，在梅内姆执政以来的十几年中，右的自由资本主义的势力和左的民众"反模式"斗争的力量都在走向极化；梅内姆主义遗产"已经使新自由主义的资本主义经济与社会主义经济之间的选择两极化了"②，因而矛盾很难解决。所有这些都证明，在经济全球化迅速发展的形势下，国家在现代化进程中的作用不但不应该缩小，反而应该强化。国家的最重要的一项职能就是维护社会的和政治的稳定，这是任何国家现代化建设所不可少的的先决条件。

---

① Atilio A. Boron, "*Menemismo, antimenemismo y posmenemismo en la politica Argentina*". http://www.memoria.com.mx/132/Boron.htm.

② James Petras, *el menemismo: el contexto internacinal de la decada de los* 90.

市场经济不可避免地会造成社会资源分配的不平等,自然也会带来公民政治上的不平等。在经济全球化的情况下,由于竞争的加剧,这个情况就更加严重,乃至引起原有的国家福利计划普遍遭到破坏,招致社会矛盾的激化。所以如何在全球经济竞争中有效保持自己竞争力的同时,又能维持一定的社会福利水平,保证人民的生活水平不断得到提高;如何在想方设法充分实现社会和政治平等的同时,又不丢掉市场经济创造财富的好处,是当前国家的一项极其艰巨的任务。不解决这个问题,就不可能有社会的稳定,而要解决这个问题,没有政府的强有力的干预是不行的。

"新现代化"的失败与美拉贫富差距的进一步扩大

20世纪90年代以来的现代化,在拉美就是新自由主义化。在这个阶段,由于中心国家都致力于在拉美推行新自由主义政策,致力于推进资本主义的经济全球化,也就是致力于自己实力的扩张,对于本来意义上的、以发展先进生产力为核心目标的发展中国家的现代化已经不感兴趣,很难看到他们有关现代化的宣传和鼓动。所以,也就很难把这个阶段拉美国家的现代化称之为一个真正的现代化浪潮。

同前两次现代化浪潮都有一个黄金年代的情况不同,这一个阶段的拉美现代化,由于在多数国家实行的都是旨在实现资本统治的资本主义自由化,同时又由于连续发生几起金融危机,经济状况起伏无常、人民生活痛苦。所以,从一开始许多拉美国家就都陷入严重的社会冲突之中,从没有过稳定的时候。因此,也就不可能出现什么黄金年代,至少到现在为止还没有出现这种美好年代的迹象。

由于以上这两种情况,拉丁美洲的所谓"新现代化"就不能不陷入失败的结局。从下面的图3-7可以看出,20世纪90年代后期,拉美国家同美国的发展差距又一次急剧扩大了。

第三章 拉美发展困境的历史考察 137

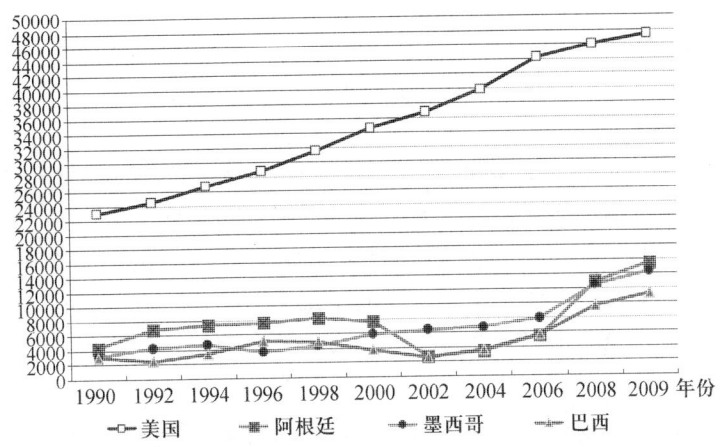

图 3-7 1990 至 2009 年拉美三国人均 GDP 与
美国差距扩大趋势（PPP）

资料来源：World Development Indicators Database and The World Factbook, Central Intelligence Agency.

五、结论

在结束本章的时候，我们将拉美现代化进程各个阶段的主要数据综合起来，制作了本章末尾的表 3-9 和图 3-8，并结合这两个图表所显示的拉美与美国现代化实绩比较的历史趋势作出如下结论：

以独立革命进入世界现代历史的拉丁美洲，在现代化进程中已经经历了三个大的历史阶段，现在正处在第四个阶段。

第一个阶段（1700~1870 年）虽然通过波澜壮阔的独立革命完成了摆脱西班牙殖民统治的任务，但由于拉美创建统一民族国家的条件不成熟，加上脱离实际地照搬西欧先进国家的政治模式，西班牙美洲民族在独立过程中陷入分裂，以致错过了欧美早期现代化（工业化）的大好机遇，既不能抵御西方列强的侵略和干涉，也不能摆脱英国的半殖民主义的经济控制，从而形成了同西方发达国家的致命的第一个时间差，拉丁美洲三个大国的人均收入由原来的高于美国变成差不多只有美国的三分之一。（见表3-9）

第二个历史阶段（1870~1940年）拉美国家虽然启动了他们的早期现代化进程，并在欧美大规模市场需求的拉动下曾有过一个时期的出口繁荣和出口经济现代化，但由于这个历史进程发生在世界资本主义发展的帝国主义阶段，这种现代化只能是一种"飞地"式的现代化，具有半殖民地依附的性质，不但经济脆弱，而且社会、政治矛盾尖锐，致使300年殖民统治时期的那种重商主义的增长方式始终未能转变为资本主义时代的工业主义的增长方式，最后因国内外矛盾的激化及因此而连续发生的革命运动而失败；拉美前一个历史阶段所形成的第一时间差因此而扩大，拉美三个大国的人均收入由1870年的相当于美国人均收入的1/2.67降低到1950年的1/3.28。（见表3-9）

第三个阶段（1940~1990年）是拉美现代化历史上从光辉的工业化高潮跌进经济衰退深谷的一个阶段。由于多数拉美国家的民族资产阶级在前一个阶段的革命斗争中登上了政治舞台，拉美国家第一次启动了它们自主性的工业化进程，并在巴西和墨西哥这两个拉美大国创造了经济奇迹，但由于他们为改善国际经济秩序而作的斗争遭到失败，再加上他们在实施进口替代工业化政策中有一些失误，拉美国家在80年代陷入了严重的债务危机，致使现代化进程半途而止，并在拉美社会发展史上第一次遭遇了"长达20年左右的经济衰退与低迷"[①]。结果，

[①] 苏振兴主编：《拉美国家社会转型期的困惑》，中国社会科学出版社2010年版，第544页。

美、拉发展差距进一步扩大，拉美三个大国的人均收入又由1950年的相当于美国人均收入的1/3.28进一步降到1990年的1/6.5。（见表3－9）

第四个阶段（1990年～）是拉美国家的新自由主义阶段，或所谓"新现代化"阶段。在这个阶段，拉美国家现代化的特点是遭遇经济全球化的严重挑战。由于拉美国家应对全球化挑战战略的失误，错误地实行华盛顿所要求的新自由主义政策和毫无进取精神的"外围现实主义"政策，拉美社会进一步两极分化，社会冲突激化，拉美的所谓"新现代化"阶段也就成了拉美历史上少有的极不稳定的阶段，成了美、拉发展差距又一次急剧扩大的阶段。结果，拉美三个大国的人均收入又一次相对下降，由1990年的相当于美国人均收入的1/6.5更进一步降到2006年的1/6.9。（见表3－9）

通过对拉美现代化进程的这一简要的历史考察，我们看到，拉美国家近两个世纪的现代化进程是一个三起三落，一次又一次地启动、一次又一次地失败、至今也未能完成现代化，缩小同发达国家发展差距的进程。在这个跌宕起伏、危机频仍的进程中，拉美地区的经济尽管不断地有所增长，个别国家甚至还在某个特定的时期中创造过经济奇迹，而且，相对于非洲和亚洲的发展中国家来说，至今仍然是总体发展程度最高的地区，但是，它的发展是缓慢的，充满矛盾的，自始至终摆脱不了发展的困境，至今仍"处于'一种半发展状态'"[①] 之中。就这一点来说，拉美人民的发展前途之忧和中国人民的"拉美化"之忧，都是有道理的。

[①] 苏振兴主编：《拉美国家社会转型期的困惑》，中国社会科学出版社2010年版，第25页。

表3-9 拉美3国（阿根廷、巴西和墨西哥）与美国人均GDP差距扩大趋势

（按1990年国际元计算）

年份	1700	1820	1870	1900	1950	1973	1990	2000	2006	2008	2009
拉美三国	534	715	920	1539	2915	5357	3529	5782	6395	11733	13233
美国	527	1287	2457	4096	9573	16607	23063	34599	44155	46000	47400
三国/美国	1/0.9	1/1.8	1/2.7	1/2.7	1/3.3	1/3.1	1/6.5	1/6.0	1/6.9	1/3.9	1/3.6

资料来源：1. 麦迪森（Angus Maddison）：《世界经济二百年回顾》（中译本）改革出版社（北京），1997年版，第4页。2. World Development Indicators Database and The World Factbook, Central Intelligence Agency

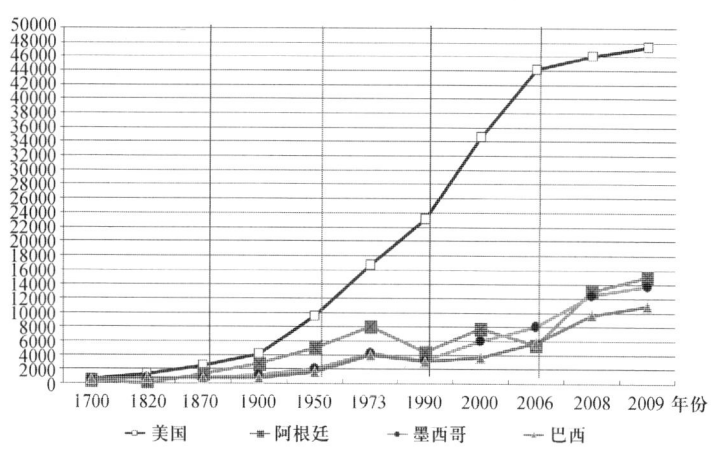

图3-8 1700—2009年拉美3国与美国人均GDP差距扩大的趋势

（按1990年国际元计算）

资料来源：根据表3-9所提供的数据制作。

第四章 拉美发展困境的理论思考

两个世纪来,拉美国家的现代化进程为什么总是一次一次地启动而又一次一次地失败,至今仍未能完成现代化,达到发达国家的水平呢?对于这个问题,需要进行一些理论的思考。

一、拉美的发展困境与资本主义世界体系

在过去的两个世纪中,拉美现代化进程之所以一再延误,实现发达目标的成功率始终为零,决不是因为所有拉美国家都一齐犯了两个世纪都无法改正的错误,因为这样讲有违常理,让人感到难以置信,而是因为资本主义世界体系本身就是一个由富裕中心统治和控制贫穷外围的体系。这个体系阻碍了外围的发展,使外围国家和地区始终陷入发展困境之中。这个体系的中心—外围结构不改变,处于外围依附地位的国家(如果不是中心国家特殊的政治需要)绝难进入中心发达国家行列;而资本主义世界体系的这种结构,只能随着资本主义制度的改造而改造,随着资本主义制度的消失而消失,没有别的出路。

资本主义的生命线

欧洲资本主义的胚胎是在美洲大地这个营养丰厚的胎盘上滋长起来的,资本主义的曙光是在血腥征服美洲土著居民和掠夺美

洲资源的基础上升起的。关于这一点，马克思有一段很精辟的描述："美洲金银产地的发现，土著居民的被剿灭、被奴役和被埋葬于矿井，对东印度开始进行的征服和掠夺，非洲变成商业性地猎获黑人的场所：这一切标志着资本主义生产时代的曙光。这些田园诗式的过程是原始积累的主要因素。接踵而来的是欧洲各国以地球为战场而进行的商业战争。"[1]马克思所陈述的这段血腥的历史证明，资本主义是靠着外围地区的劳动和资源而萌生和成长起来的，这个过程叫做"原始积累"。在这个原始积累的基础上，近代工业首先在欧洲诞生。资本主义就是随着现代工业的诞生而发展起来的。

由于资本主义的起源与它的这种世界扩张性的联系是如此的明显，所以自马克思之后就一直有人研究这个问题，其中最早的有著名的马克思主义理论家罗莎·卢森堡。她从资本主义生产和交换的规律中探索资本主义扩张的原因，她说，在简单再生产中，社会总产品分为两大类：生产资料和生活资料，二者都要卖出去，是两大类产品之间的交换。但是，在扩大再生产中，就必须要有第三部分商品：它既不是用于更新消耗掉的生产资料，也不是用于维持工人和资本家的生活，而是与预定当做新资本再投资的那部分剩余价值相当的商品。问题是，这部分商品如何实现？它将卖给谁？卢森堡研究后的答案是：既然在这个封闭的资本主义世界中再没有第三市场了，那么，它就到非资本主义制度中去寻找"第三市场"，以实现这部分商品；也就是说，必须卖给外围落后地区"那些不采用资本主义生产方式的"消费者。[2]卢森堡认为，在现实中，无论这种非资本主义环境是"内部的"

---

[1] 卡尔·马克思：《所谓原始积累》，《马克思恩格斯全集》第23卷，人民出版社1972年版，第819页。

[2] 卢森堡：《资本积累》，伦敦，1971年版，第351页，转引自冯钢：《非西方社会发展理论与马克思》，浙江人民出版社1992年版，第195页。

还是"外部的",它都是资本主义生产赖以存在和发展的条件。这就是卢森堡的"第三市场理论"。尽管这种理论受到各方面的批评,但有一点是肯定的,这就是她提出了一个十分重要的问题:为什么资本主义生产自一开始就是扩张性的,为什么随着资本主义的这种扩张日益加剧,世界经济结构日益朝着不利于非西方民族和国家的方向发展。正因为如此,卢森堡的"第三市场"理论受到很多发展理论研究者的重视,并成为"不发达理论"的重要理论基础。此后就是我们所更熟悉的列宁的"帝国主义论"。再后来就是拉丁美洲经济学家在总结拉美发展经验和前人研究成果基础上创造的"结构主义理论"、"依附理论"以及美国著名学者沃勒斯坦的"世界体系理论"。所有这些理论都告诉我们一个浅显的道理:资本主义生产的目的是为了追逐利润。为此,它需要占有大量的原料和广阔的市场,需要扩张,需要有相对落后于它的一大片外围地区和国家为它提供发展的土壤和回旋之地,因此,中心—外围结构是资本主义世界体系的需要,是资本主义的生命线,是资本主义制度的应有之义,也是资本主义产生和发展的必然结果。正如沃勒斯坦所指出的,资本主义是一种生产方式,这种生产方式必然是与扩张联系在一起的。也就是说,资本主义必然是一种世界体系,它不能不包括世界经济结构的外围部分。离开了"外围","中心"就难以存在,更谈不上发展。所以,在二战后第三世界民族解放运动的挑战面前,中心国家总是千方百计地维护它所控制的资本主义世界体系。20世纪六七十年代美国统治集团支持拉美各国的军人独裁统治,残酷镇压各国的民众运动和游击运动,80年代特别是90年代竭尽全力推进新自由主义改革和经济全球化运动,其基本宗旨都在捍卫、巩固和发展资本主义世界体系。最近,还有文章指出,在纪念独立革命200周年的时候,因为有些拉美国家提出了"第二次独立"革命的问题,美国就在这些国家煽动和支持分裂主义和自治，阻止这一事态的发展，以避免资本主义世界体系首先在拉丁美洲遭到削弱。①

资本主义世界体系中心－外围结构的演变

资本主义发展的历史实际上就是资本主义中心国家不断扩大、征服、控制和巩固其外围地区和国家的历史，从16世纪至今，已经经历了三个大的历史阶段。

1. 单一殖民主义统治阶段

在15世纪末至19世纪初的美洲殖民主义统治时期，葡萄牙、西班牙和荷兰等三个海洋霸权国家相继称霸世界，是世界近代史上第一次殖民化高潮时期。拉丁美洲就是在这个殖民化高潮中作为西欧殖民扩张的外围地区而纳入资本主义世界体系的。据统计，从16世纪初到19世纪的整个殖民时期，西班牙从美洲殖民地榨取了250万公斤黄金和1亿公斤白银。同一时期，葡萄牙也从巴西搜刮了价值6亿美元的黄金和3亿美元的钻石。②这就是往后拉丁美洲发展困境的最基本的历史背景。

英国在英－法海上争霸战争（1688～1713年）中取得胜利后，历史进入了英国称霸的时代。英国成为世界霸主后，在海外市场力量的推动下，率先进行了工业革命，并成为声名显赫的"世界工厂"。作为"世界工厂"，英国头等重要的事情就是要夺

---

① 埃内斯托·塔马拉（Ernesto Tamara）撰文指出，从200年前的独立革命开始，贪婪的本地寡头们就在西方列强的支持下，制造并逐步强化了拉美大陆的分裂。在独立200年之后的今天，当很多人正迈出第二次独立的最初的步伐的时候，与北美帝国主义结盟的寡头们又开始其分裂主义进程了，他们在各国之间挑动可能发生的战争，以便阻止这个拉美团结和独立的进程。在玻利瓦尔的祖国，现在也出现了分裂主义。在前美国驻委内瑞拉大使威廉·布朗菲尔德（William Brownfield）的鼓动下，委内瑞拉与哥伦比亚毗邻的、盛产石油的苏利亚州也在拼命地推进一个所谓"自治"的进程。（参见 Ernesto Tamara, *Autonomías y divisionismo para frenar la segunda independencia*）

② 《中国大百科全书》经济学第二卷，中国大百科全书出版社1988年版，第520页。

取广阔的海外市场和原料供应地。所以,工业革命又进一步推动了英国的海外殖民扩张。从1819年至1850年短短的30年中,英国先后占领了新加坡(1819年)、塔斯马尼亚(1825年)、西澳大利亚(1829年)、北澳大利亚(1836年)、新西兰(1839年)、亚丁(1839年)、香港(1842年)、纳塔尔(1843年)、维多利亚(1850年)等地区,建成了一个庞大的、地跨五大洲的所谓"日不落帝国",成了"世界第一大殖民帝国"① 和资本主义世界体系的权势中心,并建立了英国支配下的、中心统治外围和外围依附中心的国际秩序。早已被英国势力控制的拉丁美洲在独立之后也就无可逃遁地归入了这个秩序之中,成了英国等工业化国家工业品的销售市场和原料供应地。

2. **殖民地、半殖民地等多种依附形式共存的阶段**

19世纪70年代,欧洲爆发资本主义经济危机,导致自由资本主义向垄断资本主义过渡,资本主义进入了帝国主义阶段。引领第二次工业革命(以"电工技术革命"为核心)的美国,在这个时期迅速强大起来,很快在经济实力上超过了英国(1908年,美国所获专利权超过英国一倍以上)②,并开始参与同欧洲列强争夺世界市场和瓜分殖民地的激烈斗争,出现了新的一轮瓜分殖民地的高潮。在这个瓜分殖民地的高潮中,美国是第一个为重新瓜分殖民地而发动战争(1898年"美西战争")的国家,标志着美国已"开始了美洲大陆以外扩张活动的新国际进程"③。通过这次战争,美国从西班牙手里夺得了菲律宾群岛、波多黎各

---

① 参见米歇尔·博德:《资本主义史》(中译本),东方出版社1986年版,第125~126页。
② 米歇尔·博德:《资本主义史》(中译本),东方出版社1986年版,第171页。
③ E·布拉德福德·伯恩斯:《简明拉丁美洲史》(中译本),湖南教育出版社1989年版,第222页。

和古巴,以后又占有了夏威夷、关岛、萨摩亚和巴拿马,并开始对拉丁美洲实行帝国主义的、武装干涉和军事占领的"大棒政策"①。到1914年,美国已拥有30万平方公里的殖民地。英国在第一次世界大战中被严重削弱后,美国逐步取代英国成了世界霸主国家,历史开始进入了美国称霸的时代。

在19世纪70年代开始的这个帝国主义阶段,资本主义世界体系的中心-外围结构无论在深度和广度上,都达到了空前强固的程度。除了个别国家由于特殊的主客观原因和特殊的机遇而实现了现代化之外(譬如亚洲的日本),几乎所有的亚、非、拉国家都陷入了殖民化或半殖民化(半边缘化)。拉丁美洲就属于陷入半殖民化(半边缘化)的地区。拉美国家虽然在这个阶段开始了它们的现代化进程,但事实上并没有真正的现代化,有的只是中心工业化国家为解决其工业原料供应问题而建设的一些出口农、矿企业,以及为这些出口农、矿企业服务的交通运输业和少数制造业,基本上属于一种半殖民地性质的经济。原来同为欧洲殖民地的北美洲和南美洲,现在则分裂成了两个对立的美洲:一个是作为统治者中心国家的盎格鲁-萨克逊美洲,一个是作为依附者外围国家的伊比利亚美洲。

3. 中心-外围结构开始动摇的阶段

美国称霸世界之后,其鼎盛的时期是二战结束后的30年。但是,就在这个时期,美国等中心国家对外围的扩张、剥削和压迫遇到了世界无产阶级革命运动和世界民族解放运动的坚决抵

---

① 从1898年到1934年,美国先后对古巴、墨西哥、危地马拉、洪都拉斯、尼加拉瓜、巴拿马、哥伦比亚、海地和多米尼加共和国进行了武装干涉。美国对海地、多米尼加共和国和尼加拉瓜的干涉长达数年甚至数十年之久。美国海军陆战队1915年占领海地,直到1934年才撤离。因为尼加拉瓜总统塞拉亚(1893—1909)表现了民族独立精神,美国就派海军陆战队将他推翻,开始了对尼加拉瓜的长达24年(1909—1933)的军事占领。(参见 E·布拉德福德·伯恩斯:《简明拉丁美洲史》(中译本)第223页。)

抗。广大的外围国家掀起了声势浩大的民族解放运动，形成了强大的"第三世界"，西方列强经过几个世纪建立起来的全球殖民体系因此而土崩瓦解。第三世界国家在政治上获得独立后，纷纷要求经济独立和经济现代化，要求建立国际经济新秩序，要求按照平等互利的精神发展国际经济合作和国际贸易，实现大小国家平等互利的经济全球化。为了维护资本主义世界体系的中心－外围结构（资本主义的生命线），美国等西方中心国家从20世纪70年代开始就在各条战线上，开展了同第三世界的激烈斗争。

首先是同另一个超级大国苏联展开了全球范围的争夺第三世界的斗争。虽然两个超级大国之间的大规模热核战争并没有真正打起来（故称之为"冷战"时期），但他们都相互显示了自己的核力量，亮出了"核牙齿"，展开了激烈的核军备竞赛。而且，为了争夺势力范围，他们或者亲自出马，或者由代理人出马，自己出钱出枪，背后操纵，发动了不少的地区战争。例如在拉丁美洲，就有1961年的古巴猪湾入侵、20世纪80年代中美洲的萨尔瓦多内战、危地马拉内战和尼加拉瓜内战；在亚洲，有20世纪50年代的朝鲜战争、60年代的越南战争、70年代的柬埔寨战争和80年代的阿富汗战争，等等。为了争夺太平洋地区的势力范围，双方都在这里投入了大量的海、陆、空武装力量①。

其次是大力开展思想文化攻势，力图在思想战线上摧毁拉丁美洲工业化运动的理论基础：发展主义理论和依附理论。20世纪50～60年代，当南北经济矛盾日益激化的时候，在国际思想界也围绕发展问题展开了一场激烈的论战。当时，美洲大陆卷起了一股来势凶猛的潮流；对这股潮流，无论批评者还是支持

---

① 据统计，冷战时期，美国在亚太地区陈兵20万，950架作战飞机，44艘各种类型的作战舰艇；苏联则更有甚之，在这里陈兵103万，坦克9500辆，飞机3700架，各种类型的军舰600余艘。（参见李庆功：《给地球系上安全带》，时事出版社1995年版，"20世纪的'圈地运动'"一节。）

者都称之为发展理论上的和发展实践上的"反革命"(counter-revolution)①。这里所说的"反革命",从字面上说,是针对20世纪30年代经济学领域的"凯恩斯革命"②的,但实际上是对南方提出的、也得到"北方"某种舆论支持(如1980年勃兰特报告)的"国际经济新秩序"威胁的反击,目的是为了保护现行的国际秩序。这股"反革命"思潮的特点是反对关于发展问题的结构主义理论和依附理论,反对运用经济计划来解决发展问题;认为只有实行市场自由化,把政府对经济的干预限制到最低限度,发展问题才能得到解决。这股思潮的支持者认定,第三世界作为地理的和经济的现实是不存在的,它只是一种心理的和政治的创作:它是由于西方对殖民化后果的罪责感而产生出来的,事实上它就是那些得到外国援助好处的国家的集合体。这股思潮的代表人物还提出要在三个具体问题上发起对拉美经典发展观的攻击,这就是:(1)公共部门过于膨胀,大大超过了国家的正常职责,损害了落后国家的经济;(2)政府过于强调物质资本的积累,而损害了人力资源的改善;(3)国家控制的扩张损害了经济的运转。③据阿罗塞纳的分析,他们的战略是要利用对发展中国家的援助作诱饵,引诱它们缩减公共部门的规模,促其实行经济开放。到80年代,他们的攻势达到了高潮;一方面由于自身的弱点,对拉美80年代的债务危机没有找到科学的解释,

---

① 参见 John Toye, *Dilemmas of Development, Reflections on the Counter-revolution in Development Theory and Policy*, Oxford, 1987.

② 1929年爆发空前规模的世界经济危机后,资本主义经济陷于长期萧条状态,失业问题极为严重。此前资产阶级传统经济学关于资本主义社会可以借助市场自动调节机制达到充分就业的理论彻底破产。1936年,凯恩斯(John Maynard Keynes)出版了他的《就业、利息和货币通论》一书,在就业理论、利息理论、工资理论和货币理论方面,摈弃了资产阶级传统经济学的一些说教,引起了经济学界的震动,被称为"凯恩斯革命"。

③ Rodrigo Arocena, *La cuestión del desarrollo vista desde América Latina, Una Introducción*, Ediciones Universitarias de la República, Uruguay, 1995. pp. 32-33.

另一方面由于东西方对峙的冷战格局急剧地朝着有利于西方的方向发展,拉美经典发展观在论战中一败涂地。"反革命"思潮的一个主要代表人物甚至还狂妄地要取消发展经济学,他说,把发展经济学作为一门研究学科加以放弃,无论对增进整个经济学科的健康发展,还是对增进发展中国家经济学科的健康发展,都可能是有好处的。[1]不用说,80年代第三世界改善国际经济秩序努力的失利以及拉美发展战略的被迫转变,都是同拉美经典发展战略在这场思想理论较量中的失败密切相关的。

到20世纪80年代末90年代初苏东剧变、冷战结束后,美国的霸权威风达到了顶峰,它凭借其军事实力和经济实力的优势,力图复兴欧美19世纪的经济全球化战略,推行其新自由主义的经济模式,建立美国霸权下的新殖民主义体系。为此,它在经济上大力推行经济自由化,加强对外围国家的经济控制,企图通过建立美洲自由贸易区,强迫拉美开放贸易,扩大美国出口,禁止高科技转让给拉美,并限制拉美的239项产品进入美国。在政治上为了稳定对外围的控制,它到处扶植买办集团,并寄希望于政变。譬如它支持委内瑞拉政变,妄想扶植自己的势力来取代这个国家的民族主义政府;加强对古巴的封锁;力图瓦解墨西哥的萨帕塔主义阵线;阻止巴西劳工党取得竞选胜利;惩戒阿根廷的人民起义;在哥伦比亚和海地进行新殖民主义试验等。在军事上加强对外围地区的军事干涉,如在拉美实施战争干涉的"哥伦比亚计划",直接出兵帮助哥伦比亚军队镇压游击队,寻求重建帝国主义对战略资源的控制。美国中央情报局还在厄瓜多尔建立了一个战略中心,以确保美国的石油供应。美国还开始对其在

---

[1] John Toye, *Dilemmas of Development, Reflections on the Counter-revolution in Development Theory and Policy*, Oxford, 1987. pp. 71–72.; 参见 Rodrigo Arocena, *La cuestión del desarrollo vista desde América Latina*, *Una Introducción*, Ediciones Universitarias de la República, Uruguay, 1995. p. 34.

拉美的军事基地进行现代化建设,在别克斯、曼塔斯、阿鲁巴和萨尔瓦多等地安装了新的设施,配备了高速运动部队。通过它设在全球的51个基地的网络,美国军队可以在100个国家中同时实施6万士兵的调动。这个世界头号大国仅占世界5%的人口,却投入了占世界40%的军事开支。很明显,所有这些都是中心国家对外围各国政治、经济和社会局势不稳所作的一种帝国主义的回应。

拉美的"不发达"与资本主义世界体系

关于拉美国家欠发达的问题,近年来有一派意见强调从拉美自己身上找原因,认为拉美的失败同资本主义世界体系的中心－外围结构没有关系,反对"依附论"和结构主义理论的观点。这种意见显然是错误的,至少是片面的。不错,马克思主义的确十分注重社会发展的内在基本矛盾,认为社会基本矛盾的运动推动社会发展乃是唯物史观的基本观点。但是,马克思主义决不是不重视外因的。马、恩的名著《共产党宣言》就告诉我们,在世界历史上,资本主义同封建主义的一个根本不同的地方,就是前者没有形成一个世界体系,社会的基本矛盾就是他们各自国内的领主阶级同农奴阶级之间的矛盾;而后者则是大工业开创世界历史之后的制度,已经形成一个世界体系(资本主义生产方式在本质上就是世界性的),各国的历史已经不是孤立状态下发展的历史,而是在这个世界体系的矛盾运动之中发展的历史,而且是在这个体系的制约下发展的历史。正如我们前面所看到的,资本的原始积累就是用血和火的文字载入人类编年史的;在这个世界体系中,中心国家的"发达"与外围国家的"不发达"并不是割裂的,而是同一个交往过程的两个相互关联的结果。因此,无视个别国家同这个世界体系的不可分割的联系,不是正确的方法,也不可能找到外围国家之所以落后的真正原因。马克思主义的科学的态度应该是既重视内因,也重视外因的态度,坚持外因是事物变化的条件，内因是事物变化的根据，外因通过内因而起作用的观点。从这个观点出发，我们就不能不重视拉美的不发达同资本主义世界体系的关系问题的研究。

关于拉美的"不发达"与资本主义世界体系的紧密相关性，可以从以下两个方面得到证明：

第一，资本主义世界体系已经延续了五个多世纪，广大发展中国家尽管与西方发达国家处于同一个发展过程中，但却与西方发达国家的差距越来越大，这是不可否认的事实。这证明中心的发达与外围的"不发达"是资本主义发展的一种特殊的形式。关于这一点，20世纪80年代拉美的债务危机最能说明问题。我已经在上一章的第三节提到过，拉美自独立以来，曾多次发生过债务危机。其中20世纪30年代和80年代这两次是最严重的。美国经济学家伊利安娜曾对这两次危机进行过初步的比较研究，发现20世纪80年代拉美的债务危机尽管所处的世界经济环境并不比20世纪30年代更差，但危机的后果却要严重得多。30年代的债务危机在危机爆发5年之后，拉丁美洲的情况就开始好起来，而80年代的债务危机在危机爆发整整10年之后的整个90年代，拉美国家却还处于经济衰退之中。①关于这个问题的尖锐性，我们可以从本书第三章的图3-4和图3-5的对比中看得很清楚。图3-4是1870年至1950年拉美三国与美国人均GDP差距扩大的一个趋势图，可以看到，尽管这个时期爆发了世界经济史上最严重的经济危机和持续多年的经济大萧条，尽管1913年之后拉美国家同美国的经济差距明显地在扩大，但拉美国家的经济并没有出现倒退现象，仍然在缓慢地增长。图3-5所描绘的境况就大大不同了。这是1950年至1992年拉美三国与美国人均

---

① 参见 Eliana Cardoso, Ann Helwege, *LatinAmerica's Economy: Diversit, Trends, and Conflicts*, The MIT Press, 1992. p. 116.

国内生产总值差距扩大的一个趋势图。从这个图上可以很清楚地看到，自1973年之后，特别是1982年爆发债务危机之后，拉丁美洲国家同美国的差距已经不是一般的差距扩大的问题了，而是一个美国高速增长，而拉美国家却在倒退的问题了。之所以造成这种结果，是因为1929年经济危机的策源地是美国，美国为了自救，对内进行了改革，实行了罗斯福新政；对拉美暂时放弃了大棒政策，实行了所谓"睦邻"政策，美洲的国际经济秩序有所改善；而20世纪80年代拉美的债务危机是美国拒绝拉美改善经济秩序的要求，对拉美国家实行以邻为壑、损人利己政策的结果。这充分证明，在资本主义世界体系中，中心国家对外围国家的政策同拉美国家的发展困境不是没有关系，而是关系重大。

第二，竞争性与排他性是资本主义的本性，是资本主义发展的铁的规律。与封建主义的自给自足的农业经济不同，资本主义是随着近代工业的诞生而诞生的，资本家的生产目的不是为了自给自足，而是为了生产和出售大量商品以赚钱。要赚大钱就需要有大资本和大市场，就需要扩展到国外去，远购远销。这样，他们就不能不与世界其他的地区和国家发生矛盾，就不能不与同样想赚大钱的对手进行竞争，甚至发生战争。所以，资本主义具有强烈的竞争性与排他性；它自己发展资本主义工业却不喜欢别国发展资本主义工业，尤其反对邻国、别国发展与它相同的工业。凡读过世界近代史的人都知道，先期现代化（工业化）的资本主义国家，总是千方百计阻挡别的国家走资本主义工业化道路，而不是帮助后起的"小兄弟"共同前进。历史留下的记录是：英国的资本主义是在打败西班牙后发展起来的；美国的资本主义是打败英国的镇压才开始独立发展的；法国的崛起遭到英国的阻挠（法国1789年革命后，英国站到波旁王朝一边，与法国打了好几年仗）；德国的崛起又遭到法国的阻挠（普法战争）；俄罗斯要搞资本主义，更遭到西方列强的联合阻挠；新独立的拉美国家虽然有参与世界现代化进程的大好历史机遇,但新兴的欧洲工业国是排外的,它们只需要拉美的原料、粮食和市场,决不希望拉美国家也成为工业国,同自己进行竞争;中国想当西方国家的学生,想成为西方国家那样的发达国家,但总是遭到先生的打压和欺侮(连一知半解地想学习欧洲资本主义的太平天国,也遭到洋枪队与清政府的联合镇压);二战后拉美国家推行工业化,想成为西方那样的发达国家,但美国等西方国家却只肯把落后的第二次工业革命的技术和设备高价卖给它们,自己则全力推进第三次工业革命,致使美、拉的发展差距进一步拉大。为什么会这样?道理很简单:发达的西方资本主义大国,不希望自己的身旁有一个发达的资本主义大国成为自己的竞争对手;这并不是欧美发达国家的领导人品质多么的恶劣,而是由资本的本质决定的。资本主义所能容许的国际秩序就是发达中心对落后外围的统治和控制,以为只要搞资本主义,外围国家就能发达起来,这只能是幻想。

二、拉美的发展困境与经济全球化

关于"经济全球化"[①],人们曾下过许多不同的定义。不过,有一种定义似乎是能够被广泛接受的,即经济全球化是指资本、商品、服务、劳动以及信息超越市场和国界的全球性扩散与流动现象。但也有不少西方学者承认,在西方的概念中,所谓全球化

---

① 全球化这个词据说最早由经济学家 T. 莱维于 1985 年提出,用来形容此前 20 年间国际经济的巨大变化。也有人认为经济全球化概念首先由经济合作与发展组织前首席经济学家 S. 奥斯特雷于 1990 年使用,主要指生产要素在全球范围内的广泛流动,实现资源最佳配置的过程。见张谊浩、陈柳钦:《当代西方经济全球化理论解读》,学说连线,2006 – 10 – 04。

就是指"资本主义统治的全球化"①。美国官方关于"全球化"概念的解释是："全球化"就是"加速经济、技术、文化和政治（全球）一体化的进程"②。这里所说的"一体化"自然是指美国主导的一体化，同"资本主义统治的全球化"没有什么两样。也就是说，从地理大发现开始的经济全球化进程是一个资本主义经济霸权不断扩大到全球的进程。所以，在研究拉美的发展困境的时候，我们不能不研究资本主义经济全球化的发展规律及其同拉美发展困境之间的关系。

经济全球化进程的周期性断裂造成拉美发展的不稳定性

资本主义市场经济追求垄断利润的内在机制，必然导致经济全球化进程中霸权与霸权周期的形成。所谓霸权，就是拥有更多的市场、更多的原料产地、更多的殖民地和势力范围，就是拥有支配其他国家、引领经济全球化的实力和手段。霸权从根本上来说是由竞争优势决定的。所以，每一个霸权周期的形成都来源于工业革命的优势。由于工业革命发展的不平衡，原有的国际力量对比发生变化；新兴工业强国与原来的霸权国家展开争夺殖民地和争夺市场的斗争。这种斗争通常都发展成战争危机。通过战争，新霸主战胜旧霸主，从而确立其全球霸权统治地位。新的霸权周期和新的经济全球化浪潮于是开始。在新的霸权周期和经济全球化浪潮中，由于市场竞争的推动，科技和生产力继续发展。生产力的发展又引起新的工业革命。于是，新的一轮霸主更迭进程又在孕育之中。霸主，从根本上来说，都是科技革命和工业革

---

① （美）詹姆斯·彼得拉斯：《全球化是无意识形态边界的资本主义》，墨西哥《至上报》1998年7月26日。转引自赵明义、赵岩：《21世纪亚太地区的经济与中国的发展方略》。http：//www.csscipaper.com/eco/shijiejingjixuegailun/158558_2.html.

② 美国《新世纪国家安全战略》报告，1998年12月1日，（钟建国、王成凤、赵鑫福、杨柯、任美芬、殷欣译）。http：//www.cetin.net.cn/cetin2/servlet/cetin/action/HtmlDocumentAction? baseid = 1&docno = 145668.

命中强国竞争的产物。新霸主就是前一霸权周期中科技革命和工业革命竞争中的优胜者。英国是第一次工业革命前就取得霸权地位的国家，是第一次工业革命的创始者，所以得以确立英国在全世界的霸主地位，开始了以英国为霸主的霸权周期。美国是英国霸权周期中发生的第二次工业革命的优胜者，所以得以在第一次世界大战后逐步确立其霸主地位，从而开始了以美国为霸主的霸权周期。

经济全球化进程是从哥伦布开辟新航路、欧洲新兴资产阶级"开拓了世界市场，使一切国家的生产和消费都成为世界性的"时期开始的，至今已有五个多世纪的历史。在这五个多世纪中，经济全球化进程已经历了两个大的浪潮①，现在正处在第三个大的周期之中。②

第一次经济全球化浪潮发生在15世纪至18世纪，是欧洲列强通过征服和掠夺美洲，进行资本主义原始积累的过程。几度争霸的结果，霸权最后归了英国。争霸失败的法国在1789年发生大革命之后，欧洲秩序大乱，造成了经济全球化进程的第一次断裂（1789～1860年）。全球化的断裂造成了殖民统治链条上的薄弱环节，从而发生了拉丁美洲的独立革命，拉美从而获得了政治上的独立。但由于拉美民族的分裂和欧美列强的争霸，拉美陷入长期的政治、经济混乱，贻误了第一次工业化的大好机遇。

第二次经济全球化浪潮发生在19世纪末叶至20世纪中叶。这时期，资本主义已演变成帝国主义，帝国主义阶段的资本主义具有特别强烈的侵略性和掠夺性，因而开始了全球性的殖民扩张，从而形成了资本主义的世界殖民体系，政治上算是独立的拉

---

① 这里所说的第一个全球化浪潮包括15世纪至18世纪的葡萄牙、西班牙和荷兰三个霸权周期，因为这三个霸权周期相互衔接，中间并没有大的断裂期。

② Modelski, George, *Long Cycles in World Politis*, University of Washington Press, 1987.

美国家被沦为半殖民地。这时期拉美国家所启动的早期现代化只能是一种依附性的现代化。第一次世界大战爆发后,全球化进程再一次陷入断裂。这一次的断裂由于20世纪30年代的世界经济危机和接踵而来的第二次世界大战而形成了一个长达半个世纪之久的断裂期。在这次全球化进程断裂所形成的资本主义统治链条的薄弱环节上,爆发了俄罗斯的十月革命、中国的革命以及包括拉丁美洲在内的广大发展中国家的民族民主革命(民族解放运动)和工业革命。拉美国家开始了自主型的现代化进程。可惜,由于第三世界为改善国际经济秩序而作的斗争遭到挫折,拉美的工业化和现代化进程因债务危机而陷入断裂。

第三次经济全球化浪潮发生在20世纪80年代末期以来的这个时期。在这个周期中,世界的形势已经发生了重大的变化,主要表现在以下三个重大的、具有划时代意义的事件:第一个是第三世界的崛起和世界殖民主义体系的崩溃。第二个是东欧剧变,华约消亡,德国统一,苏联解体,"冷战"结束。第三个是中国共产党领导的改革开放。三大事件证明:过去那种欧美与亚非拉之间垄断支配与依附从属关系的格局正在被逐步打破,世界正在逐渐走向多极化,走向全球和平发展的时代。维护霸权与反对霸权的斗争以及不断爆发的经济危机使得拉丁美洲的经济发展始终处于起伏跌宕和低迷不振的状态,以后会不会又来一个第三次断裂,现在还难以预断。

上述经济全球化进程的历史证明,经济全球化是周期地呈浪潮式向前推进的,它的这个周期性兴衰的规律决定了拉美国家发展的不稳定性。这主要表现在以下两个方面:第一,由于周期性地受霸权国家的控制,拉美国家始终处于依附地位,未能独立自主地发展,只是在第二次全球化进程断裂所形成的资本主义统治链条的薄弱环节上,在两个超级大国"冷战"的缝隙中,才有了一次较为自主地发展自己国家工业的机会。就像《剑桥拉丁美洲经济史》所指出的,拉美地区经历了两次真正意义上的全球化:第一次是在1850~1914年间;第二次则始于20世纪80年代并且仍在进行。在这两次"全球化"进程之间实行的是国家主导的内向型发展模式,即进口替代工业化战略。尽管如此,拉美的这个工业化进程也未能持续下去。①

第二,资本主义经济全球化的霸权国家因为需要建立一种以霸主为中心的依附性世界经济体系,所以它们要求于发展中国家的不是自主型的发展,而是依附型的发展。但是,发展中国家为了实现自己国家的现代化,又不能不选择自主型的发展战略。因此,在拉美现代化历史上,殖民化趋势与非殖民化趋势的斗争通常都表现为依附型与自主型两种发展战略或模式的斗争,这种斗争是随着殖民化与非殖民化这一斗争力量对比的变化而变化的。19世纪下半叶是第二次工业革命开始后帝国主义国家殖民化攻势的高潮时期,加上拉美本身的各种因素,拉美选择了外向型的初级产品出口发展战略;进入20世纪后,非殖民化运动逐步高涨,拉美的发展战略也逐步转到了自主性的进口替代工业化发展战略;到70年代里根-撒切尔领导经济"反革命运动"、发起新自由主义的攻势后,力量对比又逐渐朝着有利于霸权体系的方向变化,最后到债务危机爆发后,拉美的发展战略又重新回到了依附性的外向型出口导向的发展战略。可见,拉美国家发展战略的选择也是不能自主的。由于战略选择上这种来回折腾,拉美国家的发展就不可能做到连贯一致,丧失了持续发展的可能性。

---

① 参见 Victor Bulmer – Thomas, John Coatsworth and Roberto Cortés Conde, *The Cambridge Economic History of Latin America*, Vol. 2, Cambridge University Press, 2006, pp. 1 ~ 166. 和 Victor Bulmer – Thomas, *The Economic History of Latin America since Independence* (Cambridge Latin American Studies) Cambridge University Press; 2 edition, August 4, 2003.

经济全球化的不平等竞争造成美、拉发展差距的日益扩大

由于经济全球化体现着资本主义追求利润最大化的本性,在激烈的竞争中总是强者胜,弱者败,它不可能惠及全体人类,而只能是一部分人和集团受益。因此,世界发展不平衡和国际社会分裂的问题就一天天严重起来。历史一再证明,资本主义经济全球化进程同时就是世界分化的进程,这是资本主义全球化的一条铁的规律。

从全球化进程一开始,世界就分裂成两个世界:统治者世界和被统治者世界。对这两个世界,马克思称之为"西方"和"东方"、"农民的民族"和"资产阶级的民族"[①],列宁称之为"压迫民族"与"被压迫民族"。如果按经济全球化不同时期的情况来分析,我们则还可以看到,在第一次全球化浪潮时期(西、葡霸权周期)是宗主国与殖民地的分裂;在第二次全球化浪潮时期(英国霸权周期)由于世界工厂,即工业中心的出现,则出现了中心与外围的分裂;在第三次全球化浪潮时期(美国霸权时期)在上述分裂之外又开始出现东、西方的分裂和南、北的分裂(第三世界形成)。

具体到拉丁美洲,这种分裂就体现在拉丁美洲国家同美国的发展差距日益扩大的趋势。由于资本主义经济全球化是在资本主义世界体系的中心-外围结构之中运行的,全球化进程的每一个高潮也必然是中心国家资本主义全球性扩张的高潮,是中心国家军事扩张和经济全球化突进的时期,其利益分配绝对是排斥发展中国家的崛起的,因此也是中心国家同外围国家国内生产总值差距扩大最快的时期。譬如在美洲,1870年至1913年和1973年至2006年这两个时期就是这样。1870年至1913年是第二次全

---

① 马克思和恩格斯:《共产党宣言》,《马克思恩格斯选集》第1卷,人民出版社1974年版,第255页。

球化浪潮的高涨时期，是英、美两国政治、经济势力在拉美扩张最迅速的时期，也是拉美国家初级产品出口经济的黄金时期。在这个时期中，欧美的第二次工业革命给拉美国家的农、矿业原材料出口提供了广阔的市场，极大地推动了拉丁美洲的初级产品出口。但是，即使在这种情况下，拉美国家同美国的发展差距也惊人地扩大了。譬如墨西哥人均 GDP 与美国人均 GDP 的差距由 1870 年的 1747 国际元增加到 1913 年的 3840 国际元，增长了 1.2 倍；同一时期巴西人均 GDP 与美国人均 GDP 的差额由 1717 国际元增加到 4468 国际元，增长了 1.6 倍（见表 4-1）。我们再来看看 1973 年至 2006 年这个时期。这个时期是第三次全球化浪潮高涨的时期，也是美欧第三次工业革命兴起的时期。但这一次的高涨同上一次的高涨有一个很大的区别，上一次的全球化浪潮是欧美为了获得拉美的初级产品，需要向拉美输出资本，推动拉美的现代化原材料生产。尽管这是一种依附性的飞地式现代化，二者毕竟还有一定的共同利益；而这一次美国在拉美推动的全球化，则是要完全摧毁拉美国家的进口替代工业化计划和拉美人民的经济民族主义精神，强行推进新自由主义改革，向拉美国家索取所欠的巨额外债。因此，在这个时期的头十几年，拉美有些国家同美国的发展差距就不是一般的扩大了，而是一个直线上升，一个向后倒退（见表 4-2）。譬如在这个时期中，墨西哥人均 GDP 与美国人均 GDP 的差距由 1973 年的 12418 美元增加到 2006 年的 36103 美元，增长了近两倍；同一时期巴西的人均 GDP 与美国人均 GDP 的差距由 12694 美元增加到 38495 美元，增长了两倍多（见表 4-2）。这充分证明，拉美国家的发展困境是同经济全球化浪潮高潮时期中心与外围的分化进程紧密相关的。

表4-1 1870—1913年拉美两国与美国人均GDP差距扩大趋势
（按1990年国际元计算）

	1870	1900	1913
美国	2457	4096	5307
墨西哥	710	1157	1467
巴西	740	704	839

资料来源：根据麦迪森（Angus Maddison）：《世界经济二百年回顾》（中译本），改革出版社1997年版第4页数据制作。

表4-2 1973—2006年拉美两国与美国人均GDP差距扩大趋势

	1973	1990	2000	2006
美国	16607	23063	34599	44155
墨西哥	4189	3157	5935	8052
巴西	3913	3092	3707	5660

资料来源：根据麦迪森（Angus Maddison）：《世界经济二百年回顾》（中译本），改革出版社1997年版第4页以及美国中央情报局数据（World Development Indicators Database and The World Factbook）制作。

在经济全球化浪潮的低潮时期，也就是在全球化进程断裂时期，发展中国家虽然有可能在这个进程断裂的缝隙中获得一些自主发展的机会，但是，这个机会能不能抓得住，还要看发展中国家的主客观条件。就拉美国家来说，由于民族分裂所造成的市场狭小和依附地位的限制，这种机会一般都未能很好地利用；即使利用了，也大都未能持久，甚至遭遇危机。二战后至20世纪80年代拉丁美洲国家的发展进程就是这样。

经济全球化的工业化排斥造成拉美现代化进程屡屡受挫

资本主义全球化进程的一个不以人的意志为转移的规律就

是，经济全球化的速度越快，发展中国家现代化（工业化）的速度就越慢，二者几乎是相互排斥的。譬如两次世界大战期间是资本流动受阻的时期，也就是经济全球化进展陷入危机的时期，但它同时却是拉美国家工业发展较快的时期。19世纪，当智利政府在北部矿业出口集团与南部农产品出口集团和圣地亚哥、瓦尔帕莱索进口公司的联盟压力下实行自由贸易政策的时候，也就是积极参与经济全球化进程的时候，智利的工业化发展非常缓慢；只有在三个经济全球化受阻的"特殊时期"（19世纪70年代的经济危机期间、太平洋战争时期、第一次世界大战期间），智利的工业才有一些发展。在阿根廷也一样，只是在二战期间，由于英、美等国忙于战争而放松了对拉美的争夺与控制（即商品与资本输出减少或停滞），阿根廷才进一步推动了本国工业的发展，壮大了自身的实力。目前的情况也可以证明这一规律。许多人都承认，20世纪80年代以来是拉美各国进行新自由主义改革，经济全球化进程速度最快的时期，但同时也是拉美普遍出现非工业化趋势的时期。譬如智利，现在是实行新自由主义战略的模范国，但是，正是在智利"实行贸易自由化的过程中，出现了一种非工业化的倾向"，制造业占国内生产总值（PIB）的比重逐年下降，从1973年的28.2％，降至1978年的21％[1]，再降至1982年的18.9％，1989年的18％，到1996年，已降至16.3％[2]。所以，有的学者归纳说："（20世纪）80年代思想上最大的转折之一，就是对国家促进工业化政策的否定。"[3]有些学者还公开反对发展中国家工业化，如英国的迈因特就不主张印尼

---

[1] ［苏联］维·沃尔斯基主编：《拉丁美洲概览》（中译本），中国社会科学出版社1987年第1版，第781页。

[2] EIU, *Country Report*: *Chile*, 1997–1998, p. 39.

[3] Rodrigo Arocena, *La cuestión del desarrollo vista desde América Latina*, *Una Introducción*, Ediciones Universitarias de la República, Uruguay, 1995, p. 14.

搞工业化①，有些自由派学者甚至认为工业化的发展概念已经过时，等等。这股思潮的流行对于发展国家来说，的确是个严重的挑战。因为资本主义全球化进程所要求的自由贸易是同发展中国家的自主发展、自主现代化相对立的。西方发达国家喜欢的是一个在有利于西方发达国家的国际分工中承担既定角色的拉丁美洲，而不是一个工业化的拉丁美洲。拉美国家如果反其道而行之，以独立的姿态和同样的工业产品加入争夺世界市场的竞争，那肯定会遭到西方发达国家的反对，会有一场同西方发达国家的激烈斗争。这种后发国家同发达国家之间的矛盾，历史上早就有过先例。在第一次全球化浪潮的衰退阶段（18世纪末至19世纪中叶），当时的发展中国家美、法、德、俄等国（第二批实现现代化的国家）就曾经抵制自由贸易，实行关税保护，加紧推行本国的工业化进程。当时，因为欧美的资本主义还处于自由资本主义阶段，竞争的空间还比较大，经济全球化进程的工业排斥还不是像现在这样激烈，因此，这几个国家获得了成功。拉美国家20世纪40年代至70年代所走的工业化道路，实际上就是这些国家19世纪所走过的道路，可惜，拉美国家的这个进程却被70年代组织起来的发达国家的新自由主义攻势破坏了，没有能获得最后的成功。

三、拉美的发展困境与赶超进程的时间差规律

在本书第三章和本章的头两节，我们已分别叙述了拉美国家的现代化进程，资本主义世界体系中心－外围结构的演变进程和经济全球化浪潮的历史进程。虽然这三个进程属于资本主义发展史的三个不同的研究领域，但实际上都是同一个历史进程，都证

---

① 参见罗荣渠主编：《各国现代化比较研究》，陕西人民出版社1993年版，第327页。

明了拉丁美洲的发展自第一个时间差形成之后,就进入了一个赶超进程越来越困难的历史时期,进入了一个美洲南北发展差距越来越扩大的历史时期。而这一切的起点,都是在独立革命前后的那一段历史中,拉美错过了人类历史的第一次工业革命,使得拉美工业化的起步晚于欧美国家100多年。这是决定后发国家落后命运的第一个现代化"时间差"。这个"时间差"是拉美国家一切发展难题的根源。这个"时间差"越大,受资本主义世界体系中心外围结构的制约程度也越高,拉美国家同西方发达国家之间的差距也就越大,翻身的机会就越少;反之,拉美国家同西方发达国家之间的差距越大,拉美国家赶超进程的时间差也就越大,从而形成了一种互为因果的恶性循环。这就是本书所说的拉丁美洲赶超进程的时间差规律。

按常规的逻辑推理,落后的时间差是完全可以弥补的,只要能够创造出一种具有赶超速度和赶超效能的"第二时间差",即在每一个单位时间内,发展的速度都能超过发达国家,形成一种"反时间差",那么,落后国家就能赶上发达国家,实现自己国家的现代化。这就是我们通常所说的发展中国家的现代化赶超战略。但是,拉美的历史证明,在资本主义的世界体系和资本主义的生产关系下,第一时间差一旦形成,就很难逆转,更无法创造第二个时间差。这到底是什么原因呢?为什么会发生这种情况呢?考察拉美国家独立200年来发展的进程,我们发现,这种情况主要是资本主义世界体系中后发国家的两个发展规律决定的,这就是后发劣势递增规律和后发优势递减规律。

资本主义国际经济秩序下后发劣势递增的规律

"后发劣势"就是指后发国家在现代化进程中所处的不利的地位。随着现代化"时间差"的扩大,后发劣势会随着这个"时间差"的扩大而递增,通常被称作"迟发展效应"。一个国家一旦落后,其后发劣势会反映在许多方面,有多种多样的表现，有人说八种，有人说十种，还有更多的。但是，更重要的是，一个后发国家如果不能急起直追，抓住机遇，尽快实现现代化，那么这些后发劣势会随着落后时间差的扩大而递增。这里只举几个主要的例子来证明这一点。

1. 时间差越大，中心对外围的控制就越强，现代化的困难就越多

拉美现代化运动于19世纪70～80年代初步启动，比美国开始现代化大约晚了100年。在这个时期，无论国内国外都已经发生了很大的变化。在国外，国际环境已经和100年前大不一样，美国开始现代化运动的时候，正是自由资本主义时代，美国不但在英国移民的推动下已经为工业化作好了科技、思想、人才和制度方面的准备，而且还可以在自由贸易的条件下共享当时工业革命的技术成果。但是，到拉美现代化起步的时候，资本主义已经发展到帝国主义阶段，并随着第二次工业革命的开始，西方列强到处寻找市场，到处夺取原料产地，到处抢夺殖民地，从而出现了第一次工业革命后的第一次殖民扩张浪潮和经济全球化浪潮，使得地球上任何一个地方都遭到资本主义经济全球化浪潮的冲击，以这种或那种形式卷进工业化中心国家所需要的外围依附性"现代化"进程。拉丁美洲正是在这样一个历史关头开始其现代化启动的，当然它们只能以满足先期工业化国家再次工业化和产业结构调整对原料、粮食的巨大需求的身份参与世界现代化进程（飞地式现代化），而不可能、也不允许像美国那样成为发达的工业化国家。结果是英、美等西方列强"通过间接的、半殖民的统治，代替了过去主宰拉丁美洲命运的西、葡殖民主义"①，进一步加深了拉美各国对欧美中心国家的依附。不过，当时由于

---

① D. 博埃斯内尔：《拉丁美洲国际关系简史》（中译本），商务印书馆1990年版，第89页。

欧洲国家特别是英国和美国在这个地区有很深的矛盾，拉美国家还是有一些利用这种矛盾发展自己的机会的，并也的确创造过依附性发展的"黄金时期"。

在20世纪中叶拉美的工业化进程的前期，由于世界处于两个超级大国争霸的格局之下，经济上存在两个平行的世界市场，给拉美国家留下了比较大的、纵横捭阖的活动余地，因此，在这个时期，拉美几个主要的国家也还能创造自主发展的"黄金时期"，虽然工业化进程因债务危机而中断，但还是达到了中等发展的水平。

但是，债务危机爆发后，特别是20世纪80年代末期苏东剧变、苏联解体后，世界进入了美国独霸的时代。拉丁美洲的形势也跟着发生了剧烈的变化，不但国际资本的统治加强了，经济主权遭到了严重的侵蚀，政治上陷入了再殖民化的危险，而且，美国的军事干涉也再一次强化。不仅如此，更大的变化还在于跨国公司在拉美的勃兴。在前一个阶段的帝国主义资本输出时期，欧美列强在拉美的扩张手段主要是通过投资来控制拉美国家的经济，谋取更多的利润。在这种情况下，拉美国家还是有办法进行一定程度的控制的，譬如颁布"外国投资法"等法律，来约束西方发达国家的过分扩张，保护自己国家的经济独立性。但是，对于跨国公司在拉美的扩张，拉美国家往往是一筹莫展。因为跨国公司的生产是按生产的程序分布于世界各地的，靠着一种垂直结合的方式来进行整体控制，用一种新的跨国公司内部的分工取代了过去的国际分工。过去的国际分工，是由不发达国家供应原料，发达国家提供制成品。跨国公司的分工则是按公司内部的安排，由不发达国家供应初级产品和制成品，而由发达国家提供设备、技术和管理等。生产活动的地点按劳动力成本的比较优势在全世界范围内进行选择，把技术简单、但需较大数量劳动力的生产环节安排在劳动力价格低廉的国家，涉及高技术的生产环节和战略性活动则都集中在跨国公司的核心机构内部,以便加强对决策和技术更新的集中控制。这样,跨国公司通过遍及世界各地的业务网络,不仅控制了第三世界的原材料和劳动力,而且实现了从生产到销售的整个过程的控制。跨国公司的这种分工,几乎使第三世界国家完全丧失了自身发展的主动性。它不仅意味着这些国家失去了在经济技术方面赶超发达国家的可能性,而且还意味着这些国家在政治、文化方面的独立性将愈来愈受到经济从属性的影响。不仅如此,由于跨国集团的兴起和发展,第三世界国家同发达国家的直接联系集中了,不同地区不发达国家之间的合作联系就更为分散,并导致相互之间的竞争,严重阻碍了不发达国家通过合作互补而获得自主发展的道路。很明显,由于国际分工体系上的这一变化,过去的由强大的中心和不发达的外围铸就的资本主义世界体系的庞大建筑物,现在变得更坚固了。在那里,只容许每个依附国家在外围状况上有所改变,其根本的依附地位是不容变化的。由于这一变化,在20世纪80年代之后的20多年中,拉美的现代化几乎一直停滞不前。墨西哥自加入北美自由贸易区之后,虽然算是稳定增长,但它的世界GDP排名地位却从2004年的第10位下降到了2005年的第12位;巴西下降到了第14位;阿根廷根本没有出现在前15名之内。[①]

2. 时间差越大,后发国家面临的环境挑战就越严重

早期现代化国家在它们现代化那个时代,地球上绝大部分资源都还是"处女地",正等待人类去开发和利用,根本不存在环保的问题,而且,当时投身工业革命的国家还只是少数几个西方国家,无论它们怎样野蛮对待自然环境,也还没有构成环境危

---

① Claudio Katz(economista), *El imperialismo del Siglo XXI*, Argenpress. http://www.monografias.com/trabajos912/imperialismo - siglo - xxi/imperialismo - siglo - xxi. shtml.

机,自然也就无人过问,更没有想到像气候变化这种人类共同的生存危机问题。可是,现在的情况完全不同了,在西方工业国家进行了200年肆无忌惮的野蛮开发之后,又有越来越多的发展中国家加入到工业化进程中。于是,气候变化问题、环境保护等问题就成了人类生存的大问题;于是,还没有实现工业化的发展中国家,如今又不得不面临如何转变发展方式、"改变"工业经济模式的问题了,因为气候变化已经不允许它们将传统的工业化进程再延续几十年了。更严重的是,这个问题现在已成了发展中国家同发达国家之间的一个严重的政治问题。面对这个问题,技术发达的工业化国家与技术落后的发展中国家理应公平合理地承担责任,不能损害落后国家的发展权,就像《京都议定书》所规定的那样,在目前阶段应该由"发达国家承担强制性责任,发展中国家承担自主性责任"。但是,在2009年的哥本哈根关于气候问题的高峰会议上,西方发达国家却要把全球气候治理的负担平摊到还没有资金和能力解决这类问题的广大发展中国家头上,要求发展中国家在1990年以后的50年中排放减半,甚至提出要在对外贸易中征收"碳关税",这无异是要取消发展中国家的发展权,进一步拉大发展中国家同发达国家的差距。显然,这是后发劣势递增的一个典型的例子。

3. 时间差越大,后发国家面临的人口挑战问题越严重

早期现代化国家在它们早期工业化中,虽然也存在人口问题,特别是城市化所引起的劳动力过剩的问题,但是,并没有发生像二战后发展中国家那种灾难性的人口爆炸问题。而且,在那个时代,早期现代化国家都有广阔的殖民地,并可以任意扩张其殖民地,因此,它们可以通过大规模移民来减轻人口过剩的压力。据统计,从1851年到1880年,约有530万英国人离开了英伦三岛,其中350万去了美国,100万去了澳大利亚,50万去了

加拿大。①据国际移民组织（IOM）发表的《2003年全球移民报告》，"在1850年至1913年这个史学家称为'大移民潮'的时期，每年都有约100万欧洲人迁往外地。"②可见，移民是当时英国等欧洲国家解决其工业化进程中严重社会问题的一项重要政策。在当时资产阶级看来，欧洲之所以人口过剩，是因为穷人太多。所以，他们认为，"穷人输出越多，对资产阶级就越有利"，因为过剩的穷人走了，资产阶级就可以进一步改善自己的生活条件，劳工市场上劳动力过剩的情况也可以得到缓解。与此同时，当时的慈善机构，甚至工会组织也都把帮助穷人和工会会员移居国外视为解决贫穷和失业问题的唯一可行的办法。③但是，到20世纪，特别是到第二次世界大战之后，后发国家就没有这样的条件和机遇了，而且，迟发展国家的现代化"时间差"越大，解决这个人口问题的难度也就越大，人口的包袱也就越沉重。因为在这些国家的经济发展水平尚未达到足以使人口出生率下降、人口出生率仍保持在2.5%这样高增长率的时候，发达国家先进的医疗卫生技术就已经被引进这些国家，使得这些国家的人口死亡率大大降低，从而出现了灾难性的人口爆炸问题。据罗荣渠教授推算，"1950年发展中国家的总人口只占世界总人口的66%，1988年增至占80%，到2000年将增至占92%，那时将有50亿人生活在经济欠发达的地区。日益增长的人口压力和劳动力供给的绝对过剩，正在给现代化带来特殊的阻力。'富国变得愈来愈有钱，贫国变得愈来愈有孩子'，这就更加难于改变生产力水平极低的农业，现代生产方式也更加难以渗透进来。这样，'现代

---

① 艾瑞克·霍布斯邦：《资本的年代，1848～1875》（中译本），国际文化出版公司2006年版，第250页。
② 郑砾：《移民潮改变世界》，《华南新闻》，2003.8.13。
③ 艾瑞克·霍布斯邦：《资本的年代，1848～1875》（中译本），国际文化出版公司2006年版，第256页。

文明'带来的传导性变迁有可能造成前所未有的灾难性后果。单是这一项因素就可能把那些最不发达的国家（社会）自动淘汰出世界现代化的进程。"① 罗先生近20年前所警示于我们的这种严重的局面，今天又变得更严重了，② 而且随着时间的推移，还会变得越来越严重。这是当今第三世界国家社会发展面临的一个最严重的挑战。

4. 时间差越大，社会两极分化和腐败问题就越严重

早期现代化国家在它们现代化那个时代，的确像恩格斯在《英国工人阶级状况》一书中所描绘的那样，实行的是让富人上天堂穷人下地狱的、原教旨主义的自由资本主义政策，任凭收入差距扩大，任凭社会两极分化，"到处都是法律庇护下的抢劫"，到处都有穷人同富人斗争的"社会战争"，在这场社会战争中，统治者使用的武器并不是刀枪，而是资本③。但是，那时候，这些国家拥有众多的社会安全阀，并且都很有效。其中主要的有两个，第一个就是移民，将那些大量涌进城市的失业者、流浪汉和罪犯成批成批地移民北美洲、澳大利亚和加拿大；第二个就是掠夺殖民地，将掠夺来的大量财富用来"培植"中产阶级，使之成为社会的稳定器。而且，由于这些国家的上层阶级并没有受过什么高消费示范效应的影响，他们对下层劳苦阶级的剥削也还能限制在其成本核算所许可范围之内。所以，这些国家并没有被可

---

① 罗荣渠：《现代化新论》，北京大学出版社1993年版，第204~205页。
② 据联合国统计资料，2000年世界人口总数为60.9亿，2010年为69.09亿（其中12.37亿人生活在较发达地区，占世界人口的18%）；预计到2050年，世界人口将超过90亿。据国际移民组织（IOM）发表的《2003年全球移民报告》，全球人口每年增长8300万，其中8200万人来自发展中国家。人口膨胀的压力会继续主导劳动人口的迁移，特别是非技术工人的移民。但是，愈来愈多国家对移民采取闭门政策。(见联合国《2010年世界人口状况报告》（http://news.sina.com.cn/w/2010-10-20/230121317481.shtml）与郑砾：《移民潮改变世界》，载《华南新闻》，2003.8.13。
③ 《中国大百科全书》经济学第三卷，中国大百科全书出版社1988年版，第1167页。

怕的"社会战争"所毁灭，而是顺利地完成了过渡，实现了工业化，绘制成了收入分配不平等状况首先扩大而后逐渐缩小的库兹涅茨倒 U 形曲线，成了世界历史上最早的现代发达国家。

但是，在欧洲这几个现代发达国家成长的同时，也铸就了资本主义世界体系的中心－外围结构。处于这个体系外围的拉美国家就没有欧洲先发国家那样的幸运。首先，因为这些国家都处于资本主义世界体系的外围，经济上受中心国家的支配，国民收入的分配首先是在国际上同中心国家之间的分配（包括跨国公司的收益分配、贸易结算和债务负担所占国内生产总值的比例），然后才是在本国的国民中进行分配，整个国家的收入水平自然就要比中心发达国家低多了；其次，拉美国家的上层阶级因为受发达国家上层阶级高消费示范效应的影响，其生活的腐败和对下层劳苦阶级的剥削是无度的。一方面，资源极其有限，人均分配很少；另一方面，富人要过西方发达国家那样的生活。这样，留给穷人的就少得可怜了。这就是为什么国家越穷，两极分化就越严重的原因。而且，随着资本主义世界体系的日益强化和现代化"时间差"的逐步扩大，情况越来越恶化。下面的表 4－3 是 2005 年透明国际公布的拉美各国腐败指数排行榜，在这个表中，腐败排序最末位的国家就是海地和巴拉圭（海地和巴拉圭分别居世界腐败排序的第 155 位和 144 位）。这证明，越是落后的国家，现代化"时间差"越是大的国家，其腐败的程度也最严重。有报道说："在最贫穷的国家里，当用于医疗和饮水的钱成为关键问题时，腐败的问题可能就意味着生和死的斗争了"。①

---

① Notimex/Berlín, *Revelan a los países más corruptos del mundo*. http://www.elsiglodetorreon.com.mx/noticia/380871.revelan-a-los-paises-mas-corruptos-del-mundo.html

表4-3 2005年拉美20国腐败程度排序

国家	世界排序名次	分数
智利	21	7.3
乌拉圭	32	5.9
哥斯达黎加	51	4.2
萨尔瓦多	51	4.2
哥伦比亚	55	4.0
古巴	59	3.8
巴西	62	3.7
墨西哥	65	3.5
巴拿马	65	3.5
秘鲁	65	3.5
多米尼加共和国	85	3.0
阿根廷	97	2.8
洪都拉斯	107	2.6
尼加拉瓜	107	2.6
玻利维亚	117	2.5
厄瓜多尔	117	2.5
危地马拉	117	2.5
委内瑞拉	130	2.3
巴拉圭	144	2.1
海地	155	1.8

资料来源：Transparency International, *Indice 2005 de Percepción de la Corrupción*, http://www.iberglobal.com/Newsletter/alerta_transparency2005.htm.

5. 时间差越大，后发劣势的"高速效应"和"同步发展效应"也就越大

早期现代化国家在它们的早期工业化中，一切都是一个自发的、按部就班的自然的过程，自己就是领头羊，不存在赶超谁的问题。但是，后发国家的现代化，由于形势的逼迫，则只能实行赶超战略，而且，赶超的任务是随着落后"时间差"的增大而不断累积的；落后的"时间差"越大，赶超的任务就越重，就必须将早期现代化国家曾经逐步完成的各项现代化任务同时列入发展日程，就必须以更高速度的赶超方式，把西方国家一两百年经历的渐进发展过程压缩到几十年之间仓促进行。甚至迫于各方面的压力，不得不"在低经济发展水平上仿效高经济水平的生活方式、政治建制与文化模式"、"在前现代社会中摹制出若干代价高昂的现代化的'飞地'"等①。这就是后发劣势的"高速效应"。它使得早期现代化中出现过的种种失调和社会危机必然以更加剧烈的方式表现出来，导致现代化阻力增大与现代化"断裂"，甚至导致极权的和军事的高压现代化，从而产生现代化倒退现象。

早期现代化国家在它们进行工业化的时候，世界上还只有西欧的一小片地方在发展工业，没有更强的工业化国家同它们竞争，因此它们可以任意地向世界任何地方扩张它们的市场和原料供应地，具有一种占先的发展优势。但是，拉美国家启动工业化的时代已经是亚洲、非洲多数国家同时掀起现代化热潮的时代，早已丧失了早期现代化国家的这种占先的发展优势，不能像早期现代化国家那样享有占取农业世界廉价劳动力、资源与市场的优势，更没有可能像早期现代化国家那样拥有广大的非工业化世界充当自己发展的外部调节器，这使得它们的发展变得特别困难。

---

① 参见罗荣渠：《现代化新论》，北京大学出版社1993年版，第204页。

而且，随着现代化"时间差"日益扩大，这种"同步发展效应"所造成的困难还会以更快的速度日益加重。

以上所述，都是后发国家因为第一个时间差而产生的后发劣势，是不利于后发国家实现赶超目标的一些历史性累积的负担；而且，拉美的历史证明，随着第一个"时间差"的扩大，后发劣势会相应地递增。

资本主义国际经济秩序下后发优势递减的规律

"后发优势论"又叫"落后得益论"，是许多发展中国家制定现代化赶超战略的主要理论依据。这种理论认为，后发国家有借鉴发达国家经验的可能性；有引进发达国家成熟先进技术，少走弯路的可能性；有超越现代化进程的一些早期阶段，缩短现代化进程的可能性，因而也就有实现赶超目标的可能性。事实证明，这种理论有一定的空想性。即使在一定的条件下发达国家能够提供这些好处，也决不是赶超目标所能实现的依靠，因为先进技术的转让不但是受限制的、有代价的，而且总是滞后的。况且，"后发优势"也是随着"时间差"的扩大而递减的。

在19世纪中叶以前拉美独立革命前后的几十年，由于西方的资本和技术都还相对稳定，远距离贸易也受交通运输条件的限制，世界经济一体化还非常松散。因此，这个阶段的资本主义扩张及其与不发达地区的接触并不排斥在那些有条件的非西方社会中发展资本主义的可能性。马克思在世的时候，资本主义还处在这个自由竞争阶段，在技术上还是比较开放的，当时，马克思曾估计一些非西方社会的资本主义发展有可能达到西欧资本主义的水平。他甚至认为英国在印度除了要完成"一个破坏性的使命，即消灭旧的亚洲式的社会"之外，还有一个"建设性的使命，即在亚洲为西方式的社会奠定物质基础"①。由于当时正处于自由资本主义时代,而自由资本主义的体制还是给一些有条件的国家留下了在自由贸易的条件下共享工业革命技术成果、加速增长的空间的,因此,当时的美国以及稍后一个时期的德国和日本,都成功地抓住了机遇,进入了工业化国家的行列,成了当时的世界强国。就是当时受英国资本控制的拉美国家,如阿根廷、智利、墨西哥等,也都启动了它们的早期工业化进程,尽管是"飞地式现代化",也还是取得了一定的成就。

但是,到资本主义进入帝国主义阶段之后,特别是在20世纪80年代第三次全球化浪潮掀起之后,情况就变了,发展中国家利用发达国家技术成果的后发优势的可能性越来越小。因为在第三次经济全球化浪潮的背景下,在世界经济中扮演重要角色的是跨国公司。据2002年《世界投资报告》统计,跨国公司的生产总值已占世界生产总产值的25%左右,控制着世界贸易额的65%以上,对外直接投资的90%,还控制着世界研究与开发(R&D)和技术转让的80%。②据戈麦斯·塞尔达(José Gómez Cerda)透露,在全世界100个最大的财团中,跨国公司占了51%,只有49%属于各个国家。这充分说明了跨国公司的实力。经济全球化主要就是由它们推动的,它们已经牢牢地占住了现代经济权力的中心位置。③ 20世纪80年代以来,跨国公司为了保持技术领域的垄断优势,它们的技术战略已经有了很大的改变。首先,为了防止技术的扩散和"外溢",实现技术垄断,在国际

---

① 马克思:《不列颠在印度统治的未来结果》,《马克思恩格斯选集》第二卷,人民出版社1972年版,第70页。

② 肖武岭:《跨国公司技术垄断战略对我国的启示》,载《科教与经济》2005年第6期。

③ José Gómez Cerda, *Las empresas multinacionales en la agricultura*, 2001 - 07 - 10, ALAI, América Latina en Movimiento, http://alainet.org/publica/336.phtml.

技术转移方面,它们主要采取公司内部技术转移的方式,凡核心技术资源,都在公司内部进行调配,使技术转移出国而不出公司;只有那些早已成熟的技术和外围技术,才转让给海外的那些非控股合资企业或外国企业。即使是因为战略的需要而将其最先进的技术转移到东道国,也必然牢牢地控制在它们的独资子公司内部,并有一套严密的监控程序。"内部化"成了跨国公司技术转移的突出特征。

其次,通过跨国公司之间的技术性战略联盟实现对全球关键领域技术的垄断。据统计,在世界 150 多家大型跨国公司中,以不同形式缔结战略联盟的高达 90%,而技术性战略联盟在各类联盟中占到 55% 以上。[①]

再次,跨国公司在通过内部化转让防止技术扩散的同时,还精心设计了各式各样的专利防御体系,实施专利和知识产权战略,以对其关键和核心技术进行保护。譬如它们通过"技术专利化、专利标准化和标准垄断化"等手段,将专利转化和提升作为技术标准,以掌握对世界市场的控制权。又譬如它们在专利说明书中往往只列出最基本的技术内容,而将影响技术效果的工艺、最佳使用条件、优选配方等作为技术秘密予以保留,以对技术的推广和应用实行垄断。据戈麦斯·塞尔达统计,在全世界已登记的专利中,工业化国家占了 97%。专利的集中现在已经成了跨国公司反对贫穷国家的一种压制工具。[②] 总之,现在的富国在其早年致富的过程中,并没有受过什么"知识产权"条款的极端性制约,但是,现在这些富国却要利用上述的种种手段,打压发展中国家的公司,阻止其迅速发展。发展中国家在现代化进

[①] José Gómez Cerda, *Las empresas multinacionales en la agricultura*, 2001 – 07 – 10, ALAI, América Latina en Movimiento, http://alainet.org/publica/336.phtml.

[②] José Gómez Cerda, *Las empresas multinacionales en la agricultura*, 2001 – 07 – 10, ALAI, América Latina en Movimiento, http://alainet.org/publica/336.phtml.

程中的后发优势显然是随着现代化"时间差"的扩大而明显地降低了。

四、拉美的发展困境与拉美的社会建设

在关于防止"拉美化"问题的讨论中,参与讨论的人几乎是一致地认为,为了避免拉美国家那样的社会动荡,必须大力培植中产阶级,建设像西方发达国家那样的两头小中间大的"橄榄型社会"。一时间,中产阶级问题成了一个十分热门的话题。这是一个如何在发展中国家进行社会建设的问题,也是拉美国家现代化进程中的一个核心问题。

经济的高速增长与社会政治危机

在讨论中,一个众所周知的观点是,当人均 GDP 达到或超过 1000 美元的时候,社会矛盾就会激化起来,社会经济的发展就达到了一个拐点:矛盾解决得好,社会经济的发展就会进入一个持续发展的黄金时期;解决得不好,就会像许多拉美国家那样出现社会动荡,国家的现代化进程就会为社会经济危机所打断,陷于深重的发展危机。拉美的情况到底是不是这样呢?下面我们根据 20 世纪 50～60 年代墨西哥的一些资料来简单谈谈这个问题。

1. 经济的高速增长与社会的大变动

从 20 世纪 40 年代到 60 年代中期的 25 年,是墨西哥发展最快的时期。按不变价格计算的国内生产总值增长了 3 倍多(见表 4-4),人均收入增长了一倍。当时,墨西哥的经济曾达到过拉美最高的增长率。从表 4-5 可以看得很清楚,从 1940 年到 1945 年,墨西哥国民生产总值的年增长率曾达到 8.7%,1945 年至 1950 年的年增长率为 5.4%,1950 年至 1955 年为 4.8%,1956 年至 1960 年为 5%,1961 年至 1965 年为近 6%(见表 4-5)。在当时拉美地区形势复杂、经济发展普遍面临困难的情况

下,墨西哥是少数几个以相当高的速度继续前进的国家之一。

表4-4 1939~1965年墨西哥的国民生产总值

(按1950年的价格,单位:百万比索)

年份	国民生产总值	年	国民生产总值
1940	22 600	1953	45 618
1941	24 800	1954	50 391
1942	26 300	1955	54 767
1943	27 500	1956	58 214
1944	29 700	1957	62 708
1945	30 500	1958	66 177
1946	32 300	1959	68 119
1947	33 500	1960	73 482
1948	35 000	1961	76 038
1949	37 100	1962	79 691
1950	40 577	1963	84 700
1951	43 621	1964	93 200
1952	45 366	1965	98 200

资料来源:墨西哥银行1965年报告。(Pablo González Casanova, La democracia en México, Ediciones era, S. A., 1974, p. 293.)

表4-5 1940—1965年各经济部门国民生产总值(PNB)增长率

年份	PNB	农业	制造业	石油	电力	运输
1940—1945	8.7	6.3	9.5	3.3	4.1	7.4
1945—1950	5.4	9.8	5.9	8.5	7.5	7.4
1950—1955	4.8	5.6	4.8	8.8	9.6	6.1

续表

年份	PNB	农业	制造业	石油	电力	运输
1955—1960	7.2	8.0	7.8	5.9	5.8	7.9
1956	6.7	1.5	9.8	9.8	11.9	8.8
1957	3.6	4.0	6.3	9.9	7.7	7.2
1958	4.5	9.1	4.8	14.3	7.7	2.4
1959	4.6	2.5	7.4	16.7	7.4	3.4
1960	5.7	0.4	8.6	6.5	9.8	8.2
1961	3.5	3.0	3.5	15.0	9.5	0.1
1962	4.8	5.3	6.4	1.9	6.5	0.2
1963	6.3	1.5	9.2	6.2	9.6	4.3
1964	10.0	8.1	14.2	9.1	14.9	6.2
1965	5.1	3.0	7.0	4.2	9.5	4.7

资料来源：墨西哥银行年度报告。（Pablo González Casanova, La democracia en México, Ediciones era, S. A., 1974, p. 297）

墨西哥经济的迅速增长在社会、政治领域引起了巨大的变动：

第一，国家的发展意味着财富的大规模重新分配，特别是土地的重新分配。墨西哥历届革命政府共分配了5300万公顷（hectareas）土地给224万个农户。这鼓舞着农业居民对成为土地所有者抱有希望或感到满足。

第二，国家的发展引起了农业居民经常不断地向城市移民，或构建新的城市中心。这个事实对生活水平的提高有重要的意义。农村居民所占人口总数的比例从1910年的80%减少到1964年的47%，相应的城市人口则大大增加了。广大的农民都有移居城市来改善自己处境的希望。因此，城乡之间的收入差别和生活水平的差别成了从下层地位到高层地位的最迷人的跳跃。

第三，国家的发展带来第二产业和第三产业的高速增长，其增长率比第一产业高出一两倍。从事第二、第三产业活动的居民的年均增长率在1940—1950年的10年中是5.5%，而第一产业的增长率只有2.6%。从收益少的劳动职业（如农业）向收入高的职业（如工业、商业、服务业）的流动在工业化进程中是经常发生的事情。服务业职工所占劳动力总量之比1930年为30%，到1964年增至47%。

第四，居民参与国家发展的积极性空前提高。这期间，成十万甚至成百万不讲西班牙语的居民现在已讲西班牙语，不会阅读的人已会阅读，没有地方送孩子上学的人已有学校可上，不穿鞋的人已穿上了鞋，等等。对于墨西哥人来说，这都是非常重要的变化，上千万的墨西哥人都在他们自己的传记里记下了这些变化。

第五，国内出现了从贫穷州向富足州移民的移民潮。1960年，墨西哥移民所占当地居民的比例在下加利福尼亚为157%，联邦区为69%，塔毛利帕斯为40%，一般都超过了国内最发达各州的平均比例。全国平均移民比例从1950年的13.2%上升到了1960年的17.6%。改善生活条件的希望使大量居民从一个地区搬到另一个地区，特别是从贫区搬到富区。在1950年至1960年的10年中，墨西哥国内大约有200万人从一处移到了另一处。

第六，契约劳工和"偷渡者"的数量增加。许多墨西哥农民看到了通过季节性移民美国可以解决他们贫困问题的希望，就冒险越过边界去美国打工。1942年至1957年，契约劳工和被捕获的"偷渡者"的总数高达700多万。这还是一个保守的数字，因为还有许多幸运的偷渡者并没有被捕获。①

总之,从农村居民到城市居民,从农业到工业,从低报酬工作到高报酬工作,从贫穷地区到发达地区,从无地农民到小土地所有者或到村社社员,从一无所有到稍有财产,从下层阶级到中产阶级……,所有这些为改善自己处境而进行的社会流动,都是对巨大收入差距和尖锐社会矛盾的强有力的缓解剂,都是缓解和节制社会矛盾的有效渠道。

2. 社会大变动引发的各种矛盾和问题

但是,社会的大变动也意味着社会的分化,意味着新的问题层出不穷,意味着社会矛盾有激化的可能。当时,墨西哥就出现了很多严重的问题。

第一,收入分配不合理,劳动人口的收入仅占全国收入的24%,而同一时期(20世纪中期),美国是65%,英国是67%。到1960年,墨西哥的这个比例也只提高到31.4%。②

第二,行业间收入差别增大。1957年农业职工的收入只及平均收入的一半,而石油职工则9倍于平均收入,商业职工2倍于平均收入,电力职工4倍于平均收入。③

第三,城乡收入差别增大。1960年农村和城市的人均收入分别为MYM1500和MYM6300,相差3倍多。

第四,不同阶层家庭月收入的差别非常大。1961~1963年只有23%的家庭月收入超过MYM1000,只有3%的家庭月收入超过MYM3000。在城市,家庭月收入超过MYM3000的占5%,

---

① 此处所用资料均见 Pablo González Casanova, *La democracia en México*, Ediciones era, S. A., 1974, pp. 134~136。

② Pablo González Casanova, La de*mocracia en México*, Ediciones era, S. A., 1974, p. 128.

③ Pablo González Casanova, La de*mocracia en México*, Ediciones era, S. A., 1974, p. 128.

而在农村则只占0.4%。最高层的收入差别更大,但缺乏资料。至于收入最低的各个集团,26%的家庭月收入甚至只有MYM300。在城市,这种收入的家庭占10%;而在农村则占45%。根据墨西哥银行的研究,29.2%的家庭只拥有全国收入的6.1%,而1.8%的家庭(城市4.1%,农村0.4%)则占有了全国收入的15.5%。①

第五,地区发展很不平衡。联邦区和北部各州的生活水平超过全国平均水平,超过的比例从35%到100%不等,而在恰帕斯、瓦哈卡、格雷罗、特拉斯卡拉、伊达尔哥、瓜纳华托、圣路易斯、萨卡特卡斯等贫穷州,生活水平则低于全国平均水平2/3。这种不平衡还越来越严重。1940年最富地区和最穷10个州的人均国内生产总值的差别差不多只有MYM4500(1960年的币值),而到1960年,这个差别已扩大到MYM6500。②

第六,250多万农民存在土地问题,其中50多万的农民土地不够半公顷,其余的或没有土地,或其土地不宜耕种。这还是一个保守的估计,另有统计说,存在土地问题的农民有300万。

第七,人均生产增长率有下降趋势。1940~1950年10年中,人均生产增长率是4.4%,到1959~1961年已下降到1.7%。

第八,农业职工人均产量增长率低于全国平均增长率。1945年至1950年5年间,墨西哥的农业曾创造过很出色的成就,产量增长了1倍,但1958年之后已没有了增长的势头,1961年刚刚维持着1954年的水平,而此期间人口却增长了25%,人均产量只与1945~1947年持平,而且,农业在职人口的人均产量增

---

① Pablo González Casanova, *La democracia en México*, Ediciones era, S. A., 1974, pp. 129 – 130.

② Pablo González Casanova, *La democracia en México*, Ediciones era, S. A., 1974, p. 130.

长率一般都低于全国平均增长率。①

第九，城市居民增长率超过第二、三产业产量增长率。当时，墨西哥14个主要城市居民的年增长率是6.8%，而这些城市二、三产业生产的增长率只有4%。这说明，城市人口在增长，但失业率也在增长，城市的环形贫困带和城市的新边缘主义也在增长。

第十，去美国打工的劳力数量逐步减少。由于美国对非法移民加大了打击的力度，从1960年起，墨西哥去美国打工的劳力数量逐年减少，1964年还不到1959年的一半，墨西哥农民的收入受到严重的影响。

第十一，文盲、失学儿童、赤脚者的绝对数量仍成百万地继续增长。

另外，墨西哥还存在农村高利贷、剥夺农民土地、当局对下层阶级滥施淫威、对边远地区土著居民的殖民主义剥削、新的大地产的形成以及领导集团内部争夺政权的斗争等经济问题和政治问题。

3. 社会政治危机的出现

由于上述问题的日益严重和矛盾的不断激化，从20世纪50年代末开始，墨西哥即开始出现社会政治危机。主要表现在有些州开始出现旨在推翻市政主席和州长的公开反叛运动，如动用私刑拷打伊达尔哥市政主席，1958年的罢工运动，格雷罗、圣路易斯、新莱昂、下加利福尼亚等市的暴力问题，加斯卡（Gasca）以及好几个农民团体的起义，瓦胡亚潘·德莱昂（Huajuapan de León）的血腥集会，奇华华的武器事件，梅里达政府大厦的被占领，对密谋和囚禁维克托·里科·加兰（Victor Rico Galan）事件的控诉等。1968年10月更爆发了墨西哥首都震

---

① Pablo González Casanova, La democracia en México, Ediciones era, S. A., 1974, p. 138.

惊世界的特拉特洛尔科惨案。

"橄榄型社会"理想与拉美现实

近年来,在社会稳定问题的研究中,中产阶级和构建"橄榄型社会"成了最热门的话题。许多社会学问题的研究工作几乎都是围绕着中间阶层的理论界定、中间阶层的存在、发展及其构成特征等问题展开的。许多经济学家和社会学家都认为,根据发达国家的经验,规模庞大的中间阶层的存在,是社会发展的活力源泉和社会稳定的结构保障;认为改革应致力于形成一个两头小中间大,即极富、极穷者少,中产阶级人多的橄榄型社会结构;认为要避免出现史不绝书的大动荡,就必须建构一个庞大的中产阶级结构层,就必须实现从"金字塔"型社会结构向"橄榄型"社会结构的过渡,必须在政策上把壮大中产阶级摆在第一位。因此,一个时期以来,在学术界和社会上广泛流传着"中产阶级主体论"、"橄榄形社会结构论"等理论。这些理论的核心思想是:中间阶层是社会的稳定力量。

1. 中产阶级与拉美国家的社会结构

什么是中产阶级,关于这个问题,众说纷纭,几乎每个国家都有自己的标准。譬如巴西就将月收入 3000 至 15000 雷亚尔之间的家庭定为中产阶级家庭。其人口总数约占全国人口总数的 21%,即 3700 万人左右。[①]拉美经委会杂志(CEPAL)撰文认为,"中产阶级就是社会中那个既不贫穷也不很富裕的人群。在拉丁美洲,这个社会集团的经济收入平均约占地区经济总收入的 57%,低于世界平均水平的 62%。"[②]

[①] Veja, 20 de desembzo, 2006.

[②] *Clase media se reduce en Latinoamérica* "La clase media y el proceso de desarrollo", de la Serie Macroeconomía del desarrollo No 65 de la CEPAL HoraCero, Diario digital de Panama 12 de noviembre, 2009. http://horacero.com.pa/index.php/sucesos/42 - internacionales/1743 - clase - media - se - reduce - en - latinoamerica. html.

至于对中产阶级人口所占总人口的比例的估计,分歧就更大了。譬如据伊图里亚加(Iturriaga)和克莱因(Cline)对1895年至1960年墨西哥阶级结构变动情况的估计,上等阶级从占人口总数的1.5%增至6.5%;中等阶级从7.8%增至33.5%;下层阶级从90.7%减至60.0%。[1]但是墨西哥学者冈萨雷斯·科西奥(González Cosío)的估算却完全不同,他说,在1900年至1960年间,上层阶级所占的比例几乎是一直保持不变(分别为0.6%和0.5%),而中层阶级则增加了一倍,从8.3%上升到17.1%,下层阶级从91.1%缩减到82.4%。[2]还有一些学者为了方便起见,索性就把占人口20%的富人和占人口20%的穷人之间的那部分人口称之为中间阶层;若按这种意见,无论富国还是穷国,中间阶层人口所占人口总数的比例都是60%,这就很难分析中产阶级或中间阶层的状况对社会稳定所能发挥的作用了。可见,对这个问题不深入进行实际调查,是很难作出判断的。

最近,经济合作与发展组织(OECD)出版了一部题为《拉美经济概览,2011》的著作,专门对拉美中产阶级的情况进行了分析研究。该书是这样定义"中产阶级"的:先按家庭收入进行计量,确定一个在收入分配中处于中间水平的家庭集团;"中产阶层"就是收入超出这个中等家庭收入的一半而不到这个中等家庭收入一倍半的那一部分家庭。收入不到这个中等家庭收入一半的那些家庭就是"贫困阶层",收入超过这个中等家庭收入一倍半的那些家庭就是"富裕阶层"。按照这个定义,中间阶层人口在乌拉圭为56%,在墨西哥和智利为50%左右,在玻利维

---

[1] Howard F. Cline, *From Revolution to Evolution*, 1940–1960, London, 1962, PP. 123, 转引自 Pablo González Casanova, *La democracia en México*, Ediciones era, S. A., 1974, p. 135.

[2] Pablo González Casanova, *La democracia en México*, Ediciones era, S. A., 1974, p. 135.

亚和哥伦比亚则为1/3或稍稍超过1/3。①图4-1就是按中产阶级的这个定义绘制的拉美十国中间阶层家庭占家庭总数的比例图。从图4-1来看，即使是南美洲经济最落后的国家玻利维亚，中间阶层的人口也已经居多数，按有些经济学家的观点，应基本上属于所谓"橄榄型社会"结构，应该是比较稳定的社会。但事实上，这些国家并没有因此而称自己的社会为"橄榄型社会"，更没有因此而在社会稳定上有多大变化。

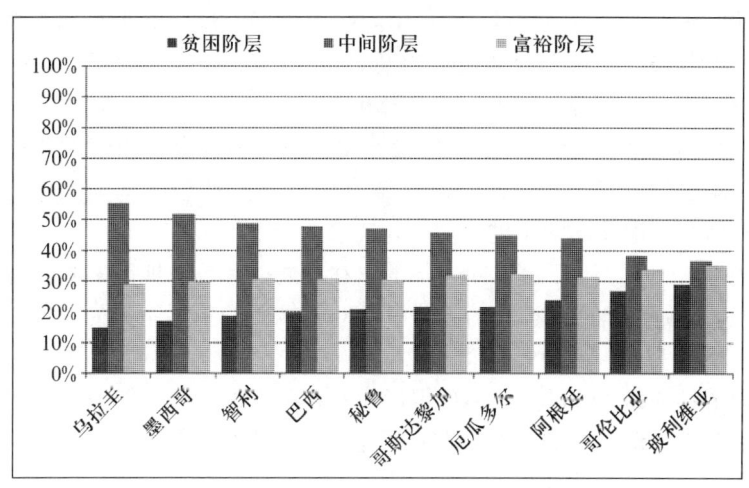

图4-1 拉美中间阶层家庭占家庭总数的比例（%）
Fuente：*Centro de Desarrollo de la OECD* 201Statlink：http：//statlinks.oecdcode.org/412010044P1G072.XLS

实际上，在拉丁美洲并不存在什么"橄榄型社会"，无论你对"中产阶级"或"中间阶层"怎么定义，在那里存在的还只是一种"金字塔型社会"。早在拉美现代化的黄金时期，也就是

---

① The Development Centre of the Organisation for Economic Co‐operation and Development，*LATIN AMERICAN ECONOMIC OUTLOOK* 2011，OECD 2010，p. 18.

20世纪50年代末,美国著名社会学家林恩·史密斯就说过:"绝大多数拉美社会都是严格分裂为极少数贵族和广大民众两部分的,前者处于社会金字塔的顶端,后者处于社会金字塔的底部,二者之间是少数中产阶级分子。"[①]现在,半个多世纪过去了,拉美的社会结构并没有多少变化。到21世纪初,拉美地区城市社会的分层结构几乎和半个世纪以前一模一样:社会金字塔的顶端是高收入阶层,包括资本家、高级管理人员和高级雇员,其人数仅占人口总数的4%;中间收入阶层,包括小业主和正规脑力劳动者,其人数约占人口总数的23%;低收入阶层,包括正规体力劳动者、非正规劳动者和未分类人口,其人数约占人口总数的73%。[②]这个数据尽管同上述经济发展与合作组织关于中间阶层的数据有所不同,但"金字塔型"的社会结构则大体上相似。据谢文泽博士的研究,拉美收入分配不公的状况,正是从20世纪50年代开始"固化"的。在此之前,拉美地区的收入分配差距始终呈持续扩大的趋势:1870年拉美的基尼系数为0.348;1930年为0.416;1950年为0.515。此后,基本上都维持在0.50以上,譬如20世纪70~80年代为0.543,90年代为0.49;21世纪初为0.53。[③]估计这种状况今后也不会有多大改变。

总之,当前拉美社会依然属于"金字塔型"的社会分层结构,并不存在所谓的"橄榄型"现代社会结构。"相反,拉美国家在80年代以来还出现了全面的中产阶级贫困化的趋势,同时,非正规部门的就业群体在经济自立人口中依然占据主导地位,并

[①] T. Lynn Smith, *Studies of Latin American Societies*, Doubleday & Company, Inc. 1970, p. 15.

[②] 苏振兴主编:《拉美国家社会转型期的困惑》,中国社会科学出版社2010年版,第213~214页。

[③] 苏振兴主编:《拉美国家社会转型期的困惑》,中国社会科学出版社2010年版,第216、179页。

有不断扩大的趋势。"①

2. 未来的拉美有无可能建成"橄榄型社会"

中间阶层的状况如何，对于一个国家的社会建设来说的确十分重要。一个社会如果生产力高度发达，经济上很富裕；如果最富的和最穷的人都处于少数，中间阶层的人口居绝大多数，那么，这个社会就是一个发达的社会。这样的社会自然是稳定的。因为在资本主义社会中，富人和穷人由于阶级利益的矛盾和冲突，政治上必然互相排斥，很难妥协，其结果自然是社会冲突不断，政治动荡不已。如果在这两个相互矛盾的阶层之间有一个庞大的、占人口70%以上的中间阶层，那情况自然就不同了，那就说明在经济上整个社会都是富裕的，有强大的消费潜力和意识，即使存在为数不多的社会贫困问题，也比较容易解决，不致形成社会收入差距过大的种种社会经济问题，从而达到经济的稳定和社会的一体化；在意识形态上也不难在整个社会形成一种占统治地位的、有强大凝聚力的、理性的、务实的核心价值观，从而达到全国、全社会思想上的统一；在文化上必然是代表中产阶级利益的文化成长为社会的主流文化，必然是教育与文化高度发达，能够推动科学技术不断创新，从而推动社会生产力不断发展，从而保证社会的持续发展；在政治上由于社会的一体化、意识形态的基本统一以及主流文化上的健康发展，民主政治建设必然会顺利推进，从而达到政治上的统一和强大。但是，拉丁美洲的事实证明，这样的社会对于发展中国家来说，只是西方发达国家的历史和经验给我们描绘的一幅美妙的图画，而实际的问题是，在西方霸权国家统治和主导的世界体系中或世界秩序中，广大发展中国家如何能够建成这样的发达社会？

从拉丁美洲的情况来看，要在资本主义的中心－外围结构的

---

① 苏振兴主编：《拉美国家社会转型期的困惑》，中国社会科学出版社2010年版，第241页。

世界体系和经济秩序下建成这样一种被有些学者称之为"橄榄型社会"的发达社会,几乎是不可能的。理由是:

第一,经济全球化加速了国际间贫富的分化。在经济全球化的资本主义世界体系中,一个国家的第一次分配并不是国内的分配,因为资本主义世界体系的中心-外围结构已经决定了这个国家在国际上的分配结果(债务的偿还、惊人的知识产权支付、昂贵的专利垄断代价等,都是决定此种分配结果的一些因素)。据统计,1820年,世界上最富裕国家与最贫穷国家生活水准的比率大约为3:1,这项比率到1913年增为11:1,到1950年为25:1,现在则上升为70:1。① 根据世界银行1997年的一项报告,1960~1989年,全球20%最富裕的人占有全球总收入的比例,从70.2%增加到82.7%。而与此同时,全球20%最贫穷的人所占的收入比例从微不足道的2.3%更进一步下降到1.4%。②在这一方面,拉丁美洲的状况尤其严重。譬如巴西,在1960~1980年的20年中,人均收入增长了75%;而在1980年以来的20年中,人均收入却仅仅增长了7%。③据联合国拉美经济委员会统计,1990年,拉美和加勒比地区的总共4.6亿人口中,有2亿人口生活在贫困线以下,占总人口的45.9%。其中,秘鲁、巴拉圭及部分中美洲国家的贫困人口高达68%~78%,即使在比较发达的巴西等国,贫困人口也超过或接近50%。④

---

① 希布鲁克(J. Seabrook):《阶级:揭穿社会标签迷思》,谭天译,台北,书林出版有限公司2002年版,第99~100页。
② 李培林、张翼、超延东、梁栋著:《社会冲突与阶级意识——当代中国社会矛盾问题研究》,北京,社会科学文献出版社2005年版,第35页。
③ 《巴西中产阶级的现状:明灯抑或幻象》,《全球中产阶级报告》(中译本)(Report of Middle Classes in the World, http://www.menggang.com/book/02/reportmidclass/reportmidclass-m.html.
④ 房宁:《现代资本主义发展引论》,北京,首都师范大学出版社1995年版,第213~214页。

第二，由于前文所说的后发劣势递增规律和后发优势递减规律的作用以及国内社会严重的两极分化，发展中国家根本不可能通过国际收入分配（第一次分配）基础上的国内收入分配，"培植"出像西方发达国家那样庞大的中产阶级。20 世纪 80 年代以来的大量事实都证明了这一点。譬如 20 世纪 70 年代以来，巴西社会财富集中程度不断提高。在 70 年代初，占有社会总收入一半左右的富人占总人口的 10%，而 90 年代初进一步缩小为 5%；而另一方面，包括"中产阶级"在内的广大社会成员却加速贫困化。在城市里，大批工人甚至一部分白领雇员失业，城市贫困人口比重从 70 年代初的 42% 上升到 90 年代的近 60%。巴西的中产阶级人口在 20 世纪的国家工业化期间曾经成倍地增长，但到 1981 年之后，由于经济的长期停滞和近 20 年来不断的隐性危机而不断缩减。

第三，在中心-外围结构的资本主义世界体系下，在排斥国家作用的自由市场制度下，社会发展的基本机制是两极分化，而不是培植中产阶级；它能够在墨西哥产生一个像斯利姆那样的"富可敌国"的世界首富①，却绝不可能在外围世界中产生出一个像发达国家那样的、被有些学者称之为"橄榄型社会"的社

---

① "美国《福布斯》杂志 2010 年 3 月 10 日公布了最新一期世界富豪榜，斯利姆以 535 亿美元的个人资产超越美国微软公司创始人比尔·盖茨，成为新的世界首富。"1982 年，斯利姆乘墨西哥正处于债务危机的艰难时期，在股市大举抄底。1990 年他又在时任总统卡洛斯·萨利纳斯的推动下收购了墨西哥电话公司，将这家国有垄断企业转变为私营垄断企业。（巴勃罗·奥尔达斯：《斯利姆：平凡的世界首富》，西班牙《国家报》2010 年 3 月 11 日）他很快就成了一个真正"富可敌国"的大财阀。他个人企业的总市值占到墨西哥上市公司总值的近一半；他的个人资产相当于墨西哥全年国内生产总值的近 8%。他名下的墨西哥电话公司垄断了墨西哥 91% 的固话网络，他名下的美洲移动电话公司控制着墨西哥 77% 的手机用户。据揭露，斯利姆利用自己的垄断地位制定高于其他任何发达国家的收费标准，而用户除了按其要求缴费别无他法。2006 年，估计平均每小时就有近 220 万美元流入斯利姆的腰包。和很多拉美国家一样，墨西哥的大部分财富只由少数富豪把持，约一半人口每天收入不足 5 美元。斯利姆是墨西哥贫富差距悬殊、缺乏竞争机制的社会矛盾的典型体现。（邹建锋：《墨西哥电信大亨埃卢：受质疑的全球新首富》，环球市场 2007-08-06）

会。为什么20世纪90年代以来拉美国家国内生产总值不断增长，而反映社会贫富分化情况的基尼系数却始终处于高位"固化"状态？其根本原因就在这里。

那么资本主义的、实行自由市场制度的美国为什么又能够"培植"出一个庞大的中产阶级，建成一个以庞大的中产阶级为主体的发达社会呢？原因很简单，就是因为它抢先实现了工业化，在资本主义世界体系中占住了中心霸主国家的位置。这是19世纪美国所处的特殊历史条件决定的，不是后发国家所能学习的。关于这一点，我们可以查阅一下霍布斯鲍姆的历史名著《革命的年代》那本书。这本书记载了如下的历史事实：在美国建国之初，它缺乏资本，有英国向它输出资本；它缺乏劳力，有英、德等欧洲国家向它输出成百万的剩余人口；它缺乏技工，可以从世界其他已经工业化的地方输入。在它的西部是一望无际的沃土和丰富的资源，它唯一缺少的就是开发这片土地所需要的工具和交通。美国的殖民者、政府、传教士和商人很快就横跨北美大陆，扩张到了太平洋；在世界最具活力的第二大商船队的支持下，他们又将贸易推向了各大洋。撇开海外扩张不说，单是它在北美大陆内部的扩张过程，就足以使美国经济保持几乎是无限的增长。这个新兴共和国的所有制度都鼓励储蓄、才智和私人企业。数量巨大的新来人口，定居在沿海城市和新近占据的内地各州，他们需要同样规格的个人与家庭用品、农场物品和装备，并且提供了一个理想的同质市场，发明和创业的报偿非常丰厚；大批各式发明者都在追求这些丰厚的报酬。只有一个重大的绊脚石阻碍着美国前进，这就是工业发达的北方与半殖民地式的南方之间的冲突。南方几乎将全数的棉花供应英国，使它的依附性无可扭转；北方则极力保护本国的工业资本家，抵制廉价竞争的英国人。为了扩充势力，南北相互争夺西部领土。1861～1865年的南北内战，实际上就是北方资产阶级所进行和主导的美国统一战争。北方在这场战争中的胜利,奠定了美国称霸的基础。①美国的广大居民就是在这样特殊的历史条件下普遍富裕起来的(你也可以说这就是世界上最大的中产阶级)。显然,这决不是美国政府刻意培植"中产阶级"的结果,而是一个很自然的过程。因此,美国建设这种所谓"中产阶级社会"的道路决不是别的国家所能学习的,更不是外围发展中国家所能学习的。现在,就是美国的这个"中产阶级",也由于近年来的经济危机而开始走下坡路了。有一篇文章指出:"在长期的经济繁荣和破产的起伏中,美国中产阶级虽然都幸存下来了,但是随着每一次的衰退,它的生活水平是越来越下降了;在这一次的大萧条中甚至下降得更厉害。在20世纪60年代的经济高涨期间,中产阶级的家庭收入曾经一下子增长了33%;但是在21世纪最初几年的繁荣中,却只增长了极微小的、几乎觉察不到的1.6%,而现在,由于金融危机的爆发,中产阶级家庭已经落得两手空空。"②庞大的美国"中产阶级"尚且如此,外围国家要想建设一个美国这样的以"中产阶级"为主体的所谓"橄榄型社会"谈何容易!

3. 如何看待"橄榄型社会结构论"

从拉美的历史记录和现实情况来看,这种理论并没有充足根据,是一种带有某种空想性质的理论。之所以这样说,理由有三:第一,如上文所说,资本主义世界体系中心-外围结构和自由市场制度所产生的社会经济效应,只能是两极分化,而不可能是财富向中间阶级集中,因而根本不可能产生出一个两头大中间小的"橄榄型社会",中产阶级也不可能成为社会的主体。

---

① 参见艾瑞克·霍布斯邦:《革命的年代》(中译本),国际文化出版公司2006年版,第222~228页。

② *How did America create the biggest Middle Class in the world and why is it disappearing*?, Best Answer – Chosen by Voters, http://answers.yahoo.com/question/index?qid=20110207113301AAay8vk.

第二,就是在美国这样的相对说来民众普遍比较富裕、基尼系数比较低、被称为典型"中产阶级国家"的国家,事实上也不是一个"橄榄型社会",因为对于任何国家来说,首富只有一个,像美国的比尔·盖茨、墨西哥的斯利姆。从首富往下,随着收入的依次降低,人数是依次增多的,这是一般规律,概莫能外。表4-6可以证明这一点。

表4-6 1960—1990年间美国的阶级结构分布(%)

阶级位置	1960	1970	1980	1990(年份)
非所有者:				
1. 经理	7.50	7.57	7.95	8.25
2. 专家经理	3.87	4.41	5.06	5.99
3. 专家	3.53	4.53	5.49	6.90
4. 监督者	13.66	14.86	15.23	14.82
5. 技术工人	13.46	14.08	12.92	12.77
6. 蓝领工人	44.59	45.13	44.05	41.38
所有者:				
7. 小资产者	5.54	4.09	4.53	5.19
8. 雇主	7.86	5.33	4.77	4.71

资料来源:赖特,2004;转引自周晓虹:《再论中产阶级:理论、历史与类型学——兼及一种全球化的视野》,《社会》总第242期2007-03-23。

这个表尽管没有具体标出每个"阶级"的人口数,但从表里各个"阶级"所占人口的比例大致可以看出,高层是相对少数,底层(蓝领工人)是相对多数,反映了美国的社会阶级结构仍然是"金字塔型"的。所以,可以说,任何国家的社会结构都只能是"金字塔型",而不可能是"橄榄型";如果说有区别,那就是收入分配比较公平的国家,其中下层民众普遍比较富裕,因而社会金字塔比较高,底边比较窄;收入分配不公平的国家,贫富分化更严重,下层民众更多、更贫困,因而社会金字塔比较矮,底边比较宽。关于这一点,墨西哥著名历史学家科西奥·比列加斯(Daniel Cosío Villegas)有一段很精彩的叙述。他说:"任何国家的社会,都毫无例外地是一座金字塔。塔的顶部盘踞着少数富人;中部是数量较多、不富也不穷的人们;根基当然更大,是大量穷苦大众。财富像雨水一样落到这种社会金字塔的顶部,顺着山坡往下流,滋润着整个金字塔,一直流到山脚穷苦人的地方。穷人也可能从雨水中得益,摆脱穷困;但首先要爬到金字塔的中部,最后爬到顶部,才能成为富人。"他还说到英、美等发达国家的社会金字塔同墨西哥等拉美国家的社会金字塔的区别。他说,关于财富分配形式的这种思想,属于自由主义哲学思想,"英、美等国已在很大程度上证实了这一思想,但是它在墨西哥却未起作用,主要原因有二:首先,墨西哥的社会金字塔不像英、美那样塔身高,基部小,雨水可以在几乎垂直的坡上流下;墨西哥的金字塔基部大极了,而且塔身不高,斜坡接近于地平线,水流甚慢。其次,更严重的是,墨西哥社会金字塔的每个阶层均有石板做的储水坑间隔着,严实得如同混凝土一样,落在山顶的雨水只能停留在那里,一点儿都流不到或很少能流到金字塔的下部。"①

第三,中产阶级人数的增多,并不是中产阶级自身膨胀的结果,而是社会流动的结果,是一个国家经济发展卓有成效、下层民众日趋变富的结果。譬如墨西哥中等阶级所占墨西哥人口总数的比例之所以能从1895年的7.8%增加到1960年的33.5%,是因

---

① 丹·科·比列加斯:《墨西哥历史概要》(中译本),中国社会科学出版社1983年版,第89页。

为下层阶级有30%左右的人口富裕了，晋升到了中等收入水平（见表4-7）；是因为"自1940年开始，墨西哥出现了一个'过渡'阶层，或'过渡'阶级，它从最下层的地位逐步上升到中等阶级的地位，这个阶级1940年仅占人口的6.5%，到1960年则上升到占人口的20%。"[1] 所以，要想提高中产阶级人口的比重，关键是要让所有的人民大众都有公平的、均等的致富机会和提升自己社会地位的机会，而不能只在中产阶级的圈子里做文章。譬如墨西哥之所以能在1940年之后短短的20年中，把中产阶级所占人口的比重提高到33%以上，是因为执政的民众主义政党革命制度党实行了一种职团主义的组织措施和社会政策，即这个党的工人部通过工会联合组织的努力，保障工人就业和基本工资待遇的权利；这个党的农民部通过农民联合组织的努力，推进土地改革，保障农民"耕者有其田"的权利；这个党的人民部通过人民联合组织和公务员联合组织的努力，致力于教育事业的发展，保障中间阶层有依靠知识和本领得到晋升的权利和机会（参见图4-2"墨西哥资产阶级政权组织结构图"中的"革命制度党"的组织系统部分）。

表4-7 三个阶级所占人口总数百分比的变化

	1895	1960（年份）
上等阶级	1.5%	6.5%
中等阶级	7.8%	33.5%
下层阶级	90.7%	60.0%

资料来源：Howard F. Cline, *From Revolution to Evolution*, 1940-1960, London, 1962, PP. 123, 转引自 Pablo González Casanova, La de*mocracia en México*, Ediciones era, S. A., 1974, p. 135.

---

[1] Pablo González Casanova, *La democracia en México*, Ediciones era, S. A., 1974, p. 135.

最后，我们还要看到，外围国家的中产阶级同中心国家的中产阶级是不同的，他们未必能够起到政治稳定器和矛盾调节器的作用。因为在经济全球化的挟持下，这个阶级的相当一部分人都同跨国公司有着千丝万缕的联系。这一部分人一般都坚持自己所隶属的这个世界系统的消费模式和意识形态，分享跨国公司在本国的剥削所得，是一个与跨国公司有着共同心理，而与本国本民族发展格格不入的"精英"集团。他们的脊梁骨未必是强硬、结实的。20世纪拉美的历史证明，这个阶级的立场同它的经济地位一样是动摇不定的。譬如巴西的中产阶级就既害怕民众，也害怕军人独裁，当古拉特总统开始站到劳工组织一边时，他们就感到恐慌，并参与发动圣保罗50万人大示威，抗议古拉特的"背叛"，要求军队干预，支持军队反古拉特的政变。后来，当他们中间不少人的子女遭到军队镇压的时候，他们又开始反对军人独裁统治。所以，"无视巴西的本土历史，将巴西中产阶级置于一种远离现实的理想状态，套用作为坐标的'欧美中产阶级'的发展经验"①，认定这个阶级"是社会的中坚"，把国家的希望寄托于这个阶级身上，往往是要落空的。

社会建设的失败与拉美的发展困境

社会的稳定既然不能寄希望于想象中的"橄榄型社会"，那么靠什么呢？靠国家全面的社会建设。拉丁美洲的历史证明，凡是发展成就比较突出的时期，都是社会建设有所建树，社会、政治比较稳定的时期；凡是发展陷于困境的时期，多半是社会建设陷入困境或遭到失败的时期。在这一方面，阿根廷是一个最好的典型。一个百年前就名列世界前列的富庶国家为什么到21世纪

---

① 《巴西中产阶级的现状：明灯抑或幻象》，载周晓虹主编：《全球中产阶级报告》，社会科学文献出版社2005。http://www.menggang.com/book/02/reportmidclass/reportmidclass‐m.html.

初会几乎陷于破产,遭遇史无前例的发展危机?就是因为这个国家的社会建设一再陷于失败。一个多世纪以来,阿根廷也曾经有过几次经济发展的高潮。但是,每次高潮都是以社会稳定开始,而以社会危机告终。

阿根廷的第一次发展高潮发生在1880年到1930年的半个世纪,是阿根廷政治史上一个相对稳定的时期,也是阿根廷最早的民众主义政治时期。当时,伊里戈延政府实施了一系列有利于民众的政策,取得了较好的结果,经济发展较快。但是因为这些政策触犯了上层统治阶级的利益,乌里武鲁将军发动军事政变,推翻了民选的伊里戈延政府,阿根廷经济进入了危机阶段。

阿根廷的第二次发展高潮出现在1946年至1955年的庇隆执政时期,是又一个相对稳定的时期。庇隆成功地将改良主义的工会领袖吸引到自己一边,实行所谓"阶级调和"的、民族主义的、"正义主义"的特殊发展道路和进口替代工业化发展战略,带来了一个经济相对高涨的时期,大大提高了阿根廷制造业产值在GDP中的比重(从22.8%提高到了29.2%)[①]。但是,由于类似的原因,阿根廷民众主义政权又一次被军事政变推翻(1955年9月),经济再度陷于危机。

梅内姆执政的10年(1989~1999年)也是阿根廷历史上难得的一个较为稳定的时期,是"上层跨国资本主义新阶级"统治的时期,也是经济上出现短暂增长高潮的时期(增长率曾一度达到8%)。但是,这个政府由于实行"原教旨主义的"新自由主义政策,完全无视社会建设,同阿根廷人民的矛盾十分尖锐,最后发生严重的金融暴乱,被人民赶下台,经济遭到严重的损失,中产阶级也陷入了急剧的贫困化。

---

① 苏振兴、徐文渊主编:《拉丁美洲国家经济发展战略研究》,北京大学出版社1987年版,第44页。

从上面这一简要的历史回顾中可以看到,在拉美历史上,上层统治阶级与下层广大民众之间,是存在尖锐的利益斗争的。每当民众主义政府执政,实施有利于民众利益的政策时,上层统治阶级往往同军人勾结起来,发动军事政变,推翻民众主义政权。而每当代表上层统治阶级利益的专制独裁政权执政,实行剥夺广大民众利益的政策的时候,广大的民众也会组织起来,发动大规模的抗议斗争,把专制独裁政权推翻。拉美国家的历史通常就是在这种民众主义与精英主义两大势力之间的"恶性循环"式的斗争中运行的,这说明拉美国家始终没有解决好社会建设的问题;国家没有能切实履行维护社会和政治稳定的职能,以致每次的经济发展进程都被社会、政治危机所中断或被破坏。所以,拉美社会学与政治学教授卡洛斯·马林尖锐地指出:"在力图协调社会不平等与文化差异方面,拉美是现代西方第一个失败的地区。"[①]

五、拉美的发展困境与民众主义

在关于"拉美化"问题的讨论中,有一派意见认为,"拉美的根本问题在于民粹主义","拉美化"的实质是民粹主义的福利赶超;拉美在经历了战后二三十年增长的"黄金时代"之后之所以增长陷入停滞、贫富差距进一步扩大,与拉美民粹主义的福利赶超政策密切相关,"检讨拉美问题如果忽略这一因素不谈,显然是没有抓住问题的根本";甚至说民粹主义是"危机产生的根源"等。这派意见称拉美的"民众主义"为"民粹主义",大概是因为"民粹主义"在中国学术界早就是批判的对象,名声很不好,使用这个名字容易使自己的意见赢得支持。其

[①] Carlos Marin, Guillermo LONG, *EL BICENTENARIO DE LA INDEPENDENCIA*, FLACSO, Ecuador.

实,过去中国学术界所批判的19世纪俄国的那种"民粹主义"在拉美是不存在的。俄国的"民粹主义"其实是一种"农民主义",认为农民村社是社会主义的胚胎,可以通过知识分子领导的村社农民革命过渡到社会主义;它反对发展资本主义,反对工业化,把无产阶级在俄国的出现看做是"历史的不幸"。这种理论之所以称之为"民粹主义",是因为他们提出了到"民间"去的口号。拉美的"民众主义"是出现在20世纪拉美现代化进程中的一种思潮和运动,主要是城市现象,忽视农村正是它的缺点。拉美的一些著名的"民众主义者"都是发展主义者,致力于发展资本主义,是拉美现代化和工业化的旗手,同我国学术界过去批判的"民粹主义"完全是两码事。而且,拉美的民众主义者也从不称自己为"民粹派";"民众主义"(populismo)这一称谓大概是从秘鲁早期民众主义政党"人民党"(Partido Popular)的名称演变而来的。

民众主义的定义和主张

20世纪初,在拉美的现代化进程中,产生了新的社会力量:城市工人、中产阶级和城市贫民,而传统的农民阶级和印第安人土著也在这个进程中受到严重的冲击,陷入更贫困化。于是,这些社会力量便以中产阶级为代表,提出了自己的政治经济要求,有的国家发生了革命,更多的国家出现了改革运动。正是在这种社会改革运动中,特别是在中间阶层争取政治权利的过程中,产生了一种新型的多阶级合作的政治思潮和政治运动。这种政治思潮和政治运动后来被称为民众主义。

关于民众主义的定义,说法不一,比较典型的可以举出美国著名历史学家伯恩斯对"民众主义"的一个注释:"那些至少在表面上反对现状的政治运动或政府,在某些情况下被称为'民众主义派'。他们提倡一种大部分普通公民(通常是城市工人阶级)有兴趣并且支持的体制。实际上,他们通常提供了一时的缓解或利益，而没有真正改变基本的社会结构。"①

民众主义政治主要有以下几个特征：

第一，民众主义政党都是"多阶级的"政党，主张搞多党、多阶级合作的民主政治，主张实行某些改革和改良措施。

第二，主张扩大国家在社会和经济生活中的作用，有些民众主义者甚至带有温和的社会主义色彩。

第三，奉行促进经济发展的政策，特别是进口替代工业化政策，寻求实现国家的工业化。

第四，对外反对帝国主义，争取和维护民族独立，具有民族主义倾向。②

看得出来，民众主义主要是一种政治思潮或政治运动。在欧美发达国家推行新自由主义政策以前，几乎没有人对它进行过经济上的批判，甚至很少有经济学家涉足民众主义研究。西方国家发动的对"民众主义"的经济批判，是最近20多年来的事情，其批判之严厉，炮火之猛烈，世所罕见，如说它是"与个人本位倾向对抗的整体主义"、"与世界主义（国际主义）倾向对抗的国家主义"、"与市场经济和宪政制度对抗的反现代化力量"、"与市民社会的理性主义相对抗的非理性倾向"等。显然，这是带有严重政治偏见的批判。

拉美民众主义的三次浪潮

同亨廷顿所说的民主化的三个浪潮一样，民众主义也有相应的三次浪潮。

1. 第一次民众主义浪潮

拉美独立后，正是亨廷顿所说的第一次民主化浪潮期

---

① E·布拉德福德·伯恩斯：《简明拉丁美洲史》（中文版），世界图书出版公司2009年版，第377页。

② 参见徐世澄主编《拉丁美洲现代思潮》第12～13页（当代世界出版社2010年版）和林被甸、董经胜的《拉丁美洲史》第八章第三节（人民出版社2010年版）。

(1828~1926年)。从西方引进拉丁美洲的民主政治,并不能给拉美现代化提供稳定的政治环境,随着拉美早期现代化进程的启动(19世纪末),稳定是第一位的。所以,拉美各国的政治诉求就从西方的政治民主转到了本国的政治稳定,建立了当时拉美惟一可以给拉美带来政治稳定的考迪罗专制独裁制度或寡头独裁制度。但是,考迪罗专制独裁政府和寡头独裁政府却依靠反动军人、大庄园主和外国势力,实行西方霸权国家所要求的自由主义经济政策,给拉美中下层人民带来了巨大的痛苦。20世纪初,在反对考迪罗主义政权的斗争中,出现了新兴中产阶级所领导的早期民众主义运动,并建立了像阿根廷伊里戈延政府那样的第一批早期民众主义政权。其代表人物有:阿根廷的伊里戈延、乌拉圭的巴特列·奥多涅斯、秘鲁的比林古尔斯特和阿亚·德拉托雷(人民党的创始人)以及智利的亚历山德里。

2. 第二次民众主义浪潮

20世纪中期,世界政治史进入了亨廷顿所说的第二次民主化浪潮期(1943~1962年),也是拉美国家第二次现代化浪潮的时期。在这个期间,新兴民族资产阶级选择了自主现代化的发展战略,催生了拉美的民族民主革命运动和政治经济改革运动,创造性地建立了各式各样的民众主义新型民主制度,被称为经典民众主义时期。其主要代表人物有墨西哥的拉萨罗·卡德纳斯(1934~1940年)、巴西的热图利奥·瓦加斯(1930~1945年;1951~1954年)、阿根廷的胡安·多明各·庇隆(1946~1955年;1973~1974年)、厄瓜多尔的马里亚·贝拉斯科(1944~1947年)、玻利维亚的帕斯·埃斯登索罗(1952~1956年;1960~1964年)等。但是,由于战后冷战的国际环境和国内阶级力量对比的不利条件,这些民主制度(除了个别例外)都未能达到制度化的程度,出现了一系列新的问题。特别是在20世纪60年代末期以后,由于进口替代工业化发展战略出现严重问题，民众主义积累模式的内在矛盾日趋激烈，暴力升级，上层统治阶级为维护自己的利益，遂通过军事政变，将绝大多数国家的民众主义政权逐一推翻，在拉美绝大多数国家建立起高度镇压性的政权。从此拉美进入军人独裁主义统治时期。

3. 第三次民众主义浪潮

从20世纪70年代下半叶开始，世界进入了亨廷顿所说的第三次民主化浪潮期（1974～1990年）。在这个时期中，拉美国家破天荒第一次实现了全地区的"民主化"，并在此后的20余年间基本上保持了"民主政治"秩序。当时很多人预测：债务和经济危机将使民众主义政治从政治舞台上消失；已经占统治地位的新自由主义经济是同民众主义的干预政策和再分配政策针锋相对的，新自由主义必将排除民众主义复兴的可能性。但是事实并非如此，由于这个民主化进程是在严重的经济危机中复兴的，是在执行"华盛顿共识"所要求的新自由主义经济政策的进程中推进的，它只是一个向"新自由主义国家"过渡的阶段，并逐步地、系统地将前半个世纪人民所争得的一点点权利和福利取消殆尽[1]，因此，它不可避免地引起了社会冲突的激化和政治的动荡。于是，寻求政治稳定的探索再一次成为拉美政治发展的一项最紧迫的任务，舆论日益强烈地要求"重新发挥国家的社会指导者和领导者的作用"[2]。于是，在民众主义沉寂了一段时期之后，除了原来的少数民众主义政党的领导人堕落成了追随华盛顿

---

[1] 参见 Victor Manuel Duran, *Estado social de derecho, democracia y participacion*, http://utal.org/movimien l ld.htm.

[2] Programa de las Naciones Unidas para el Desarrollo, *Ideas y Aportes : La Democracia en América Latina, Hacia una democracia de ciudadanas y ciudadanos*, PP. 26, Primera edición, New York, abril de 2004.

共识的新自由主义派（如梅内姆）①之外，又有一批新的温和的或激进的民众主义者出现在拉美的政治舞台，并相继在选举中赢得了政权。其主要的代表人物有委内瑞拉的查韦斯、厄瓜多尔的科雷亚、玻利维亚的莫拉莱斯等。

历史证明，20世纪80年代拉美的所谓"民主化"和重归西方议会民主制，并没有能消灭民众主义，没有能阻止民众主义在拉美的复兴。正如苏珊·格雷迪乌斯所估计的：民众主义不但没有死亡，"民众主义政治似乎到21世纪初又开始一个高潮了……尽管它有威权主义的趋势，但它是与形式民主制的框架共存的。由于它长期执政的历史以及它是民主制和威权制的一种混合制度，它几乎可以被认为是代表拉丁美洲民主与国家建设进程中另一个阶段的一种政治制度。"②

民众主义的生命力

拉美的民众主义运动为什么能够在西方议会民主制国家的重重压力下，在上层统治阶级和军队的残酷镇压下，一次又一次地形成浪潮？为什么拉美的民众主义运动每一次被镇压下去之后，都能够在下一次的民主化浪潮中顽强地复活，形成浪潮，并赢得政权？根本的原因就在于，民众主义的思想和制度是在拉美这个资本主义世界体系外围地区的迟现代化国家诞生的，符合这些国家的需要。西方议会民主制的一个突出的特点是崇尚自由，反对国家干预经济，推行"经济无政府主义"。这种理论和政策对于早期现代化国家（现在的发达国家）来说，是可行的，而且是

---

① 有人将这种人称为"新民众主义者"。库尔特·韦兰（Kurt Weyland）认为："新自由主义和新民众主义之间令人吃惊的兼容性，甚至联姻，是新自由主义改革过程中西方民主得以延续生存的重要原因。"（参见 Kurt Weyland, *Neopopulism and Neoliberalism in Latin America: How Much Affinity?* XXV International Congress, Latin Amrican Studies Association, Dallas, March 2003.）

② Susanne Gratius, *The "Third Populist Wave" of Latin America*, 31/10/2007, http://www.maximsnews.com/107mnundecember02frideenglishlatinamericathirdpopulistwave.htm.

有利的。因为在早期现代化国家，资产阶级是强大的，他们的统治是稳固的，他们所需要的只是自由扩张的权利，国家只要充当他们的"管理委员会"就行了。西方的议会民主制正是这个"管理委员会"的制度。但是，要在迟现代化的拉美国家推行这种理论和制度就不行了，因为迟现代化国家的现代化，无论内部条件还是外部条件，都是同早期现代化国家的现代化不同的。

第一，拉美国家的现代化并不是本国生产力自发推进的内源型现代化，而是一种在外部压力下不得不追赶先进国家的外源型现代化。这种现代化只能靠国家的力量自上而下地启动和推进，在相当大程度上是一种国家行为，没有国家的领导、动员和组织是不行的，像西方议会民主制所主张的那样去国家化肯定是行不通的。

第二，拉美国家的现代化不是像早期现代化国家那样可以靠生产力的内源发展，自发地、缓慢地从野蛮的原始资本积累阶段进到自由企业阶段，再发展到资本集中阶段。而是必须同时要实现现代化所有各个阶段的任务，肩负着早期现代化国家所未曾经历过的人口的压力、发达国家消费示范的压力、革命和改革的压力，是一个高度"浓缩"的现代化进程，任务特别艰巨。其所产生的快速城市化、快速政治参与收益分配结构的急剧变化，都是对社会秩序和政治秩序的重大冲击，因而没有强大国家机器的社会调解和相应速度的政治制度化，国家就会陷入难以控制的社会分裂和政治动荡。

第三，市场经济的最本质的特点是它的自由竞争原则和比较优势原则，始终对强者有利。对于落后的、经济实力脆弱的发展中国家来说，光靠市场经济自发的私人积极性，是不可能实现国家的工业化的，更不可能实现科学的、可持续的、和谐统一的发展。近20多年来拉美国家实行私有化和自由市场经济的经验证明，私人投资的目的只是赚钱，决不考虑国家发展的需要。如果国家不能集中其资源去创建和发展一些以投资数额巨大和投资周期长为特点的风险企业,那么,这个国家也就不可能在国家现代化方面有什么大的作为。所以,正如伯恩斯·卡斯特罗所指出的,对于市场竞争来说,"必须要有一个强大的、运作规则明确无误的法制国家,以避免出现扭曲和垄断"[1]。

第四,在经济全球化的国际环境中,现代化战略的选择是一种重大的国家行为,其成功与否取决于国家能否对经济全球化的挑战作出正确的回应。回应正确,国际关系就有可能促进国内的改革、经济的增长和社会的一体化,加强自己掌握自己命运的能力;回应错误,就有可能造成相反的后果:国家陷入分裂;经济陷入崩溃,自己无法掌握自己的命运。显然,国家在这里具有决定性的作用。

第五,一个国家人民的福利和生活质量、它的活力和社会一体化水平,是这个国家社会建设水平的客观反映,决定了这个国家能否做到安定团结和政治稳定;而社会建设是要靠国家的力量来完成的。

以上五点说明,对于拉美国家的现代化来说,国家的作用是具有决定性的,不但不应削弱,而且还要加强。所以,联合国开发计划署2004年《报告》严肃指出,"对拉丁美洲来说,十分紧迫的事情是要恢复强有力的、高效的和有威望的国家概念;需要有一个有监督能力、调节能力和控制能力的国家,需要有一个民主的、尊重和保证所有人权利的国家"[2]。

---

[1] Palabras de Eduardo R. Bours Castelo en el Foro Regional de Consulta sobre la modernizacion de la industria electritica y apertura a la inversion privada, Mexico, 22 de marzo de 1999.

[2] Programa de las Naciones Unidas para el Desarrollo, *Ideas y Aportes* : *La Democracia en América Latina*, *Hacia una democracia de ciudadanas y ciudadanos*, pp. 26, 28, Primera edición, New York, abril de 2004.

民众主义的失败与政治奇迹

现在很多的批评家都认为，拉美国家民众主义政权的历史都是一部部屡试屡败的历史，看不到有什么成功的希望。其实，民众主义在拉美并不是没有过成功的历史，不但有，而且还有过相当辉煌的成功的历史。民众主义政权能不能成功，主要决定于能不能创建一个有坚强理论基础、有广泛群众基础和团结一致的、强大的政党。因为在发展中国家，资产阶级软弱、分裂，且有严重的对外依赖性，人民大众又处于无权地位，现代化事业唯一所能依靠的就是自己民族的组织力量和政治稳定优势。要获得这种力量和优势，就必须要有一个能领导、组织和团结全国各阶层力量的核心。这个核心就是政党。20世纪六七十年代，由于政局紊乱的问题无法解决，拉美大陆几乎所有的国家都发生了军事政变，建立了军人独裁统治，唯有墨西哥、哥斯达黎加、委内瑞拉和哥伦比亚四个国家在没有军人介入的情况下基本保住了和平民主的政治秩序。之所以如此，就是因为这四个国家相对说来都有比较强大的执政党（墨西哥有革命制度党、哥斯达黎加有民族解放党，委内瑞拉有民主行动党和基督教社会党，哥伦比亚有自由党）；而且这些党都在反对独裁统治或暴政统治的斗争中建立过功勋，有比较高的威望（墨西哥革命制度党领导过著名的墨西哥资产阶级民主革命，哥斯达黎加民族解放党领导过1948年内战和后来得到广大民众拥护的改革运动，委内瑞拉的民主行动党和基督教社会党领导过1958年推翻希门尼斯反动独裁统治的斗争，哥伦比亚的自由党领导过20世纪40年代末至50年代末反对保守党暴政的斗争），都实行民族自主的发展主义战略和国家干预的社会福利政策，得到民众拥护，能较为顺利地调解国内阶级矛盾。在这四个国家中，墨西哥就是一个曾经创造过辉煌的成功的例子。

墨西哥自1910～1917年革命胜利后，为了建立稳定的政治秩序，为了给国家的现代化创造良好的、稳定的政治环境，当时的革命政府进行了一系列重大的政治改革，创造性地建立了一个有控制的民众主义政权体制。这个体制由总统集权制政权体系、职团主义官方党组织体系和独立私营企业主权力体系等三个体系组成。国家权力的主体是民众主义的、职团主义结构的执政党——革命制度党。所谓职团主义结构，具体地说就是有意识地将广大的工人、农民和公务人员都动员起来，组织为一些职团机构，如墨西哥劳工联合会、全国农民联合会、全国人民组织联合会等，作为唯一合法的利益集团，吸收进党内，分别构成该党的工人部、农民部和人民部，来代表它们所属各行业部门民众集团的利益，使之有更多的参政机会，有更多的机会进入政府部门；同时又使这些民众集团不得不牺牲自己集团的政治独立性，通过革命制度党的组织系统，服从政府的领导（参见图4-2中的"革命制度党"组织系统）。这个执政党的最大的特点是承认阶级斗争的存在，认为大资产阶级的利益往往是同社会利益背道而驰的，所以这个党有一个基本的阶级标准，即有意识地将大资产阶级排除在革命制度党的组织范围之外，以保持官方党的民众性质。但同时，这个党又认为，资产阶级，特别是大资产阶级对国家的经济发展是具有重要意义的，所以，又必须把这个阶级在执政党的范围之外组织起来，形成另一个权力体系，即独立的私营企业主权力体系（参见图4-2中的"企业活动家委员会"所属的整个私营企业主组织系统）。官方党组织体系属公共部门，私营企业主权力体系属私人部门，二者之间的利益冲突，由总统所代表的总统集权制政权体系来进行仲裁和协调：在公共部门，政府保护民众的正当权益，使之不受资本家阶级的过分掠夺，从而保持政治的稳定；但这个部门的民众主义政治倾向，又是对资本的增值不利的，因而也是对经济发展不利的，所以又要对公共部门的民众主义政治倾向加以控制，使之不要导致民众暴力，造成

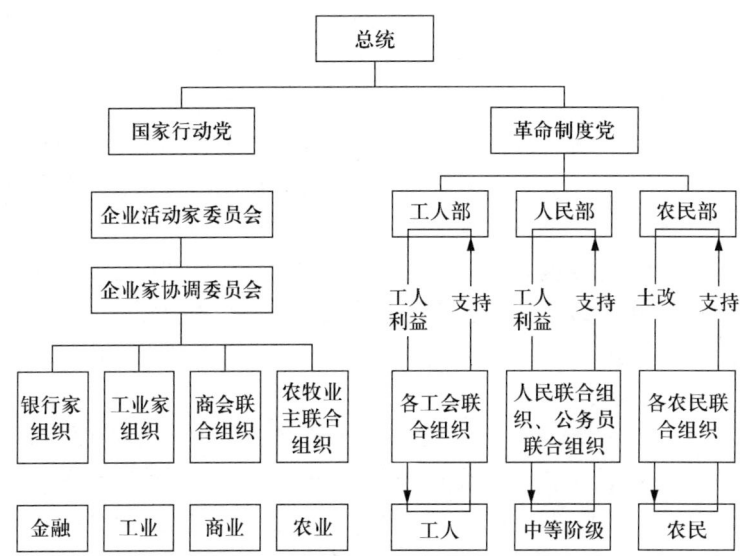

图 4-2　墨西哥资产阶级政权组织结构图

政治的动乱和经济的破坏。在私人部门，政府保护资本家的正当权益和私人积极性，使之不受民众的侵犯，从而保持经济的增长；但资本家阶级的政治倾向（资产阶级一个阶级专政的倾向）又是对民众不利的，因而也是对政治稳定不利的，所以又要对私人部门的资本主义政治倾向加以控制，使之不要导致资产阶级一个阶级的专政，引起民众的反抗，造成政治的动乱和经济的破坏。总之，无论在公共部门，还是在私人部门，墨西哥政府的政治调控都是为了一个目的，即推动经济的增长和维持政治的稳定。这里关键的是建立在强大执政党基础上的总统集权制政府，这个政府始终有能力通过有效的调控工作保持着公、私两个部门之间的平衡，成功地把中产阶级、广大工农阶级和大资产阶级的阶级关系纳入和平、协调的轨道，形成了一个由国家调节和仲裁各生产要素之间关系的、独特的政治结构模式。由于这一政治模式的成功,墨西哥得以在此后几十年内始终保持政局稳定,即使是在风云激荡、内战频发、政变迭起的六七十年代,也没有出现政局失控的情况,保证了墨西哥现代化战略的贯彻执行,得到了世界很多政党和领导人的赞赏。譬如 20 世纪六七十年代,危地马拉军政府、巴拿马"最高革命领袖"托里霍斯、巴西总统盖泽尔都曾学习墨西哥革命制度党的经验,想建立类似于墨西哥革命制度党的执政党,甚至法国总统戴高乐将军也曾派专家赴墨西哥考察研究墨西哥革命党的经验①。墨西哥政权建设的成功被称为"墨西哥政治奇迹"②。

所谓"政治奇迹",主要指这个民众主义政治制度比较妥善地解决了经济增长与收益分配的矛盾问题。人类社会几千年的发展史告诉我们,收益的任何一种分配,始终不过是生产条件本身分配的结果,也就是说,始终是所有制关系决定着分配关系。因此,在资本主义制度下,经济高速增长的时候必然是资本积累和资本集中过程加快的时候,因而也是广大劳动阶层创造的剩余价值更快地转移到资本阶层、社会财富向少数资本家集中、社会贫富分化加剧的时候,其结果必然是社会阶级矛盾尖锐化,从而影响政治的稳定。政治稳定一出问题,反过来必然要影响经济的增长。所以,政治体制能不能通过必要的宏观调控和政治经济改革来解决这个增长与分配的矛盾,缓和阶级矛盾,就成了经济能不能持续增长的关键。战后拉丁美洲的历史证明,几乎所有的拉丁美洲国家都没有办法做到这一点,每到经济高速增长的时候,不是出现政局动荡,影响经济的持续增长,就是出现军人独裁统

---

① 参见 Luis Javier Garrido, *El Partido de la Revolución Institucionalizada*, Siglo XXI editores, 1985, p. 14.

② Roger D. Hansen, *The Politics of Mexican Development*, The Johns Hopkins Press, 1973, p. 4.

治，以高压手段维持国内局势，保持经济的增长；唯独墨西哥是一个例外。墨西哥革命所创造的带有墨西哥特色的民众主义政治制度就较好地解决了这个问题。墨西哥尽管在 20 世纪 40 年代末以后的不足 20 年中，把投资率（投资占国内生产总值之比）从不足 9% 提高到了 20%，分配不平等的状况比拉美多数国家都严重（根本不存在"福利赶超"的问题）①，但仍能灵活地进行政治调控，牢牢地把大多数工、农民众组织在官方党内，一直保持住政治的稳定，给发展中国家"提供了一个政治稳定、政权和平有序转移的榜样"，"这在拉丁美洲，甚至在第三世界都是独一无二的"。②

当然，任何政党，如果搞得不好，也会变质，墨西哥革命制度党也不例外。进入 20 世纪 80 年代以后，由于战后现代化进程所引起的社会阶级结构的变化（中间阶级迅速壮大，独立公民组织不断出现）以及实行以国有企业私有化和经济自由化为主要内容的新自由主义改革，墨西哥出现了原有政治模式同经济自由化进程不相适应的矛盾。再加上在美国政治自由化压力面前墨西哥缺乏可以抵御这种压力的理论武器，原来经过巨人努力而制度化的墨西哥政治关系很快便陷入了"非制度化"过程，一个创造了 70 年政治稳定奇迹的政治制度开始陷入动摇，墨西哥政

---

① 同其他拉美国家相比，墨西哥的税收是最少的。以 1965 年的统计为例，国家税收所占国民生产总值之比，巴西为 30.4%，智利为 25.8%，委内瑞拉为 23%，厄瓜多尔为 22.9%，乌拉圭为 22.5%，秘鲁为 19.9%，阿根廷为 18.9%，巴拿马为 18.6%，哥斯达黎加为 16.9%，玻利维亚为 14.7%……而墨西哥只有 10.4%，居第 18 位。此外，墨西哥的政府开支主要用于国家现代化所需要的基础设施投资，用于直接提高贫困阶层生活水平的"社会开支"非常少，如 1935～1960 年，平均每年社会福利开支占公共开支之比还不到 15%，1960 年以后才提高到 20% 以上。以上资料均见 Roger D. Hansen, *The Politics of Mexican Development*, The Johns Hopkins Press, 1973, pp. 84 - 86。

② Martin C. Needler, *Mexican Politics*, *The Containment of Conflict*, N. Y. 1982, p. 2.

局也因此而开始动荡,并开始失去对经济的控制,导致恰帕斯农民起义和严重的经济危机,最后连政权也丢掉了。这一教训从反面说明了发展中国政党建设的重要性。尽管这样,我们还是不能不承认,在拉美历史上,能够实现政局稳定的只有两种政府,一种就是军人专制独裁政府(包括19世纪的考迪罗主义政府和寡头专制政府),另一种就是民众主义的民主制政府。至于西方的所谓代议制民主制度和政府,除了个别"橱窗国家",从来没有给拉美普通民众带来过稳定、安宁和富裕。如果要说政局稳定的时间和经济发展的成就,那就更没有什么国家能同墨西哥的民众主义政权相比。

历史评论的现实意义

墨西哥的民众主义政治制度既同经济的持续增长相联系,又同收入分配的不平等相联系,同时又同工农民众组织的支持相联系,显然是一个非常独特的制度,是扎根在墨西哥的土壤里,由墨西哥革命所培植出来的一种制度。它既是一种总统集权的制度,又是一种民众主义政党掌权的制度,所以,在如何评价这种政治制度的问题上,曾经有过各种不同的意见,譬如有人认为它是一种"典型的民主模式的政权",又有人认为它是"专制独裁的政权";有人认为它是"一党制"政权,又有人认为它是"多党制"政权;有人认为它是"墨西哥一切进步之源",又有人认为它是"一切罪恶之源";有人认为它是"社会主义力量",又有人认为它是"法西斯主义力量";有人认为这种政治制度的核心系统——革命制度党是"劳动者的党",又有人认为是"资产阶级的党"等等,看问题的立场不同,意见完全相反。20世纪60年代,拉丁美洲著名政治学家和社会学家卡萨诺瓦发表了一部有世界影响的著作《墨西哥的民主》(La democracia en México),专门对墨西哥的这种民众主义政治体制进行了研究,并提出了自己的看法。他的观点尽管是40多年以前的观点,但对处于资本主义世界体系外围的国家来说,至今仍然有现实意义。

当时,西方舆论对总统集权制和政府充当国家最大企业主的制度颇有非议,但卡萨诺瓦认为,对墨西哥当时所处的国际环境来说,这种制度是有积极的意义的。他说:这个制度的确"已经把古典政治理论和古典经济理论的各个组成部分全部地和逐一地都打破了。但是,它对于一个出现在一种同资产阶级欧洲以及北美合众国非常不同的国际环境中的民族国家的发展则是一个有用的工具"。"国家企业主和权力的集中于一个总统制政府,已经发挥了稳定和发展的多种功能,其中突出的有:(1)有可能把稀少的资源集中起来加以利用,而这些资源在一种自由企业或资本主义的制度里,是很难得到合理利用的;(2)使一个受到大企业和列强干涉威胁的国家能够达到政治稳定;(3)有可能把全国所有的力量聚集起来走出国门,进入世界,以提高谈判能力,并逐步打破不平等的外部动因;这种不平等是不发达社会的典型现象。"①

他说,如果注意到墨西哥是一个不发达国家,并注意到以下这些事实,那么人们对墨西哥政治制度的这种稳定和发展功能的积极意义就不难理解了:第一,"总统制政权曾为消灭议院(立法机关)、军队和教会的阴谋活动发挥过作用";第二,"统治党曾为消灭考迪罗及其考迪罗党派作过贡献;中央集权制政权实际上为消灭地方封建领地(feudos)效过力;对地方政府的干预(而不是消灭自由市政府)对控制地方卡西克发挥过作用";第三,"国家企业主是全国经济和工业发展政策的基础;因为那里缺乏巨额基础设施(道路、堤坝、生产中心等)投资,而国内外私人资本家对这种投资表现出胆小和淡漠";第四,"对所有

---

① Pablo González Casanova, *La democracia en México*, Ediciónes era, S. A., 1974, p. 86.

权的限制曾经对土地改革和石油国有化发挥过作用,并在一个顾客非常少、民族企业家实际上还不存在的国家为开拓国内市场和全国资本化(积蓄资本)奠定了基础"。"所有这些事实和经验都证明,逐字逐句搬用古典民主理论和古典经济理论是很愚蠢的。尊重'权力平衡'就等于是尊重一个半封建社会的阴谋活动,尊重各个政党就无异是尊重有自己政党的卡西克们和军人们;尊重'制衡系统'就等于是宽容地方卡西克和地方考迪罗,并尊重自由市政府容忍地方卡西克的自由;奉行国家不干预经济的原则,就意味着'放手制造'不发达,放手让各外国垄断公司以及它们的国家进行干涉;履行无限制财产权,就意味着维持半封建所有权、外国人所有权以及阻碍创建国内市场和全国资本化(积蓄资本)的现状。"①

综上所述,可以得出结论,把拉美的发展困境归罪于民众主义政治,归罪于民众主义的"福利赶超"是不妥的。拉丁美洲的主要问题,并不是"福利赶超"的问题,而是社会两极分化和民众贫困的问题。关于这一点,巴西经济学家布拉赫·皮雷拉说得很清楚,他说,拉丁美洲的问题不是"民粹主义",而是"国家只为富人服务的问题"。②我不否认,在处理积累与分配的关系上,并不是所有的民众主义政府都处理得很恰当,但这个缺陷同民众主义政治本身并没有本质的、必然的联系。拉美的民众主义政治实际上是一种建立人民民主政治制度的努力。从拉美政治发展的历史来看,创建这样一种民主制度是拉美外围国家发展的一种必然要求,是不以人的意志为转移的。所以,它具有强大的生命力,虽然屡试屡败,但却仍然屡败屡试,相信终有人民当

---

① Pablo González Casanova, *La democracia en México*, Ediciónes era, S. A., 1974, p. 87.
② 诺姆·乔姆斯基:《新自由主义和全球秩序》(中译本),江苏人民出版社 2001 年版,第 18 页。

家作主的一天。当然，创建、发展和完善这样一种民主制度是一个很长的历史创造过程，自然会存在很多的问题，会出现难以避免的曲折甚至失败，但这个历史的方向是没有错的。

第五章　拉美的发展困境与文化依附

我们看到，上一章所写的内容基本上是按照经济——社会——政治——文化的顺序安排的，现在轮到讨论文化问题。我之所以把文化单独列出一章来论述，是因为在我看来，拉美的发展之所以屡屡陷入困境，最深层次的根源在于文化的不自主，也就是文化依附。

文化问题是一个很复杂的问题。文化，就其广义来说，指人类社会历史发展过程中所创造的物质财富和精神财富的总和。在这个总和之中，精神文化属于意识形态，它具有阶级性；物质文化，就其物质本身来说，没有阶级性，但就物质文化成果的利用来说，仍然具有明显的阶级性和民族性。本章不想讨论广义的拉美文化，而仅限于讨论与拉美现代化有密切关系的思想文化问题，或意识形态问题。现在，有不少人主张淡化意识形态。其实，意识形态不管你愿意不愿意，都是一种客观存在；你可以选择，却不可以否定，也不是主观上想淡化就淡化得了的。有人以为，"意识形态淡化论"来自西方，实际上，美国人最讲意识形态，更不回避意识形态。譬如美国《新冷战史》系列丛书主编约翰·刘易斯·加迪斯教授为该书所写的序言中就说："有意识形态要比没有意识形态使人们更容易地对待现实。意识形态为理解复杂的现实提供简单的模式。意识形态指示着历史运动的方向。意识形态靠言词赋予行动的正当性。因为意识形态履行着这些功能,所以形形色色的意识形态吸引着各国领导者,以它们来领导行动。"[1]可见,社会科学只有正视意识形态问题,才算得上科学,因为至少它是尊重事实的。本章所讨论的就是有关拉美现代化指导思想自主和依附的问题。

一、发展中国家现代化进程的文化发展规律

思想文化对于国家现代化的重要性,现在已经越来越为第三世界国家的人们所认识。凯恩斯在其成名之作《就业、利息和货币通论》一书最后的结论中就指出,经济发展"快还是慢,真正对一个社会产生好与坏影响的,不是既得利益,而是思潮或思想"。[2]经济学家林毅夫也指出,"导致发展中国家失败的,多是认识的问题、思潮的问题"。[3]另外,历史告诉我们,任何政权的取得,必定先有思想文化为其奠基。如果没有革命民族主义、凯恩斯主义、社会主义和工业主义等社会思潮的激励和鼓舞,20世纪中期的拉美就不会出现一个民众主义政权兴盛的时代;同样,任何政权的垮台,也必定以思想文化的坍塌为前奏。持续执政70年之久的墨西哥革命制度党之所以垮台,重要的原因之一就是在西方资产阶级自由民主思潮的压力下,该党上层领导核心的主导思想发生了变化,原来党纲中所规定的革命民族主义的指导思想被阉割和被否定,党的职团主义结构遭到侵蚀和解体,总统集权制遭到批判。所以,社会思潮对社会运动的先导作用,是

---

[1] [美]雷迅马(Michael E. Latham):《作为意识形态的现代化,社会科学与美国对第三世界政策》(中文版),北京中央编译出版社2003年版,第Ⅶ页。

[2] 转引自林毅夫:《国穷国富根源何在?》,2007.11,http://www.douban.com/group/topic/7074560/.

[3] 同上。

任何国家都必须高度重视的。尤其需要注意的是，社会思潮的这种先导作用，虽然对于一切社会都具有普遍性，但在发达国家和发展中国家之间是存在区别的。对于先期实现现代化的西方发达国家来说，这种发挥先导作用的现代社会思潮的出现是一个自然的过程，是自生于本国社会经济的土壤中的，具有一种"一定的经济基础必然产生一定的上层建筑"的必然性；但在后发国家的现代化进程中，情况则不同。在那里，现代化并不是发达国家那样的内源性现代化，现代化的目标完全是被外在决定的，并不是成熟经济基础上产生的资产阶级的自发行为，因此，后发国家现代化的先导思想是这些国家先进政党的先进人物从西方发达国家引进的。这种思想虽然也是在一定的经济基础之上产生出来的，不是空想的，但它并不是从这些后发国家的落后的经济基础上产生出来的，而是从西方发达国家的经济基础上产生出来的，因而是无法直接搬用的，必须有一个理论同实际相结合的过程。也就是说，只有把这些从先进国家引进的先进理论同本国的实际结合起来，经过改造、加工和创新，使之符合本国的实际，即符合本国的社会、经济条件，它才能发挥先导作用。否则，无论多好的理论也不可能掌握群众，变成改造客观世界的强大力量，都只能以失败而告终。无数的事实证明，这是任何发展中国家都不可违背的一条文化发展规律。

此外，思想理论因素除了同经济基础的关系之外，它同上层建筑中的政治因素也是不可分割的。思想理论即使是正确的，由于政治力量对比的原因，它也可能在思想理论的斗争中败下阵来。在这一方面，外围的后发国家同中心的发达国家也是有区别的。后发国家是在资本主义的世界体系中谋取生存和发展的，它们的现代化如前所说，必然会遭到国际霸权势力包括文化霸权势力的种种阻挠，受到国内政治力量对比变化和社会矛盾发展状况的种种制约和影响，因此，发展中国家为了实现国家的现代化和高速发展，必须要依靠自己的组织力量，创造自己国家的政治优势，保证政治和社会的稳定，这是决定现代化成败的一个重要的条件。所以，政治优势决定现代化的成败这一点，也是发展中国家现代化的一条规律。

拉丁美洲现代化的历史证明，正是在理论创新和政治优势这两个方面，实行资本主义制度的拉美国家明显表现出了力量的脆弱，它们没有什么可以抵御西方霸权国家政治文化攻势的武器，因而也就没政治上的优势。所以，自独立以来，它们始终未能实现政治和社会的持久稳定。这是拉美国家现代化之所以陷于困境的最主要的原因之一。

二、美、拉文化斗争的历程及其对拉美的影响

美国霸权的兴起及其扩张都是同它的文化扩张密切相关的。美国称霸的过程同英国不同。英国主要通过军事力量占领殖民地来扩张自己的力量，而美国除了军事扩张之外，还特别重视思想文化的力量、政治的力量和价值观的力量，什么"天定命运"、"美国使命"等，都是它对外扩张、开拓国家利益的有力武器。所以，对于一个发展中国家来说，面对美国的霸权压力，首先就是要在思想文化上有战胜美国文化霸权主义的勇气和能力，维护自己的文化主权。回顾拉美现代化进程的历史，我们可以很清楚地看到，拉美三次现代化浪潮每一次的失败和挫折，都同思想文化阵线上的失败密切相关。下面我们分三个时期来谈谈这个问题。

1. 第一个时期

这是从独立革命到 20 世纪初的为时一个世纪之久的时期。在这个时期中，拉丁美洲几乎完全没有自己独立的文化，拉美的思想文化阵地完全由欧美占领。独立革命时期发挥指导作用的是欧美的自由、共和思想，这是一种在拉美完全没有根基的思想文

化。当时,领导独立革命的解放者玻利瓦尔在实践中发现,这种思想完全脱离拉美的社会经济条件,不适应拉美独立革命的实际需要,想通过大哥伦比亚共和国议会制定新的宪法,修改原来的某些条文,实行像英国那样的君主立宪制度,以强化国家的力量,但遭到当时占优势的自由派人物和美国的反对。

戴维·布什内尔(Dr. David Bushnell)的一篇题为《西蒙·玻利瓦尔与美国》的文章,记述了这个过程。他说,解放者西蒙·玻利瓦尔,人们赞扬他是泛美主义的真正创立者和第一个警告拉丁美洲人要同美帝国主义作斗争的预言家,"事实上,正如他的政治思想具有一些让今天的右派思想家和左派思想家都表示同情的成分一样,他对美洲各国相互关系的看法也是一个怀有矛盾心理的典范"。玻利瓦尔是他那个时代少数几个访问过美国的拉美人中的一个。而且,作为西班牙美洲独立运动的领袖,他不可避免地认识许多美国的公民和美国政府的代表,并同他们打过交道。一般来说,他对自己所认识的美国人印象不错。美国人对他尤其敬重,1824年曾在秘鲁玻利瓦尔营地待过的美国海军军官海勒姆·鲍尔丁(Hiram Paulding)认为,玻利瓦尔是"那个时代最非凡的人",美国报刊甚至还把他视为"南美洲的华盛顿"。但是,美国人对玻利瓦尔的好看法并没有持续多久,"在他生命的最后几年间,因为对他承诺实行共和制原则的真诚表示怀疑,这种好看法就常常被一种批判的潮流掩盖了"。那时,为了治疗新建国家的社会、政治弊病,玻利瓦尔已显露了一种终身制总统的概念。终身制总统是他亲自为玻利维亚宪法设计的一种制度,希望最终能成为包括大哥伦比亚在内的其他国家的模式,但是,他没有获得大多数自由共和国的同情。按大哥伦比亚自由派副总统桑坦德尔(Santander)的意见,这个方案是独立派"不和的症结",导致了大哥伦比亚无可挽回的政治分裂。这个方案更不受美国的欢迎。在美洲这个大陆上,美国对君主制的主张,无论是现实的还是想象的,都特别敏感和担心。由于政治原则与国家利益的原因,美国在拉美的代表都提高了对玻利瓦尔的警惕。因为这个原因,本来十分崇拜玻利瓦尔的美国驻利马领事威廉·图德(William Tudor)一下子就变成了一个几乎病态的对玻利瓦尔的诋毁者,他竟然指责玻利瓦尔是篡权者和"疯狂的伪君子"。美国驻波哥大的公使、后来的美国总统亨利·哈里森更明目张胆地以美国公使的身份进行干涉,支持玻利瓦尔的反对派。但是,玻利瓦尔认为,拉美国家由于自己所处的环境和特殊国情,绝对不应该仿效美国的制度,他甚至说,"我认为,与其采用美国的政府形式,还不如采用古兰经的政府形式,尽管前者是地球上最好的政府形式"。①他在写给大哥伦比亚副总统桑坦德尔(Francisco de Paula Santander)的一封信中警告说:"一个非常富裕和强大的、有高度战争准备、并且什么事情都能干得出来的国家,已处于这个大陆的首脑地位"②。另外,1818年,有两艘美国舰船被委内瑞拉海军扣留,美国派巴普蒂斯塔·欧文作为特别代表出使安戈斯图拉(今委内瑞拉玻利瓦尔城),要求给与赔偿。玻利瓦尔热诚地接待了这个人,但此人出言不逊,施加压力,完全是一派不怀好意的攻击,被玻利瓦尔视为一种"好战"的挑衅。在驳斥欧文的同时,玻利瓦尔还对华盛顿所实行的所谓美国在拉美独立斗争中采取中立的政策提出抗议。③此外,美国

---

① Bolívar, *Obras Selectas*, vol. II, pág. 738. 转引自 Dr. David Bushnell, *Simón Bolívar y Estados Unidos Un Estudio en Ambivalencia*, *Hispanic American Historical Review*, Verano 1986.

② Bolívar, *Obras Selectas*, vol. I, pág. 307. 转引自 Dr. David Bushnell, *Simón Bolívar y Estados Unidos Un Estudio en Ambivalencia*, *Hispanic American Historical Review*, Verano 1986.

③ Benjamin A. Frankel, *Venezuela y los Estados Unidos* 1820 – 1888(Caracas, 1977), páginas 31 – 32; Sociedad Bolivariana de Venezuela, *Escritos del Libertador*, XIV, páginas 125 – 27, 151 – 58, 207 – 10, 228 – 36 y 363 – 65.

在外交事务中推行的"商业式算术行为"("conducta aritmética de negociación（business‐like）")政策也让玻利瓦尔十分讨厌。玻利瓦尔不相信同美国的形式上的联盟对拉丁美洲会有什么好处，所以，在他计划召开各美洲共和国第一次国际会议的时候（1826年），根本就不想邀请美国派代表参加。1828年，大哥伦比亚的自由派分子由于害怕玻利瓦尔决定实行一种玻利维亚式的终身总统制，起而反对玻利瓦尔，并在国家的边缘地带赢得了实力。1829年4月当玻利瓦尔指示他的外交使节调查从大不列颠获得某种保护的可能性，并就选择君主制问题试探着和国内外谈判者进行谈判的时候，因为走漏了消息，立即就引起了哥伦比亚自由派与美国公使哈里森的怀疑。最后，在大哥伦比亚自由派同美国的联合反对下，玻利瓦尔等求实派领导人建立统一的大哥伦比亚国的计划和努力遭到了失败。美国以自由、民主的名义摧毁了新兴拉美国家的自由，造成了美国利益所需要的拉丁美洲民族的分裂。[1]

到19世纪末叶，拉美开始了它的早期现代化进程，也就是拉美的第一次现代化浪潮时期。在这个时期，拉美国家仍然没有自己独立的思想文化，仍然没有自己的现代化理论来指导自己的现代化建设。当时，他们所信奉的是来自欧洲的实证主义文化和思想，实行经济自由主义、政治专制主义和种族主义的政策。结果，拉美各国国内的阶级矛盾、种族矛盾以及国际上同中心霸权国家的民族矛盾便一齐激化起来，爆发了以墨西哥资产阶级民主革命为代表的一系列民族民主革命和民族民主运动，拉美国家的现代化进程也就因此而断裂。

---

[1] 以上资料见 Dr. David Bushnell, *Simón Bolívar y Estados Unidos, Un Estudio en Ambivalencia*, *Hispanic American Historical Review*, Verano 1986.

2. 第二个时期

这是拉美第二次现代化浪潮时期,是几乎整个拉美都在拉美经委会结构主义理论指导下实行进口替代工业化战略的时期,也是两霸"冷战"、拉美各国社会政治矛盾因古巴革命和"冷战"而变得空前复杂和尖锐的时期。在这个时期,美国为了抵御苏联集团在拉美的影响,提出了一种以罗斯托的理论为代表的"现代化理论"。这是明确地作为美国意识形态而提出的一种理论。美国史学家雷迅马在他所著的《作为意识形态的现代化》一书的《中文版序》中说:"在欧洲殖民帝国崩溃、冷战的战场迅速向非洲、亚洲和拉丁美洲扩散的过程中,美国政策制定者越来越把现代化理论看做是一种与革命的马克思主义相抗衡的思想";"现代化理论决不仅仅是一种纯粹学术性的学说"。"现代化理论似乎也成为一篇'非共产党宣言',一种美国可以用来加速全球发展的手段,而美国主导的发展模式将消减激进主义的吸引力和必要性"。①雷迅马证明,美国的"各种现代化理论的确在20世纪60年代初成为一种意识形态。社会科学显著地被注入政策领域……曾有一度,这些理论变得格外有影响力。"②该书还特别记述了罗斯托是怎样理解他的现代化理论的意识形态作用的:"1961年6月,新上任的白宫副国家安全事务顾问沃尔特·华特曼·罗斯托在北卡洛莱纳州布莱格堡举行的大学毕业典礼上发表演说。在演说中,他发出警告,说世界正在成为一个极其危险的所在。在古巴,在刚果,在老挝,在越南,肯尼迪政府都遭遇了危机。这每一次危机'都意味着共产党——就在前几年间——

---

① 雷迅马:《作为意识形态的现代化,社会科学与美国对第三世界政策》,北京中央编译出版社2003年版,第Ⅳ—Ⅴ页(Michael E. Latham, *Modernization as Ideology: American Social Science and "Nation Building" in the Kennedy Era.*)。

② 雷迅马:《作为意识形态的现代化,社会科学与美国对第三世界政策》,北京中央编译出版社2003年版,第Ⅶ—Ⅷ页。

又一次成功地突破了第二次世界大战后形成的冷战停火线。这每一次危机的根源都在于，国际共产主义运动以不同的方式来利用欠发达地区的内在不稳定性'。现在美国和它的盟友们必须以各种方式迎接这个挑战，要远远超出过去有限的经济援助和军事援助。它们必须找到赢得战斗的手段，这种战斗'不仅要用武器来打，而且要在生活在村子里、山岗上的人们的心灵世界中展开，还要靠掌管当地政府的人的精神和政策来打'。美国及其盟友必须直接介入，积极投身于'现代化的整个创造性进程'。"雷迅马说："对罗斯托来说……现代化的概念远不仅仅是一个学术上的模式。它也是一种理解全球变迁进程的手段，还是一种用以帮助美国确定推进、引导和指导全球变迁的办法。"①

二战后兴起于美国社会科学领域的现代化理论完全是一种"冷战"的产品。跟这些理论有关的学者也都是一些大名鼎鼎的人物，如罗斯托、帕森斯、阿尔蒙德、白鲁恂、施莱辛格、布莱克等。他们都是美国致力于将学术成果转化为现实政策的一帮政策顾问。现代化理论以罗斯托的《经济增长的阶段》为代表，将社会发展进行了单线式的排队，将美国作为发展的典范，置于发展的顶峰，是其他国家发展所应效仿的楷模，这样，现代化显然就意味着"美国化"。美国政府的这些谋士们认为，"如果要引导拉美人的愿望，指导这个地区的未来，就必须有一个新的政策方案，而更重要的是要有新的、更有号召力的意识形态来配合新的政策"。现代化理论就是他们提供给政府的这样的一种意识形态。现代化理论作为意识形态，是帝国主义意识形态的一种较为隐蔽的战略，"争取进步联盟"、"和平队"与"越南的战略村计划"等就是这种战略的具体体现。

---

① 雷迅马：《作为意识形态的现代化，社会科学与美国对第三世界政策》，北京中央编译出版社2003年版，第1—2页。

按照这种理论，当代一切非西方社会的现代化问题，都可以用17世纪以后欧美工业化的历史经验来解释，认为西方发达国家已经历过的历史，就是一切不发达国家实现现代化的必由之路；认为阻碍非西方不发达社会发展的原因不在外部，而在于其社会内部的传统文化，因此，必须要从外部输入西方文化和新的价值观。但是，拉美的历史经验恰恰证明，这样做只能是导致失败的结果，因为在落后的社会基础上，实行西方的那套资产阶级的民主，必然是天下大乱，必然是跳不出资本主义世界体系的依附关系，从而始终摆脱不了落后的局面。所以，在这个阶段的反对西方文化霸权主义的斗争中，拉美国家出色地以自己的发展主义理论和依附理论抵挡住了美国的现代化理论，无论在理论上还是现代化实践中，都取得了值得称赞的成就。

但是，好景不长，美国很快就改变了战略，它放弃了"争取进步联盟"计划，不再坚持原来的和平民主手段，转而支持拉美的军事政变，帮助拉美的军政府将几乎所有的拉美民众主义政权都镇压下去，并从20世纪80年代开始，以新自由主义和经济全球化为旗帜，发起了对拉美发展主义理论和依附理论的猛烈批判。由于拉美知识界很多人受西方自由民主思想的影响很深，再加上过去的工业化政策的确存在一些缺点，拉美国家在这一次大规模的思想文化斗争中又一次败下阵来。随着这场文化斗争的失败，拉美的现代化进程也就再一次陷入断裂，无法再继续下去。

3. 第三个时期

这是苏联解体、冷战结束、美国得以独霸天下的时期，也是西方文化霸权势力最得势的时期。在这个时期中，西方文化霸权势力成倍地加强了对拉美依附理论、结构主义理论、经济民族主义以及民众主义的批判和围剿，全力向拉美输出以"华盛顿共识"为纲领的新自由主义和全球化理论。在这种形势下，拉丁美洲各国的文化发生了许多重大的变化：

在经济文化方面，拉美各国都在美国新自由主义经济学派反对凯恩斯主义运动的推动下，在美国所主导的经济全球化进程的强有力的影响下，在80年代严重的债务危机的压力下，经历了一个从以进口替代工业化战略为标志的"经济民族主义"到"经济自由主义"（被称为"新自由主义"）的大转变。它们几乎毫无例外地都接受了美国所强加的"华盛顿共识"，放弃了坚持近半个世纪之久的"进口替代工业化发展模式"，决定性地走上了所谓政府控制灵活化、国有企业私有化、市场力量自由化、生产引导外向化、劳动制度自由化的新自由主义道路。

在政治文化方面，为适应经济自由化的需要，拉美国家在政治上也开始了一个普遍的、政治西化的所谓"民主化"进程。为此，拉美多数国家都进行了"国家改革"，开始了所谓从"大政府、小市场"向"大市场、小政府"转变的进程。五六十年代的民众主义政治文化经过70年代的军人独裁专政，让位于政治自由主义文化。

在思想文化方面，随着"新自由主义"经济全球化进程的扩展，拉美国家人们的思想观念也发生了很大的变化。首先是文化的全球化倾向使人们的思想越来越疏远同传统的联系，原有的关于国家和民族的统一性和集体意识变得越来越模糊；其次是以追逐利润为目的的自由市场观念使得人们的个人主义思想空前膨胀；再次是市场力量所催生的各种文化产品对社会产生了某种"裂变"作用，使得扎根于拉丁美洲文化的那些传统的价值观和伦理道德原则都变得相对化，失去其行为规范的作用。

在教育文化方面，由于教育的本质在于人的社会化，因此，拉美各国资产阶级在其实施新自由主义经济政策的同时，不能不进行传承新自由主义文化、培养新自由主义人才所必不可少的教育改革。所以近30年来拉美各国在进行新自由主义经济改革的同时，也不得不进行一种"跟进性的"教育改革。改革的主要内容可归纳为教育服务模式的变革和教育国际化目标的提出。在拉美，历来有一种共识，即教育的主要功能是促进经济增长、个人和社会发展并减少社会不公平。因此，教育通常被看做"公共消费"项目，在许多情况下都实行免费教育政策；政府拨款是教育经费的主要来源。但从20世纪80年代开始，多数拉美国家的政府都按新自由主义经济的要求，纷纷退出教育管理领域，转变为运用立法、规划等方式进行政策指导，以促进学校面向社会自主办学。与此同时，几乎所有的拉美国家都缩减了公共机构，并对教育部门的公共资源进行了再分配、削减和所谓的合理化改革。为此，拉美各国政府一般都倾向于寻求提供公共教育服务的替代形式，如同非政府机构（如社区社团、非政府组织、私立机构、教会和宗教组织等）签订合同，由这些非政府机构资助办学。这种办学形式实质上就是公共教育服务的"私有化"[1]，譬如到90年代前四年，墨西哥就已经有26所私立高校开学，而在同一时期新办的公立高校却只有一所。[2]由于实行教育私有化和产业化政策，教育服务也就作为一种产业变成了全球化服务贸易的一部分，并提出了教育国际化的教育发展目标。

上述文化变革的后果是严重的。

首先，这种变革具有明显的资产阶级专政的性质，加剧了社会的阶级分化。譬如在经济方面，到实行新自由主义改革的80年代末，拉美已成了世界上经济最困难、社会最不公平的地区。在这里，20%最贫穷人口的收入同20%最富有人口的收入差距平均达到了10至15倍（在工业化国家这个差距只有6倍），

---

[1] *Las Reformas Educativas en America Latina*, documento del Encuentro Latinoamericano y del Caribe en Bogotá, 2001.

[2] Roberto Rodríguez Gómez, *The modernization of higher education in Mexico: An Agenda for Discussion*, 1998.

10%的最富有家庭占有了拉美收入总额的40%，46%的人口生活在贫困之中，22%人口处于赤贫状态。60%的经济自立人口存在就业问题。相对于世界经济来说，拉美的经济情况越来越恶化，只有与世界市场有联系的大城市中的城市上层阶级是例外，它们实际上只是"贫困海洋中的现代性小岛"。[①] 又譬如在政治方面，由于在变革进程中资本享有无限的特权，拉美劳动大众政治组织的力量及其参与政治和社会的能力空前削弱，工会的权利被剥夺或被削弱，战后逐步壮大起来的基层组织和公社组织很难维持下去，大多数政党都遭遇到了合法性问题和代表民众利益问题的困难，拉美又再一次面临政治稳定的难题。再譬如在教育方面，拉美的新自由主义教育改革加剧了教育的社会分化。其具体表现是：第一，最贫困人口只能受到质量最低的教育，并且辍学率很高。据统计，改革前，拉美已经达到90%的儿童入学率，成人文盲大大减少，中等教育的覆盖面增长了一倍，大学注册率已从50年代的2%增加到18%。但是80年代以后15年的教育增长则还不到80年代以前15年增长的1/5，而所有这种倒退的后果几乎都落到了贫苦大众的身上，譬如拉美劳动力平均受教育时间只有5.2年，几乎比同等发展水平的其他国家少1/3。第二，拉美国家一般都重高等教育而轻基础教育。近20年来，国家花在大学生身上的经费所占人均国内生产总值之比是初等教育学生的7倍多，高等教育的学生数虽然只占学生总数的6.3%，却花了整个教育经费的23%。这种情况明显加剧了社会的分化，因为证据证明，只有最有权势的人才最有可能接受高等教育，譬如在哥伦比亚，只有3.4%的大学生来自最贫穷的家庭。

其次，拉美的文化变革恶化了拉美文化教育的依附性，加剧

[①] *Las Reformas Educativas en America Latina*, documento del Encuentro Latinoamericano y del Caribe en Bogotá, 2001.

了文化领域的民族矛盾。由于新的教育模式仅仅被设想为一种生产关系上的经济主义模式，拉美教育国际化改革的一个很自然的后果就是高等教育受制于国际金融机构的约束，造成了拉美高等教育日益严重的依附性。事实上，拉美高等教育改革的方向基本上就是由国际金融机构决定的。墨西哥的马林教授揭露说，国际机构如世界银行已经为拉美的大学规定了整个改革的日程，它已含蓄地帮墨西哥作出决定：墨西哥必须废除现行的大学模式，建立一种完全以满足资金周转和市场行情所表现的社会需求为目的的大学。尤其严重的是，发达国家的大学特别是美国大学为了占领发展中国家的教育市场，培养完全西化的精英，在拉美国家开办了一些作为真正"学术飞地"而发挥作用的分校，被称之为外国"学术飞地"（academic enclaves）[1]。在这些"飞地"内部，条件是很好的，一切都按欧美的先进标准设置，但只有少数有经济实力的特殊学生才能享用；而且，如同西班牙殖民统治时期的"现代经济飞地"同殖民地整个经济系统没有联系一样，这些"外国教育飞地"也同所在国家的教育系统没有任何联系，既不能列入所在国家的教育管理系统之内，也不能带动所在国家整个教育系统的现代化，反映了发达国家与不发达国家之间的不平等关系或依附关系。另外，很多大学为了解决因大众化而引起的学术水平下降的问题，纷纷以所谓国际标准来作为自己办学的参照点，想方设法寻求同发达国家的大学开办共同的学术事业，制定共同的教学计划，发放共同的资格证书，有时候还参加共同的商业冒险和赢利。这种办法如果使用恰当虽然也可以获得成效，但也有走歪路的情况。譬如有些大学为了把自己提升为所谓"同

---

[1] Carlos Tunnermann Bernheim (Special Consultant of the Director General of UNESCO), *Higher education in Latin America and the Caribb in its economic, political and social context* 1997, UNESCO, Caracas.

世界有联系的大学",不惜以重金购买一些威望并不高的外国大学的资格证书和早已废置不用的外国教学计划,甚至还收买外国劣质大学的教学计划;还有一些大学开始作为一种简单输入外国"罐装储存产品"的渠道而发挥作用,以给自己竖起一顶"国际保护伞",等等。这些做法实际上只不过是一种收买教育特许权的机制,并不能真正改善高等教育。① 另外,由于经济全球化的推动,教育服务贸易的国际竞争很快剧烈起来。由于本国专业人员所受到的培训不符合跨国新经济的要求,他们的岗位一个个被哈佛、耶鲁、芝加哥等美国大学的毕业生抢走;而那些在外国大学读了研究生课程的学生回国之后又由于思想上同本国格格不入而得不到信任;加上高校实行自由发展和自治的制度,国家无法实行宏观控制和计划调整,"教育、培训和就业之间的链条发生断裂"②,因而产生了高等学校不能不培养失业者、某些专业领域人满为患而另一些专业领域又不得不用国外人才、大多数专业人员拥挤在城市而广大农村地区被遗弃、本国大学毕业的精英专业人员为外国大学毕业生所取代等问题。

由于文化领域阶级矛盾和民族矛盾的激化,拉美的政治局势一直处于动荡之中,最突出的例子就是不断出现的学生运动。譬如在墨西哥,由于大学当局在国际货币基金组织和世界银行减免债务的支持下,企图对每个学生征收 70 美元的学费。拥有近 27 万学生的墨西哥国立自治大学为此举行大规模的罢课斗争,反对政府对公共教育的打击,提出废除收费条例、取消一切不合法的

---

① Osvaldo Barsky, Ricardo Domínguez, Inés Pousadela, *La Educación Superior en America Latina entre el aislamiento insostenible y la apertura obligada*, Documento presentado al Seminario "Opciones Estratégicas para la Reforma Académica y la Movilidad en América Latina", Columbus – Aula – Cre, 24 al 26 de agosto de 2000.

② Miguel E. Berumen Barbosa, "*Efectos de la Globalización en la Educación Superior en México*", Agosto de 2003, http: //66.218.71.225/search/cache? p = globalizaci%C3%.

收费、恢复自由入学制度、取消对学生的住校限制、尊重学生的职业选择、协商解决大学生所面临的问题、撤销一切对参加反抗运动的学生、教师和工人的制裁、取消入学考试和毕业考试等强烈要求。在社会各界的支持下,罢课学生还在罢工委员会的领导下关闭了学校,迫使大学校长不得不声明取消私有化计划。① 在阿根廷,大学生开展了大规模的反对"排斥性大学"的斗争。所谓"排斥性大学"是指那种以企业行为方式进行市场运作的大学。这些大学都是由一些功利主义的老板们领导的。他们使用一切手段同其他大学进行竞争,以谋取经济利益。大学生们认为,这种大学完全违背了大学的性质和宗旨,不能让它们存在下去。学生们还召开全国大学高级会议,坚决保卫自由的、公共的、自治的和免费的大学。在智利,也不断发生大学生抗议斗争,原因是国家不提供助学金和贷款,学生不能参加大学内部的管理决策,学生们要求与当局进行对话,讨论高等教育的政策问题,开展一场对国家的发展具有决定性意义的大论战。在厄瓜多尔,由于政府提出减少招生名额和要求举行入学能力考试,很多学校发生入学冲突,政治空气日益紧张。② 在危地马拉,也爆发了高等教育危机,危机的原因是对新自由主义背景下高等教育的看法发生分歧,政府用出卖自治、半自治机构的固定资产,对国有财产实行私有化的办法来解决高校财政危机。在海地,学生们成群结队走上太子港的街头,反对政府实行国际货币基金组织和世界银行所要求的政策,对包括国有大学、国有电话公司和电力公司在内的国有企业实行私有化。在尼加拉瓜,发生学生保卫大学自治,反对政府削减大学预算的斗争,并与警察发生了冲突。

---

① 180 – *Movement for Democracy and Education*, http://www.corporations.org/democracy/intl.html.

② Liz Reisberg,"New Paradigms in Ecuador", *International Higher Education*, 1997.

在1995年12月13日的冲突中，有2名抗议者被杀害，60多名学生受重伤，116名学生被捕。在秘鲁，发生有组织的群众性的大学生反对藤森政权的斗争。在波多黎各，发生波多黎各大学学生反对政府教育政策、反对教育私有化、"反对任何增加学费的意图"、反对削减大学预算、号召各国内、国际组织以及个人支持捍卫公共免费优质教育的斗争。在乌拉圭，发生大学生号召反对政府教育改革的斗争，等等。

所有这些都加剧了社会、政治的不稳定性，使拉美的经济发展陷于更大的困境。

三、拉美国家反对文化霸权主义斗争的教训

从上述关于拉美意识形态斗争的历史回顾中可以看到，拉美三次现代化浪潮最后都以衰落和破碎而告终的事实都是同中心霸权国家的文化征服以及拉美国家的文化依附密切相关的。独立革命时期由于美国的民主个人主义的意识形态征服了当时本土的玻利瓦尔思想，拉美陷于了分裂；后来到拉美第一次现代化浪潮的时候又是西欧打着"进步与秩序"旗号的实证主义战胜了美国的自由主义意识形态，统治了拉丁美洲的思想界，再后来由于拉丁美洲风起云涌的民族民主革命运动和改革运动，再加上北美凯恩斯主义和前苏联社会主义思想的影响，到20世纪中叶，拉美第一次有了自己的发展理论和实践，并创造了拉美发展历史上的"黄金时代"。但是70年代以后，拉美又在中心霸权国家发起的空前规模的意识形态攻势中败下阵来，并且是一败涂地，不得不服从中心霸权国家新自由主义意识形态的统治，再一次陷于一种完全的文化依附地位。与此相联系，自然就是工业化进程的中断，经济发展的"失去的十年"和"失去的五年"，"民主化"旗号下政治的衰退与无能，以及社会的严重的两极分化。这是一个令人痛心的痛苦的历史过程，也是一个给我们留下深刻教训的

历史过程。

在200年的文化斗争和意识形态斗争中,为什么拉丁美洲屡屡失败?这是一个很值得研究的课题。据联合国教科文组织主持出版的《拉丁美洲通史》编辑部国际科学委员会主席赫尔曼·卡雷拉·达马斯(Germán Carrera Damas)的介绍,拉美发展困境的最深层原因就在于拉美国家的克里奥尔统治阶级始终抱有一种根深蒂固的"西欧中心论"的历史观和历史意识。克里奥尔统治阶级的这种意识是在伊比利亚殖民者在拉美的长期统治中形成的,《拉美通史》把它称作土生白人的"欧洲中心论"历史观。这种历史观认为,土生白人就是欧洲文明和整个历史进程的理性代表,他们注定要成为统治者,而土著居民则是哥伦布来到美洲以前美洲的落后种族、注定要成为被统治者,注定要成为土生白人社会的附属品,并认为拉美社会落后的根源就在于土著社会的存在。《拉美通史》的撰稿人对土生白人的这种"欧洲中心论"历史观进行了深入分析,认为拉美落后的真正原因并不在土著社会,而在于土生白人头脑中土生白人社会与土著社会之间的关系方式;在这种关系中,土著居民的作用一直遭到无端的怀疑和贬低,以致在土生白人社会与土著社会之间形成了一条很深的鸿沟。直到今天,土生白人在其统治的500多年间所形成的各种观点以及16世纪土生白人社会同土著社会之间所形成的相互关系的基本模式仍然保持不变;美洲诸土著社会的形象仍然只是同神怪的东西,甚至同荒谬的东西相联系,似乎一点变化都没有。赫尔曼·卡雷拉认为,这种历史观危害极大,不但在历史上而且在当今时代也是拉美社会发展的严重障碍。首先,由于土生白人既坚持其最初的同土著社会的不平等关系,又渴望同欧洲文化一致,因而也就抑制了自身的创造性。因为这个原因,《拉美通史》把拉美土生白人称之为一种"被囚禁的统治者"(dominador cautivo);他们越是把自己同被统治的土著人区别开来,就越是陷入自我囚禁的困境。其次,在土著居民土地上所建立的拉美社会是凝固在一种双重的相互关系之中的,一方面是同土著社会的相互关系,另一方面又是同欧洲殖民者环境的相互关系,这种双重关系产生了土生白人的双重分化进程:一方面是同土著社会的分化,另一方面是同欧洲环境的分化。在这双重的分化进程中,土生白人的政策常常因为政治的需要而变化不定:为了独立,土生白人可以与土著社会结盟,认同土著社会;但为了实现其对土著社会的种族统治,他们又竭力与欧洲认同。结果,不但他们同土著社会的矛盾日益尖锐,而且同欧洲社会的鸿沟也日益加深,致使土生白人既不能扎根于自己所出生的土著社会之中,又不能不日益与其欧洲背景相脱离,结果完全丧失了创造性地领导整个社会解决其国家发展的能力。所以,《拉丁美洲通史》认为,为了疏通发展渠道,让土著社会重新进入发展进程;为了解除土生白人意识的结构性束缚,解放其文化创造力,拉美土生白人必须克服其自身的"欧洲中心论"历史观。他们必须认识到,土著社会的历史应被视为一个连续不断的历史进程,而不应视为只是一个哥伦布以前的历史过程或只是作为土生白人社会发展进程的一个补充。他们只有以积极态度克服其陈旧的"欧洲中心论"历史观,才有可能获得思想的解放,发挥土生白人的创造性,从而成倍地增加自己的选择自由,同时也有助于创造条件,促进其他社会的全面发展。[①]

《拉美通史》的这种分析是有道理的,它从最深的层次上找到了拉美落后的根源。大量的历史事实证明,正是拉美土生白人的这种历史观,窒息了这个统治阶级的创造能力,使得拉美国家的上层人物除了引进欧美的思想文化成果之外,无法从本土的实

---

① 以上均参见 Germán Carrera Damas, *Presentación del proyecto Historia General de América Latina*, http://www.unesco.org/culture/latinamerica/html_sp/projet.htm.

践经验中创造出符合自己国情的理论和方案，即使在人民群众革命运动的推动下有了一些创新，也难以得到重视，形成制度，更难以在西方文化霸权主义的打击下坚持下去。墨西哥的例子就很能说明问题。卡萨诺瓦曾经很好地总结了墨西哥的经验，他说："在资本主义制度自身的内部进行国家的民主化，就要求有一种特别的想象力，一种真正的创造，而不一定要去模仿古典民主制的政府形式，我们也不必停留在直到现在对我们还相当有用的那些准民主制的形式上；变革不一定要求建立两党制，或者代议制，况且这些制度已处于衰落之中，已不符合新资本主义政治的需要；变革要求设计出执政党自身的内部民主形式……"① 他认为，1910年至1940年墨西哥革命所产生的政治制度就是这样的一种创造，它对于"抑制不平等的外部动因、抵抗各大垄断公司，以及在越来越不平等的地位上同这些公司以及各大强国进行谈判，都是一个很好的工具（在资本主义的范围内）；对于国家发展的启动也是一个出色的工具"②，并指出墨西哥的变革不能照搬美国的"两党制"和"代议制"模式，而是"要求设计出执政党自身的内部民主形式"。但是，当时墨西哥的上层统治者却大都是《拉美通史》所批评的那种克里奥尔人，他们虽然在墨西哥革命所创造的政治体制中身居要职，但他们的思想却还是欧美的式样。正如卡萨诺瓦所批评的，墨西哥当时的政治制度在对外抵制列强、对内促进发展方面都是一个好工具的事实，本来"都是很明显的，但那些对墨西哥国家进行诽谤的人却觉察不到，执政者以及革命的思想家自己也常常回避这些事实，想让人们了解，他们曾经是忠实于古典的民主理论和经济理论的，他们

---

① Pablo González Casanova, *La democracia en México*, Ediciones era, S. A., 1974, p. 172.
② Pablo González Casanova, *La democracia en México*, Ediciones era, S. A., 1974, p. 87.

歪曲和隐瞒事实，对历史本身进行错误的理解，以便让人们以为，他们对孟德斯鸠和对麦迪逊的忠诚是毫无疑问的；由于他们陷入一种罪责情结和一个伪装案件的痛苦，妨碍他们看到真正的问题，并驱使他们也把这些问题掩盖起来了。"[①]这正是拉美发展每每陷于困境的症结之所在。由于上层统治集团思想的"西化"，或由于他们都陷入《拉美通史》所说的"欧洲中心论"而不能自拔，一旦中心国家发动文化霸权主义的攻势，他们便顺着中心霸权国家所指引的梯子滑下去，墨西哥的政治制度也就毫无抵抗地走上了"自杀"的道路。所以到20世纪八九十年代，墨西哥的这个本来不错的政治制度没有能在斗争中与时俱进，进行自我完善的改革，而是被西方的代议制民主制度取代。从此，政坛上便出现了无休止的三党之争，想要有一个对于发展中国家来说必不可少的权威政权也不可得了。这确是一个严重的、令人深思的历史教训。

四、反对文化霸权主义的斗争任重道远

20世纪90年代以来，中心霸权国家加强文化霸权主义统治的趋势是很明显的。

首先，它们借助于经济全球化的浪潮，竭力推行文化霸权主义。其最典型的表现就是他们对全球化做了文化霸权主义的定义，提出了他们自己的"全球化理论"（Theory of Globalization）。这种全球化理论的观点归纳起来主要有三点，第一，认为文化因素是决定性的因素，是影响一个国家经济、社会和政治发展的决定因素。第二，从文化决定论出发，西方全球化主义者同20世纪50年代西方现代化理论的鼓吹者一样，都抱有种族中心论的

---

① Pablo González Casanova, *La democracia en México*, Ediciones era, S. A., 1974, p. 87.

观点，都认为达到发达的道路理所当然地来自欧美模式，主张走欧美发展的道路。第三，从文化决定论出发，西方全球化主义者都认为，现代化是发达国家文化和价值观传播的结果，因而都认为殖民主义有进步作用，激烈地反对民族主义，认为民族主义是现代化的最严重的阻力，认为在当前的世界条件下，已不应该像现代化理论和依附论那样严格地以民族国家为分析单位，而主张以全球的观点来决定分析单位。①这样的一种全球化理论的提出显然是为了加强霸权国家的文化霸权主义统治。

其次，不惜代价，全力推行西方的代议制民主政治。据1995年12月美国斯坦福大学胡弗研究所高级研究员拉里·戴蒙德写给纽约卡内基基金会的报告《1990年代促进民主的角色、手段、问题和极端必要性》（以下简称《报告》）透露，美国对外强行输出自己政治制度的工作是很下工夫的。美国致力于西方民主制度输出的机构有三类，第一类为政府机构，如美国国际开发署（AID）、美国新闻署、美国国防部等；第二类为非政府组织，如美国全国民主捐助组织（NED）、国际选举制度基金会（IFES）、亚洲基金会、欧亚基金会、"自由之家"、"非美协会"等；第三类是私人机构，如美国律师联合会、纽约保护新闻记者委员会和维也纳国际新闻协会、维吉尼亚外国新闻记者中心、纽约的卡内基公司、麦克阿瑟基金会、福特基金会、索洛斯基金会网络等。他们投入西方民主制度输出的经费数以亿计，譬如美国国际开发署1994财政年度用于世界民主援助计划的经费就高达4亿美元。大部分美国财政与技术援助都是通过非政府组织开辟的渠道支出的。此外，私人机构投入这项计划的经费也很高，譬

---

① 参见 Giovanni E. Reyes, *Four Main Theories of Development: Modernization, Dependency, World - System, and Globalization*, http://fuentes.csh.udg.mx/CUCSH/Sincronia/reyes4.htm.

如索洛斯基金会仅1990年就拿出1500多万美元支持东欧的民主分裂者和组织。《报告》反映了中心国家对外围国家任何自主的政治选择都不能容忍的霸主立场，譬如《报告》甚至对新加坡、马来西亚等国一些知识分子提出的一种"不同程度的经济自由主义、有限的社会多元主义与中央集权的政治霸权相结合"的政治制度都视为异端，认为是对后冷战时期西方的"民主意识形态在世界的霸权"的挑战，非战而胜之不可。

民主本来对任何国家来说都是一个好东西，任何国家都会根据自己国家的条件欢迎它，逐步地实现它，利用它为本国的人民谋福利，为什么中心霸权国家非要不惜代价动员大量的人力物力干涉别国的内政，强行推行自己国家的"民主制度"呢？通过简单的逻辑推理就能知道，只有西方那种资产阶级的民主制度才有利于维持中心国家对外围国家的霸权统治。关于这一点，我们可以从《报告》关于中国的部分看得很清楚。中国本来是一个爱好和平、从不干涉别国内政的国家，可是《报告》却把它说成是一个"有敌意的、扩张主义的"国家。更荒唐的是，《报告》竟然说"在中国，对西方的威胁是来自它的成功，而不是失败。它的成功不大可能用明显的国际援助和引诱所能驯服。只有一个走向民主的中国才是最有前景在地区和国际舞台上成为一个负责任的玩家"。这里有两点十分清楚：第一，中心霸权国家绝对不容许外围国家获得发展的成功（这是资本主义世界体系中心国家排他性规律所必然要产生的一种行为）；第二，西方国家所说的民主就是西方国家用以阻止外围国家成功的工具。因为他们知道，在发展中国家的、两极分化的社会条件下，实行他们的那种"政治竞争"的、"三权分立"的、"政治自由化"的所谓民主制度，肯定会闹得天下大乱，发展毫无指望。看来，这样的结果才是中心国家所希望的，因为只有这样，外围国家才会永远依附于中心，才"可能用明显的国际援助和引诱所驯服"。如果能以自由、民主的名义破坏外围国家的自由和民主,使之自己走向分裂和"自杀",达到阻止外围国家成为发达国家的目的,那是何等的一本万利!所以,《报告》说:"从财政方面来说,民主促进计划一般都是成本效益最高的计划。"

《报告》对美洲国家组织1991年通过1080号决议感到特别高兴,因为在此之前,该组织在国家主权问题(即不干涉内政原则)上一直是不松口的,直到这个决议通过之后,才解决了这个问题。所以,《报告》称这个决议是一个"历史性的决议"。此后,美国在对拉美国家进行"有效的、及时的和迅速的"民主干涉的时候,就没有主权问题的障碍了。[1]如果真是这样,拉美今后的发展肯定还会遭遇更大的困难。

再次,美国著名政治学家亨廷顿立场的转变也反映了美国文化霸权主义攻势的加强。在20世纪50年代罗斯托等人把他们的现代化理论作为美国的意识形态推到拉美的时候,亨廷顿曾经发表著名的《变化社会中的政治秩序》一书,专门研究发展中国家的政治稳定问题。他说:"我写该书是因为我认为政治秩序是一件好事。我的目的是要发展一项通则性的社会斗争理论来解释实现稳定的原因、方式和条件",并明确肯定,"各国之间的政治分野,不在于它的政府形式,而在于它们政府的有效程度"。[2]也就是说,发展中国家和发达国家之间的差距,不在于发展中国家没有实行西方的民主模式,而在于发展中国家没有建立强大的政府。而且,该书也说得清楚,强大政府的构建有赖于强大政党的缔造和巩固,有赖于这个政府在完善政治制度和扩大群众参与水平二者之间是否能取得最佳值。该书清楚地说明,现代政治的

---

[1] 以上资料均见:Larry Diamond, *Promoting Democracy in the 1990s: Actors and Instruments, Issues and Imperatives*, Carnegie Corporation of New York, 1995.

[2] 塞缪尔·P·亨廷顿:《变化社会中的政治秩序》(中文版),三联书店1992年版,第1页。

最基本的标准并不是西方民主,而是在资产阶级夺得政权之后,国家有没有治理效能,能不能实现国家的稳定。① 这本来是个正确的观点,因为就是在民主传统悠久的西方国家,民主也是一个长期发展的过程,并非西方现代国家一诞生就是现在这个样子。但是,时隔三十年,同一个亨廷顿却完全变了另外一个样子,他发表的《第三波:二十世纪后期的民主化浪潮》已经把他原来坚持的观点完全抛弃了,"重点转到了民主化上。"② 提出了与前一部书截然不同的观点,把以多党制、竞争选举、三权分立等为特征的西方发达国家的"民主政治"当做现代政治的标准。为什么他有这样一个大的转变呢?主要的原因就是美国的政治需要改变了。《变化社会中的政治秩序》发表于1968年,其时,美国为了同前苏联集团争夺第三世界国家,出台了作为意识形态的现代化理论;为了把发展中国家特别是拉丁美洲国家吸引到美国的现代化道路上来,做出有可资证明的成绩,它不能不要求发展中国实现政治稳定,为此,它甚至支持军人政变,实行军人独裁统治。而《第三波:二十世纪后期的民主化浪潮》发表于1981年,其时,美国已开始在拉丁美洲推行新自由主义政策和全球化理论,美国需要的已经不是稳定,而是美国自己的政治经济扩张;这就要在政治上推行西方的议会民主制度。《第三波:二十世纪后期的民主化浪潮》这部书就是适应这种需要而写的。他在这部书的前言中承认,书里有五处他的确"放弃了社会科学家的角色,而充当了政治顾问的角色",他还在该书的结尾部分

---

① 《剑桥拉丁美洲史》认为,是不是一个现代国家,主要看它是不是具备领土控制、行政管理和对财源支配等三个基本的要素。只有这三个要素都得到有效的发展并相互结合起来的国家,才是"现代国家",否则就是传统国家。(莱斯利·贝瑟尔主编:《剑桥拉丁美洲史》(中文版)第六卷下册,当代世界出版社2001年版,第一章)。

② Samuel P. Huntington, *The Third Wave: Democratization in the Late Twentieth Century*, University of Oklahoma Press, 1993.

直言不讳地宣称，民主在世界上传播的程度取决于世界上和个别国家掌权的人需要传播民主的程度。这时，他显然已经敏锐地感到，该是他传播"民主"的时候了。到90年代，他甚至提出，"共产国际已经寿终正寝，现在该是建立民主国际的时候了"。[①]显然，亨廷顿至少主观上认为，它是在帮助美国建立资本主义世界体系的"民主国际"。在资本主义世界体系的中心－外围结构下，这样的工作实际上就是在"自由、民主"的名义下帮助美国加强对外围的统治。

从以上两件事情可以看到，中心霸权国家加强对外围国家文化霸权主义统治的趋势，已经是再明白不过了。在这种形势下，思想理论的斗争是不可避免的。只有在这场斗争中赢得胜利，才能争得思想的解放，探索和创造符合自己国家国情的发展道路，避免过去那种在中心国家的压力下摇摆不定、周期性反复的局面，达到稳定发展、逐步赶上发达国家的发展目的。当然，这不是一件简单的事情，在反对国际文化霸权主义的斗争中，拉美国家还有很长的路要走，任重而道远。

[①] Journal of Demacracy, 1997. Vol. 4, pp. 3~12.

第六章　突破发展困境的新探索

以上两章就资本主义世界体系、经济全球化、后发国家发展的时间差规律、社会建设、政治建设和文化自主等几个问题，对造成拉美国家200年发展困境、拉美民族难以崛起的原因进行了一些理论的探讨和思考。历史的发展不管如何遭遇困境，它总是要前进的。拉美国家在20世纪80年代陷入深重的债务危机、进入所谓"失去的十年"之后，拉美人民又一次不折不挠地进行突破发展困境的各种探索。其中最引人注意的就是右翼的"穷人资本主义道路"实验和左翼的"21世纪社会主义"理论和实践。

一、右翼的穷人资本主义道路实验

20世纪80年代债务危机爆发后，由于西方发达国家竭力推行新自由主义经济政策和资本主义的经济全球化，拉美本土也出现了一些主张走自由资本主义道路的理论家，其中最著名的代表人物就是秘鲁经济学家埃尔南多·德索托。他于1986年出版的《另一条道路》主张走一条与秘鲁哲学家阿比马埃·古兹曼领导的"光辉的道路"完全对立的自由资本主义道路，被认为是一条穷人发财致富的资本主义道路。那么这是一条怎样的道路呢？

据该书第一版序言的作者、著名作家巴尔加斯·略萨说，该书"考察了拉丁美洲社会不公正和经济失败的根源"，"研究一个至今尚未研究过或很少理解的现象——非正规经济，并对发展中国家的经济困境提供一种解决办法。此办法完全不同于大多数第三世界国家政府（不论进步与保守）所一直设计的经济计划，而正是第三世界社会中最贫困阶层所付诸实施的解决办法"①；这就是发展非正规经济的办法。他说："非正规经济似乎就是一个摆脱不发达的出路；不发达的许多牺牲品已开始从这里得到好处，并正在使这个国家的经济革命化。"② 总之，这条道路就是"黑市上人们（穷人）所选择的道路"，就是"要从根本上削弱和缩减政府"的道路；"他们根本不想要由铁板一块的政府实施什么有计划的、统一管辖的集体化，相反，他们所要的是个体的、私人的首创精神和进取心，以负责领导反对不发达和贫困的斗争。"他们并不像第三世界革命者那样提倡什么暴力革命、国家控制经济，他们只"希望有真正的民主和真正的自由"。③ 用德索托自己的话说，"《另一条道路》所讲述的，正是一国的穷人，即那些所谓的'草根阶层者'如何自发地组织起来，去创造一个市场化的社会"的道路。④

德索托认为，"非正规创业者的头号敌人就是现存的法律和制度，它把这些非正规创业者排除在主流社会之外"。由于法律的障碍，"新兴创业者的个人财产只能游离于法律之外，无法获

---

① Hernando De Soto, *The Other Path*, *the invisible Revolution in the Third World* (in English), Harper & Row, Publisher, New York, 1989, p. xiii.
② Hernando De Soto, *The Other Path*, *the invisible Revolution in the Third World* (in English), Harper & Row, Publisher, New York, 1989, p. xvi.
③ Hernando De Soto, *The Other Path*, *the invisible Revolution in the Third World* (in English), Harper & Row, Publisher, New York, 1989, p. xix.
④ 赫尔南多·德·索托：《另一条道路》（中译本），华夏出版社2007年版，第31页。

得国家法律体制提供的一切辅助性条件，帮助他们组织和经营各种资源（发行股票、获得投资、获得专利权、保护发明、获得国家公证或法律规定的商业待遇、运作大型经济项目、以房子或产业为抵押赖担保个人信誉等）"①。所以，穷人发财致富的资本主义道路就是一条通过正式的法律手续将广大穷人在地下经济中非法获得的财产合法化，承认其财产权，使之变成能够用作贷款抵押、投资入股、流通交易等资本经营活动，从而进一步创造资本财富的道路。在德索托及其所领导的"自由与民主学会"组织的大力活动下，从1984年至1995年，秘鲁的历任总统都请他参与国家重大问题的决策。藤森甚至"公开承认，他从政的首要动力和理由，就在于他在《另一条道路》这本书中找到了可以支持他的选民"②。在藤森开始执政前后的十年间，"自由与民主学会""制定了大约400多条重大的法律条款和规章制度，实施了财政权确立工程，它堪称是世界上规模最大的民主工程之一"③。德索托认为，只要政府"以本国穷人的名义进行重大改革，就完全能够把资本主义、自由的民主化转化成理想状态。这是一次真正基于人文主义立场的事业，一种反对压迫和垄断的正义的'战争'"④。在这种激进的右翼立场的推动下，"自由与民主学会"把穷人房地产产权登记的审批周期从12年缩短为1个月；在短短几年时间里，使30万业主拥有了合法产权，财产增加了1倍的价值；建立了25个信贷机构；有190万座城市房屋

---

① 赫尔南多·德·索托：《另一条道路》（中译本），华夏出版社2007年版，第9页。
② 赫尔南多·德·索托：《另一条道路》（中译本），华夏出版社2007年版，第23页。
③ 赫尔南多·德·索托：《另一条道路》（中译本），华夏出版社2007年版，第14页。
④ 赫尔南多·德·索托：《另一条道路》（中译本），华夏出版社2007年版，第17页。

成为合法建筑；75%的非正规市场变成了合法的正规市场；将商业注册审批时间从300天减少到1天；约有27万非正规创业者进入合法的经济领域，创造了50万个新的工作岗位，使税收增加了12亿美元，"使秘鲁实现了很高的国民生产总值增长率（包括1994年达到世界最高水平的12%）"①。可以说，这的确是20世纪人类历史上一次真正的穷人资本主义道路的实验。

但是，几年之后，连德索托本人也不得不承认，他的实验同拉美其他国家的新自由主义实验一样，并没有获得真正成功。自由资本主义道路并没有给穷人带来什么福音，相反，却给他们带来了进一步的贫困和更大的失败。所以到2000年，德索托又写了一部书，叫做《资本的秘密》，专门解释资本主义为什么在西方（美国、欧洲等）取得了非凡成就，而在别的地方却遭遇失败的问题。德索托的答案说，这是因为世界各地都存在着各个层次的"玻璃钟罩"，这些"玻璃钟罩"把钟罩里面的少数特权阶级与钟罩外面广大民众分隔开了，"玻璃钟罩"里面的人可以享受到完全的资本所有权，行使资本增值的资本主义机制，而"玻璃钟罩"外面的人，虽然手里拥有大量的财产，却进不到"玻璃钟罩"里面去，因而"也就根本无法接近产生资本所需的任何合法的所有权体制"②，无法行使资本增值的资本主义机制。他认为，正是这种"玻璃钟罩"阻碍了发展中国家的发展，造成了这些地区的贫穷。因为能带来富裕的资本主义只"生活在与世隔绝的'钟罩'里"，"无法扩张并占据整个社会"。③他说：

---

① 赫尔南多·德·索托：《另一条道路》（中译本），华夏出版社2007年版，第18页。
② 赫南多·德索托：《资本的秘密，为什么资本主义在西方成功，在其他地方失败?》（中译本）台北经济新潮社2001年版，第107页。
③ 赫南多·德索托：《资本的秘密，为什么资本主义在西方成功，在其他地方失败?》（中译本）台北经济新潮社2001年版，第85页。

既然"穷人们进入'钟罩'受到了阻碍","他们别无选择,只能建立起属于他们自己的'不合法制度'",这就是为什么拉美非正规经济(地下经济)蓬勃兴起的原因。

他说,全世界生活在"玻璃钟罩"里面的发达国家是很少的,"全球 200 个国家中还是只有 25 个国家能够产生足够的资本,在扩展的全球市场中充分享受劳动分工所带来的好处……资本才是日益提高的生产力的源泉,因此也是国家财富的源泉。问题是,目前只有西方国家,以及开发中国家里一小部分有钱人能够独占表述资产及其潜力的能力,因此能够有效地创造和使用资本。它们在与世隔绝的封闭环境中繁荣起来;隐藏在它们的正规所有权制度内部的巨大的处理机制为它们的资产创造出与它们的物质相平行的实体——资本,为它们在资本主义道路上的发展增添了动力。"[①]

他认为拉美的经济改革之所以不能解决问题,是因为"经济改革家把穷人的所有权问题交给了对改变现状不感兴趣的保守的法律制定者。结果,公民们的大多数资产一直僵化在不合法地区,无法被转化成活的资本。这就是为什么鼓吹全球化和自由市场经济改革的人,被那些被排除在外的人看成是保护阶级利益的、统治'钟罩'的捍卫者"[②]。因此,他认为,否定阶级的存在是错误的,"在西方国家里,那些不满资本主义制度的人生活在'贫穷地带'(pockets of poverty),然而,开发中国家和前共产主义国家的痛苦并不局限在少数地区,而是分布在整个社会里。在这些国家中的'富裕地区'才是凤毛麟角。在开发中国家和前共产主义国家,西方人所说的'下层阶级'占了大多

---

① 赫南多·德索托:《资本的秘密,为什么资本主义在西方成功,在其他地方失败?》(中译本)台北经济新潮社 2001 年版,第 262~263 页。
② 赫南多·德索托:《资本的秘密,为什么资本主义在西方成功,在其他地方失败?》(中译本)台北经济新潮社 2001 年版,第 266 页。

数"。他说:"如果拒不接纳不断扩张的不合法财产所有权……生活在'钟罩'外的人首先会被依靠社会不满的政治代言人利用,起而反对现状。"①

关于发展中国家的资本主义如何从失败转向成功的问题,德索托认为出路在于要打破"钟罩",让所有的穷人都能享有合法的、完全的资产所有权。他说:"继续呼吁开放经济而不去面对现行的经济改革只是为少数特权阶层开放了门户,这样的开放是没有意义的。目前,资本主义全球化的发展进程主要关心的是,把生活在'钟罩'之内的特权阶层联系起来。我们的目的是,打破'钟罩',破除所有权隔离。这就需要走出现存的经济和法律疆界。"② 也就是说,必须进行法律革命,给所有的穷人以合法的、完全的资产所有权。

德索托的资本主义理论至少有三个主要的问题是难以自圆其说的。第一,他的问题提错了。他说他要解决的问题是"为什么资本主义在西方成功,而在其他地方失败?"。其实,资本主义无论在西方还是在拉美,都还没有失败;失败的是拉美的发展,是第三世界的发展,而不是资本主义;恰恰相反,拉美的失败、拉美的贫穷、拉美国家与西方发达国家的差距越来越大,这正是资本主义的成功,是资本主义的应有之义;资本主义世界体系的"钟罩"结构,也是资本主义的应有之义。如果世界上所有的国家都能走上共同富裕的道路,所有的人都能过上好生活,世界上已经没有了"钟罩"结构,那么,世界上也就没有资本主义了。所以,德索托想要用发展资本主义的方法来消除资本主义的必然结果,以解决穷人的问题,那就等于是要一个人揪着自

---

① 赫南多·德索托:《资本的秘密,为什么资本主义在西方成功,在其他地方失败?》(中译本)台北经济新潮社2001年版,第267页。
② 赫南多·德索托:《资本的秘密,为什么资本主义在西方成功,在其他地方失败?》(中译本)台北经济新潮社2001年版,第282~283页。

己的头发把自己提离地面那样不可思议,完全是一种空想。

第二,剩余价值到底是如何产生的?这个问题在德索托那里变得十分神秘,似乎有了所有权,资产就能够神秘地在流通过程中产生出剩余价值来。这正是德索托所重点批判的重商主义思想的典型表现。其实,剩余价值从何而来这个神秘的问题,马克思早在一个多世纪以前就已经令人信服地解决了,只是因为"劳动创造剩余价值"这个理论不大符合德索托的胃口,不大符合穷人手里的非法资产一旦有了合法所有权,就能转化成能创造更多财富的资本、资产所有者也就能成为富裕的资本家这一设想,所以他故意将它马虎过去了。但是,这样一来,我们又产生了新的问题:按德索托的调查,穷人手里都是有资产的,只要他们都成了自己资产的合法所有者,他们就会都富裕起来,都成为资本家。照这样说,社会就不应该再发生两极分化,但是事实是,在德索托实验期间,秘鲁社会两极分化的现象不但没有减缓,反而日趋激化,这是什么道理?

第三,关于如何打破"玻璃钟罩",让穷人变成自己资产的合法所有者的问题,德索托的答案更让人不解,因为他特别要求世界的穷人都学习美国。他说,资本主义在美国之所以获得非凡的成功,就是因为美国在独立后的"西进"过程中,各州、联邦以及民众组织都致力于打破那个阻碍发展的玻璃钟罩,把非法的权利变成合法的权利,从而转化成了资本。他特别提醒说:"开发中国家和前共产主义国家要转型为资本主义,美国经验的重要性不可忽视。对不合法的财产所有权的认可与接纳,是美国能成为世界上最重要的市场经济国家和资本输出国的关键因素。"[1] 他对自己的这一发现十分得意,他说,像美国这样成功

---

[1] 赫南多·德索托:《资本的秘密,为什么资本主义在西方成功,在其他地方失败?》(中译本)台北经济新潮社2001年版,第181—182页。

的资本主义国家到底是如何取得成功的,美国人是如何把不合法协定转变为合法所有权制度的这个问题,连美国自己也"无人能给出答案",因此"这个问题变成了一个谜。直到我在他们的历史书里找到了关键资料,并在美国的历史书里找到了最恰当的典范,这个问题才算解决"。① 那么,美国到底是一个什么样的样板呢?我们知道,早在北美殖民地时期,美国向西移民的活动就开始了。1763年,英国颁布了禁止移民越过阿巴拉契亚山脉以西的公告令,但独立革命粉碎了这一规定,许多来自东部沿海地区和欧洲的移民纷纷越过阿巴拉契亚山脉涌向西部。这些移民当中,既有南部的奴隶主,也有北部的土地投机商,但人数最多的还是一般贫苦的拓荒者——猎人、矿工、牧民和农民,他们都是为了谋生来到西部的,他们成为西部早期移民的主体。他们先是征服阿巴拉契亚山以西至密西西比河这一大片土地上的印第安人,占有了他们所有的土地。接着又向西挺进。与此同时,美国政府又通过购买、武装颠覆和发动战争等手段在19世纪前半期先后占有了法国在路易斯安那的广大殖民地、西班牙的佛罗里达和墨西哥的大半国土,一直延伸到太平洋沿岸。于是,拓荒者便在今天美国这片广阔的土地上进行开拓。所到之处,他们大批屠杀印第安人,将他们的土地夺为己有。美国资本主义深入发展的过程就是美国人向北美大陆西部移民拓殖扩张、掠夺印第安人土地的过程,也是美国血腥的资本原始积累的过程。美国政府的土地政策,横贯大陆铁路的建筑,加速了西部的开发。美国的牛仔们通过艰苦的努力把荒芜的大平原改造成为一片巨大牧场;美国的农民借助于钢犁、有刺的铁丝网和农业机械,把贫瘠的草原改造为良田。美国向西部的领土扩张和开发,使美国能够进行大规

---

① 赫南多·德索托:《资本的秘密,为什么资本主义在西方成功,在其他地方失败?》(中译本)台北经济新潮社2001年版,第30—31页。

模的农业生产，能够以巨大的力量和规模开发其丰富的工业资源，以至很快就摧毁了英国的工业垄断地位。但是，美国当年的这个资本主义狂飙进程岂是今天拉丁美洲人所能学习的?! 美国当时之所以有这个过程，首先是因为当时美国西部存在着一片肥沃富饶、尚未开垦的辽阔的土地，这是美国西进运动的基本前提；其次，美国人认为他们新获得的土地是他们十三州的人民共同用生命和财富换来的，这些土地应归人民所有，人民有权去开垦、种植和开发，所以，1784年杰斐逊土地法令规定西部土地为美国全体国民所共有。第三，政府多次颁布过土地政策，为移民获得土地提供方便。最宽松的一次就是1862年林肯政府颁布的著名的《宅地法》。该法规定年满21岁的公民从1863年1月1日起，只要付10美元的费用，就有权取得160英亩或160英亩以下的土地，耕种5年后，土地就归个人所有。林肯政府的《宅地法》，将西进运动推向了新高潮。据资料统计，自1815年至1860年，移民有500万之众；从1861年到1914年的半个世纪中，移民达2700多万人。总之，这一时期美国政府的土地政策，为农民取得土地和进行农业开发提供了制度和政策保障，促进了美国西部的开发，使美国能够快速发展成为一个农业大国。这些条件都是今天的拉丁美洲人所不可思议的。在今天世界上，难道还有哪个发展中国家能够像一个多世纪以前的美国那样，用暴力从别的民族和国家手里抢夺土地所有权吗？显然不能。可是，德索托却硬要说美国人的经验完全可以用到拉丁美洲，这怎么能让人信服呢？

那么，《资本的秘密》发表之后，秘鲁的社会分化情况有没有什么变化呢？据报道，城市的情况略有好转，但没有人把这一变化同德索托的理论联系起来，而是国家干预、实行了一些必要的社会保险政策的结果。至于边远地区，情况并没有什么好转。2009年，加西亚总统甚至命令好几百全副武装的军队、装甲车和直升飞机镇压反对外国多国矿业公司入侵亚马逊地区的印第安人民。① 另据报道，德索托在出版了《资本的秘密》之后，又发布了一个题为《亚马逊土著居民资本的秘密》（"El Misterio del Capital de los Indígenas Amazónicos"）的文件，但遭到土著居民的坚决反对。② 可见他的理论并不受穷人的欢迎。

不过应该说，德索托还是一个真诚的学者，至少他在以下三个方面是有贡献的：

第一，他主观上是想要为穷人办好事的。他明确指出，资本主义在发展中国家已经"失去了前进方向。这些国家的资本主义制度并不公平，同时也和社会的最大组成部分失去了联系。它没有成为为所有人带来机会的因素，而是不断地变成自私自利的商人和技术官僚联盟的主旨"，他认为这种情况应该予以纠正。③

第二，他揭示了资本主义制度的"钟罩"结构。虽然他没有认识到这种结构正是资本主义制度所固有的，但他毕竟提出了要打破这种结构的口号，有一定的进步作用。德索托所说的"钟罩"内与"钟罩"外的结构，实际上就是依附论所说的中心—外围结构。这种结构充斥整个资本主义社会，大至世界，小至社区，概莫能外，的确是阻止人类社会发展进步的桎梏，不彻底改造，便不能解放生产力。

第三，德索托有一个让人感动的自我表白。他说："我并不把资本主义看成信条，只是认为，我们暂时没有更好的促进发展

---

① James Petras, *Peru: Blood Flows in the Amazon*, Global Research, June 12, 2009. http://www.countercurrents.org/petras170609.htm.

② Cervando Puerta Peña (Presidente de ORPIAN-P.), *Perú: Respuesta a Hernando de Soto*, Colectivo Nugkui. http://servindi.org/actualidad/opinion/16269.

③ 赫南多·德索托：《资本的秘密，为什么资本主义在西方成功，在其他地方失败？》（中译本）台北，经济新潮社2001年版，第282页。

和减少贫困的办法。就我而言,如果在我的一生中能出现比以所有权为基础的资本主义制度更好的制度(我很怀疑这一点),我会改变我的立场,因为我非常相信人类有能力发展出令人吃惊的新方法来提高生活水准。我不愿意为资本和所有权而死。我愿意为之付出生命的——姑且这么说吧——是那些使我们能够和平发展的原则;自由、同情、对社会契约和机会均等的尊重"。[①] 显然,对于他所宣传的穷人资本主义道路,他自己也不是那么自信,好在他有一种追求真理、服从真理的精神,相信在拉美人民有了令人信服的制度创新之后,他是会"改变立场"的。

二、左翼的"21世纪社会主义"

近10余年来,由于拉美现代化进程陷入困境,拉美各国反对新自由主义的斗争如火如荼。1994年,墨西哥恰帕斯土著居民首先起义,明确提出反对新自由主义的口号。接着,巴西的无地农民运动、厄瓜多尔的土著主义运动、玻利维亚的古柯农运动、阿根廷的反对梅内姆主义的工会运动和道路封锁者运动、委内瑞拉的查韦斯主义运动蓬勃兴起,形成了一股强大的反对新自由主义的政治潮流,这股潮流后来又涌向西雅图,加入到了全球反对新自由主义全球化运动之中。从本世纪初开始,运动发展到鼓励抗议投票和街头直接动员,造成一批新自由主义批判派政党和政党联盟在委内瑞拉、智利、玻利维亚、尼加拉瓜、厄瓜多尔、乌拉圭、阿根廷、巴西、危地马拉等国的大选中获胜。当前,执政的左派政党又继续努力,多方推动议会改革和制定新规章的进程,以促进反对新自由主义的政权建设。

更值得注意的是,在这场反对新自由主义的群众运动中,拉

---

① 赫南多·德索托:《资本的秘密,为什么资本主义在西方成功,在其他地方失败?》(中译本)台北,经济新潮社2001年版,第283页。

美左派还提出了新的现代化理论。这就是目前在拉美广为流传并广泛讨论的"21世纪社会主义"。该理论由德国社会学家和政治分析家海因茨·迪特里希（Heiz Dieterich Steffan）于1996年提出。当时，拉美反对新自由主义资本主义秩序的运动正缺乏一个经济建设、政治建设和社会建设的计划，"21世纪社会主义"正是一种可供选择的、可用以填补这一空缺的方案。1998年查韦斯当选总统后，迪特里希预感到委内瑞拉即将发生重大社会和政治变革，立即赶往委内瑞拉，研究委内瑞拉玻利瓦尔革命和查韦斯社会主义思想，并出版了他的社会主义理论著作《查韦斯与21世纪社会主义》。2005年，"21世纪社会主义"理论得到委内瑞拉总统查韦斯的认可。厄瓜多尔总统科雷亚和玻利维亚总统莫拉莱斯也都表示拥护这一理论。

那么什么是"21世纪社会主义"？根据迪特里希《乌戈·查韦斯与21世纪社会主义》2007年修订版的详细介绍和该版新增的第七章的内容，"21世纪社会主义"就是超越后资本主义社会的一个新的历史计划。迪特里希说，市场经济制度和资产阶级议会制度已经证明不能解决人类诸多重大问题。一个社会就像一部应能通向福利生活和美好环境的车辆。如果这部车子做不到这一点，而且常常出毛病，那么，你就应该开始考虑换一部新车。你需要乘坐另一部车来达到这个目的地，也就是说，你需要有一个超越后资本主义社会的新的历史计划。"21世纪社会主义"就是这样的一个新的历史计划。[1]

"21世纪社会主义"理论认为，无论是"工业资本主义"，还是"20世纪社会主义"，都未能解决诸如贫困、饥饿、剥削、经济压迫、性别歧视、种族主义、自然资源毁灭以及参与制民主

---

[1] Catherine Hernández, "*La integración regional y el socialismo del siglo XXI avanzan en América Latina*", Rebelión, 9 en enero de 2007.

缺乏等人类紧急问题。为了挽救人类的这些失败，该理论认为现行的资本主义社会制度应该由一个"性质上不同的制度"取而代之；这个新制度应该包括如下四个基本点：

第一，以一种通过民主方式规划的价值经济取代市场经济，即在马克思劳动价值论的基础上建立一种等值经济制度，产品的价值直接由创造价值的人们民主地决定，而不是由市场经济原则来决定。他说，并不是有了合作社、工人合营和社会生产企业，就是进入了21世纪社会主义，这是错误的，因为它们都还必须在大贸易系统的逻辑下运作，就像海里航行的船只，每只船样式不同，但不管其样式如何，为了不至于沉没，都必须服从所在环境的运动规律。如果合作社想摆脱海洋这个暴君，即摆脱市场经济的逻辑，那么它就必须改变航向，驶向另一个现实的系统，也就是说，发展等值经济（la economía de equivalencias）。如果它继续航行在市场经济的海洋里，那就不是，也不可能是社会主义。工人合营和社会生产企业也是这样。因此，一种经济，只有当它按价值运作，实现等值交换，并通过民主的方式设计经济各主要标准（包括宏观的，如投资率、国家预算等；微观的，譬如剩余价值率，即对劳动剥削的程度）的时候，才是社会主义经济。为了能建设这样一种社会主义经济，必须具备以下三个必要的客观条件：（1）有可供自由使用的母值计算数学（matemática de matrices）；（2）经济的完全数字化；（3）有一个先进的、各主要经济实体之间的信息网络。这些条件的存在就其整体来说，还只有十年左右的历史，这就是为什么苏联从未建成社会主义的原因。譬如，前苏联在20世纪80年代几乎还没有能力对大约2000种产品的价值（时间投入）进行数据处理，而当时它的产品已超过了1000万种。这就是说，在当时，苏联还没有建设社会主义经济的客观条件，人类还可悲地处于一种原始社会主义

(protosocialismo），或乌托邦社会主义阶段。①

第二，以一种服务于多数人的公共事务管理取代阶级国家，即实行一种多数民主制，凡与全社会有关的重大问题均由公民投票决定。

第三，以一种直接民主制取代富豪统治，即在民主的国家机构的基础上实行基础民主制，国家机构是多数公民共同利益的真正代表，并保护多数人的权利。

第四，培养一种有批判意识、有责任心、能理性地、有道德地和有审美情操地进行自决的公民。

该理论特别强调，21世纪社会主义理论的真谛是反对资本主义逻辑。资本主义的全部经济生活都是建筑在资本主义积累规律（ley de la acumulación）的基础之上的，追求的只是资本积累，因而导致自然界被毁灭、成百万人的社会被毁灭。资本主义天生是野蛮的，只有在有足够的社会力量迫使他们不得不做点改变的时候才变得"文明"一点儿，但他们改变的只是做法，而不是资本主义的逻辑。因此，从"21世纪社会主义"的观点来看，我们应该把战胜这个逻辑作为我们的指导原则。战胜资本主义的逻辑就意味着要从根本上把人的需要摆在第一位，而不是把赚钱摆在第一位。也就是说，不能按照资本主义的、不变成商品就不能为资本积累作贡献的逻辑，把所有现实的东西都变成商品。根据反对资本主义逻辑的原则，该理论认为，实行资源，特别是不可再生资源的国家控制，就是一个重大的变革，是一个改变人与自然之间关系模式的变革，从而实现从剥削到共生的过渡。这是从根本上反对资本主义逻辑的。根据反对资本主义逻辑的原则，该理论认为，使用价值应该高于交换价值。交换价值是

---

① Heinz Dieterich, *La revolución bolivariana y el Socialismo del siglo XXI*, 13 de agosto de 2005.

商品和服务在出卖时的价值,资本主义只承认这个价值,因为不出卖就不能赚钱,就不能积累。使用价值是服务于人的福利的价值。我们不反对交换,自然也不否认交换价值,但我们反对把交换价值变成一种作为全部逻辑而强加于人的价值。我们需要另一种生产组织,以发挥使用价值的功能,而不是交换价值的功能。这就意味着要满足社会的需求,而不仅仅是听从市场信号的指挥;同时也意味着要停止私有化,意味着要把人类生活的基本部门,如保健、教育、文化等服务部门理解为集体的遗产。根据反对资本主义逻辑的原则,该理论认为,民主必须要普及到所有人的关系之中,而不只是在政治上。普及的民主制是完全反资本主义逻辑的,因为没有什么比资本的经营更不民主的了。根据反对资本主义逻辑的原则,该理论认为,必须实现文化多样性。文化多样性意味着西方文化统治的结束。①

该理论认为,建立这种新的社会制度是一场革命,但这场革命应该是一个渐进的过程,不主张使用暴力,因为现在的制度是几千年不断摸索的结果,不可能一朝一夕就被改造。凡想获得成功的社会革命,都必定是广大民众对革命的好处衷心信服的结果,而不是通过国家的强力和压迫而强加的。②

以上就是迪特里希"21世纪社会主义"理论的大致轮廓和基本内容。但是,就拉美几个宣布实行"21世纪社会主义"的国家来说,情况又比较复杂。譬如在委内瑞拉,查韦斯本人虽然在2005年1月第五次世界社会论坛之后认可了这一理论,明确提出委内瑞拉的"革命应该是社会主义性质的","这一社会主义应该是21世纪的社会主义",他还在2007年1月10日的第三

---

① François Houtart, *Socialismo del siglo XXI*: *Superar la lógica capitalista*, Entrevista realizada por Helga Serrano Narváez y Eduardo Tamayo G..

② *Socialism of the 21st century*, From Wikipedia, the free encyclopedia.

次总统就职典礼上正式宣布在委内瑞拉开始建设"21世纪社会主义",并宣布"一个新的时代已经开始"。但是,在实践中,他并没有完全照搬迪特里希的理论。譬如他在一次讲演中说,21世纪社会主义"是建立在团结、友好、爱、自由和平等的基础之上的";21世纪社会主义模式有三个支轴,这就是地区民主发展主义、等值经济和参与制民主。①认为拉美的"21世纪社会主义""是原生的社会主义,印第安人的、基督徒的和玻利瓦尔的社会主义"。②具体地说,就是主张以"玻利瓦尔和平民主革命"替代"新自由主义改革";以"美洲玻利瓦尔替代方案"替代美国倡导的"美洲自由贸易区计划";以"21世纪社会主义"替代"资本主义";以成立"委内瑞拉统一社会主义党"来统一革命力量。这些提法显然同迪特里希的理论目标有明显的差别。又譬如在玻利维亚,莫拉莱斯虽然宣布实行"21世纪社会主义",它的执政党的《章程》也明确规定,该党"以实现社会公正为目标,主张实行公社社会主义(Socialismo Comunitario),力图建设一个没有剥削者和被剥削者、没有压迫者和被压迫者的社会",但在具体的实施步骤上,他的副总统阿尔瓦罗·加西亚(Alvaro García Linera)又有新的解释。他说,在现阶段,玻利维亚还没有资本主义(人口的90%靠传统的公社经济生活,城市工人的70%属家庭经济),在没有经过一个资本主义阶段之前,是没有办法进入到社会主义的,因为社会主义只能在大工业的基础上建立起来。所以他提出了一种政治经济变革的阶段理论,认为玻利维亚的政治经济变革必须分两个阶段进行,第一个阶段是"安第斯资本主义"(《capitalismo andino》)阶段,然后再过渡到

---

① Marcos Roitman Rosenmann, *La izquierda y el poder político en América latina* (1970—2004).
② 吴洪英:《拉美进入左派掌权新时代 欲建21世纪社会主义》,载《新京报》,2006-01-22。

"安第斯社会主义"阶段。"安第斯资本主义"阶段是一个相当长的时期,它是建立在玻利维亚现实基础上的一种制度。在这个制度中,土著居民、农民和所有的家庭都围绕一个国家发展和生产现代化的计划而联合起来,发挥他们的潜力。在这个社会中,印第安人的公社经济、殖民开拓者的经济和小生产者的经济虽然同古典资本主义相联系,但不会遭到粗暴的破坏和否定,也不会被粗暴地归类于古典资本主义。也就是说,玻利维亚是在实行一种有人道面孔的资本主义。[1]在这个阶段,执政党将营造一个由国家、资本和工会三方构成的合作体系,为实现国家的现代化而奋斗。待国家进入资本主义高度发达阶段后,资本主义也就到达发展的尽头,最后过渡到"安第斯社会主义"阶段。[2] 再譬如在厄瓜多尔,科雷亚总统虽然肯定"21 世纪社会主义"就是科学社会主义,但他又说,"21 世纪社会主义"也有自己的特点:没有统一的模式;吸收了基督教的一些思想;不赞成通过暴力方式实行社会变革;寻求实现拉美一体化;强调维护国家主权和健康的民族主义。总之,拉美国家的"21 世纪社会主义"在理论上继承了马克思主义的科学社会主义理论,忠实于科学社会主义所阐述的工人阶级的理想与目标,但在实践上又各自提出了符合自己国家国情的、差别甚大的具体目标和方案,并多少带有探索和实验的性质。这种情况应该说是完全正常的。对于来自左右两个方面的批评意见,我们应该采取实事求是的态度,以实践作为检验真理的标准,而不应该以本本为标准进行教条式的衡量。理论与实践相结合,从某种意义上来说,就是理论的原则性与政策的灵活性相结合。理论是思想基础,是方向,是代表广大人民根本

---

[1] Celia Hart, "*Revolución socialista o caricatura*"...*en Bolivia*, *El Militante*, 19 January 2006.

[2] James Petras, *EVO Y SU APUESTA POR EL CAPITALISMO*, La teorización del capitalismo boliviano según Morales y García Linera.

利益的一些原则，是社会发展中一个长的历史发展阶段的意识形态，而政策则只是现阶段的方针和措施，受现阶段条件的局限，可以因时因地有所不同；曲折进退，应该有一定的灵活性。比利时社会学家奥塔尔特（François Houtart）说得非常好，他说："现在有不少人批评委内瑞拉、厄瓜多尔和玻利维亚等几个国家的执政者，说他们并不要消灭资本主义，这是一种缺乏辩证法的批评。我们不能以直接的方式消灭资本主义；我们甚至在开始的时候还必须用资本主义的腿走路，还无法摆脱资本主义逻辑。全部问题是要看他们的具体政策是不是朝着反驳资本主义逻辑的方向前进。资本主义为了建设其再生产的物质基础，花费了4个世纪。我们不能期待用一天的革命就能实现社会主义，也不能期待用一代人的努力就能实现社会主义。但是如果我们不在这个基础上开始，不去进行某些工作，获得某些成就，那么我们就永远不能战胜资本主义逻辑。"[1]

拉丁美洲"21世纪社会主义"理论的兴起有着深刻的背景原因。独立革命200年以来，拉美国家作为资本主义世界体系的外围国家，在自己的发展进程中，遭遇了许许多多的危机和矛盾。首先是它们一次又一次地陷入债务危机和金融危机（20世纪90年代的墨西哥和巴西的金融危机、21世纪初年的阿根廷经济危机、社会危机和政治危机）[2]；其次是他们的现代化、工业化进程一次又一次地陷入断裂，始终未能获得成功；再次是它们土著居民的发展危机和农民的土地问题日益严重（如墨西哥的

---

[1] François Houtart, *Socialismo del siglo XXI*: *Superar la lógica capitalista*, Entrevista realizada por Helga Serrano Narváez y Eduardo Tamayo G.

[2] 2008年9月委内瑞拉总统查韦斯在总结经验时就说，委内瑞拉由于选择了"与国际金融体系脱钩"的社会主义模式，它才安全地摆脱了"这场国际资本主义的灾难"。（*El socialismo permite a Venezuela sortear la crisis financiera mundial*, IBLNEWS, AGENCIAS, 21/09/2008.）

恰帕斯农民起义、玻利维亚和厄瓜多尔的种族矛盾）；最后还有与500年来西方资本主义发达国家的掠夺性的、让我们所生活的这个地球越来越不堪承受的发展方式（包括生产方式和消费方式）分不开的环境危机和生态危机（譬如亚马逊生态危机）。除此之外，还有一个更重要的、数百年来曾经引起过众多血腥战争的国际资源分配的矛盾。这个矛盾由于第三世界国家的兴起及其现代化建设的需要，已经变得越来越尖锐，越来越成为南北冲突的导火线。拉美历史上的太平洋战争、格兰查科战争、巴拉圭战争以及近年来发生在中东地区的伊拉克战争和眼下的利比亚战争都是因此而起；而遭受战争灾难的都是资源国无辜的人民。所有这些矛盾、危机和灾难，其根源都在于资本主义制度，都在于全球化生产力同资本主义私有制的日益尖锐的矛盾，都在于不平等的、中心－外围结构的（或德索托所说的"钟罩内－钟罩外"结构的）资本主义世界体系。现在，越来越多的人已经认识到，不改造资本主义制度，不打破这个不平等的霸权主义世界体系，所有这些矛盾都不可能解决，过去和现在人类所经受的这些危机和灾难就不可能避免，占人类社会80%人口的第三世界国家也就永远没有可能结束现代化零成功率的历史，实现自己国家的现代化；世界也就永远不可能建设成为一个和平、民主、繁荣、和谐的美好的世界。拉丁美洲的"21世纪社会主义"理论正是这种认识和觉悟的深刻反映，它标志着拉丁美洲人民的社会政治思想正在发生历史性的、深刻的变化。

拉丁美洲的"21世纪社会主义"在以下两个方面适应了当今人类发展的需要，第一是适应了人类转变发展方式的需要。在环境危机、人类生存危机丛生的今天，人类的唯一出路就是转变发展方式和生活方式，而这是同唯利是图的资本主义逻辑对立的，因此只有社会主义才是人类的光明前途。巴西神学家、哲学家、里约热内卢州立大学教授莱昂纳多·博弗在一篇题为《生态学与社会主义》的文章中指出:"资本主义实质上就是反生态的,因为它的意图就是要利用自然和剥削人的劳动力,以便在尽可能短的时间内、用尽可能少的投资和尽可能大的竞争力积累财富。这就是资本主义的逻辑。资本主义生产方式如果持续下去,到最后我们所有的人都会遭到毁灭。所以最紧迫的是要宣布它道德上和政治上的非法,并历史性地战胜它。这就意味着要用一种新的、政治的、道德的和生态的社会主义制度取代资本主义。"[1]另一篇题为《气候变化,人类最大的挑战?》的文章也指出:"以纯粹追求利润为目的的资本主义制度已不符合人类持续发展的需要,只有走社会主义道路,才是人类的出路。"[2] 查韦斯极力主张实行社会主义的理由之一,就是要解决本世纪最破坏性的环境问题。[3] 尼加拉瓜副外长曼努埃尔·科罗内尔·考茨(Manuel Coronel Kautz)也指出,解决气候问题的出路就在于社会主义。[4]第二是适应了拉美国家和所有其他第三世界国家谋求公正发展、寻求现代化成功之路的需要。拉美独立200年的历史证明,资本主义道路已经不可能解决拉美国家的现代化问题,不但富人的资本主义道路不可能(已经没有美国工业革命时代的条件),穷人的资本主义道路(即德索托提出的"另一条道路")也不可能,从长远看,只有社会主义才是整个人类实现现代化理想,达到人类共同富裕目标的康庄大道。所以,毫无疑问,拉美的"21世纪社会主义"代表了先进拉丁美洲的发展方向,具有

---

[1] Leonardo Boff, *Ecología y socialismo*, Publicado el Diciembre 24, 2009 por silviano.

[2] *El cambio climático ¿ el reto más grande de la humanidad?* Domingo 1ro de octubre de 2006.

[3] Chávez da la solución al cambio climático en Copenhague:" El socialismo" 2009 - 12 - 16.

[4] *Nicaragua propone en Cumbre construir el socialismo como solución a crisis financiera*, San Salvador. Agencia Acan - Efe. | 29 octubre de 2008.

巨大的时代意义。

当然，从新自由主义时代到社会主义时代的转变不是一个短暂的历史时期所能实现的，正如墨西哥工人运动和社会主义运动研究中心学者莫多内西（Massimo Modonesi）所指出的，"新自由主义的统治不会自行死亡，它会进行抗拒"，斗争将是艰难的、曲折的，还十分尖锐，还有可能"反复动摇在两种可能之间：或者重新陷入依附地位，以至对抗性的冲突持续不断；或者获得解放，既战胜资本主义的统治，同时也战胜作为资本主义统治特征的对抗和冲突"。① 但是，不管如何反复，资本主义的固有矛盾不到资本主义结束之日是不可能消失的，因而斗争总会继续下去；正义的制度，符合历史发展规律的制度最后总会取得胜利。

---

① 参见 Massimo Modonesi, *Reflexiones sobre el cambio de época en América Latina: movimientos antagonistas y crisis hegemónica*.

结　论

　　以上所论都是拉丁美洲200年的发展问题，主要是探讨拉美民族200年崛起失败的各种原因。在这些原因中，资本主义世界体系和西方霸权国家主导的经济全球化，属于拉美国家发展的大环境问题，是拉美国家所无法逾越的，是造成拉美国家发展困境和拉美民族崛起失败的根本性的原因。既然这是一个不可逾越的原因，那么，我们就面临一个不能回避的问题：包括拉美国家在内的所有发展中国家是不是永远实现不了现代化，是不是永远只能处于发展中状态，永远不能崛起为发达国家？它们的发展前景到底怎么样？在本书结束的时候，我想就这个问题谈两点自己的看法，以作为本书的结论：第一，历史不会终结；第二，关键在于政治。

一、历史不会终结

　　关于后发国家的发展前景问题，美国社会学家列维完全持一种悲观的观点。他认为，在现代化进程中，后来者的"高速发展"或"高速追赶"是毫无希望的。他举了一个例子，他说："美国的人均国民生产总值是5000美元，后来者X国是200美元。前者若年增长5%，后者增长15%，绝对差距仍比原来的4800美元增加到5020美元。所以，要安慰这些沮丧的人是白费时间。越是拼命努力，差距反而越大。拼命的高速度追赶很可能成为一种悲剧。"他还坚持说："我们这个世界不会再有更多的国家进入现代化行列"，"除非仁慈的圣母可以挥动她的魔杖改变目前的一切，否则世界上大多数的人就要永远在这种分配极不平等的状态下生存下去"[1]。

　　对于这种看法我不能苟同。首先，他的计算错了。我在第四章关于"时间差"的那一部分曾经说过，"按常规的逻辑推理，落后的时间差是完全可以弥补的，只要能够创造出一种具有赶超速度和赶超效能的'第二时间差'，即在每一个单位时间内，发展的速度都能超过发达国家，形成一种'反时间差'，那么，落后国家就能赶上发达国家，实现自己国家的现代化。这就是我们通常所说的发展中国的现代化赶超战略。而按列维的计算，在今后的世界上，再也不会有后发国家能够创造出这个'第二时间差'，从而实现赶超的目标。事情果真是这样吗？不是。他的计算是一个未完成的计算；他只计算了一年，如果继续计算下去，事情就不是这样子了。我们计算的结果是：只要这个后来者 X 国按 15% 的年增长率持续追赶 36 年，就可以赶上美国，并开始超过美国。所以，后发国家赶超发达国家，并不是像列维所说的那样完全没有希望。[2]

---

[1]（美）M. J. 列维：《现代化的后来者与幸存者》，知识出版社 1990 年版，第 14 页。

[2]　我们计算的方法是：设：美国人均 GDP 为 a 美元，年增长率为 α；后来者 X 国人均 GDP 为 b 美元，年增长率为 β；追赶年数为 n。求后来者 X 国需要多少年才能赶上美国，即求合适的 n，使得：

$$a(1+\alpha)^n = b(1+\beta)^n，即$$

$$(\frac{1+\beta}{1+\alpha})^n = \frac{a}{b}$$

$$n\ln(\frac{1+\beta}{1+\alpha}) = \ln\frac{a}{b}$$

$$n = \ln\frac{a}{b} / \ln(\frac{1+\beta}{1+\alpha}) \tag{1}$$

如果美国：$a = 5000$ 美元，$\alpha = 5\%$，
后来者 × 国：$b = 200$ 美元，$\beta = 15\%$，
根据（1）式得出：

$$n = \ln\frac{5000}{200} / \ln(\frac{1+15\%}{1+5\%})，即$$

$n = 35.4$，取 $n = 36$

其次,在过去的200年历史中,拉美的确没有一个国家能够"进入现代化行列",没有一个国家能够崛起为繁荣富强的发达国家,也没有一个国家能够缩减其同美国的差距(相反,差距越来越大)。之所以如此,如前所说,一是因为在多数情况下,拉美国家的人均经济增长率都未能持续超过美国(见表7-1),更不用说15%的增长率了;二是因为资本主义世界体系的结构不允许,它需要一个相对落后的、永远不能与自己竞争因而也就永远能够控制和统治的外围世界。但是,这200年的历史事实只存在于人类社会发展的这个特定的历史阶段,并不等于今后永远如此。历史是不会终结的,资本主义的世界体系也不会永远凝固不变,它是会发生变化的。关于这一点,我们已经可以看到一些变化的端倪,这主要表现在以下几个方面:

表7-1 1820—1992年拉美5国人均GDP增长率同美国的比较

年份	1820—1870	1870—1913	1913—1950	1950—1973	1973—1992
美国	1.3	1.8	1.6	2.4	1.4
阿根廷	-	2.5	0.7	2.1	-0.2
巴西	0.2	0.3	1.9	3.8	0.9
智利	-	-	1.0	1.2	1.9
墨西哥	-0.1	1.7	1.0	3.1	1.1
委内瑞拉	-	1.5	1.9	2.4	0.4

数据来源:麦迪森:《世界经济二百年回顾》(中文版)(北京)改革出版社1997年版,第37页。

第一,第三世界的崛起和世界殖民主义体系的崩溃。这是二战后60年来世界最大的结构变化。原来一直遭受资本主义国家压迫的亚、非、拉,成立了一大批独立国家。这标志着一个新的时代的开始。在这个时代中,世界所有各国人民都成了自己国家的主人公，毫无例外地都积极参与国际事务。在资本主义降临以前，亚洲、非洲、拉丁美洲曾在人类社会占有很重的分量，但当资本主义在16世纪开始作为一种统治力量进行扩张并在19世纪和20世纪之间完成其殖民统治结构的时候，它们就都变成了被统治的大陆。现在，他们解放了，不用说，人类重将恢复其本来应有的面貌，即全世界各族人民自己决定自己命运的面貌。他们最需要的就是世界的和平和自己国家的发展。在联合国大会激烈的论战中，他们的呼声，一浪高过一浪，要求制定和平法规，反对强权大国单方面发动战争。由于他们的动员，联合国大会于1960年颁布了《准予殖民地各国和人民独立宣言》，在世界历史上第一次承认外国殖民统治的非法性，并号召立即无条件地结束殖民主义。殖民主义和殖民主义制度是国际霸权统治所赖以存在的基础，资本主义殖民体系一崩溃，国际霸权统治也就很难继续下去。第三世界占世界人口的80%，第三世界的崛起从根本上改变了和平与战争、自主发展和殖民统治的力量对比，为世界进入和平与发展的时代奠定了可靠的基础，这无疑是一个划时代的变化。这个变化如果能够按其本身的逻辑发展下去，世界无疑会改变发展的方向。

第二，东欧剧变，苏联解体，"冷战"结束。这是人类历史进入20世纪末年发生的一场震撼全球的政治大地震，它正式宣告了以美、苏两霸在全球范围内争夺势力范围为特征的旧的国际秩序的结束。这是一个结束过去、开辟未来、真正具有划时代意义的事件。它的划时代意义主要还不在于这一事件本身，而在于这一历史性转折发生的方式。在过去500年的全球化进程中，任何一次霸主的更换、秩序的改变，都是霸权国家之间实力较量的结果，都是在战场上见分晓的。而这一次国际关系体系的剧变却是和平地进行的，是两个超级霸权国家在半个世纪的"冷战"消耗中一方力量削弱，另一方发生"内部爆炸"的结果。这是国际关系史上破天荒的事情。对于这一划时代变化的意义,并不是所有的人都意识到的,欧美有些政治家在这一变故发生之后曾大肆宣传,说这是美国的胜利,是资本主义最后战胜了社会主义,并宣布资本主义的这一胜利就是人类历史的终结。这些政治家如果不是故张声势,至少也是主观臆断。因为只要好好研究一下战后的历史就知道,这种"意想不到"的剧变并不是天上掉下来的,而是社会化大生产的全球化发展趋势要求改革开放,要求冲破两极格局的桎梏(如相互对抗、相互封锁、自我封闭等"冷战"压迫手段),以解放生产力这一历史规律发挥作用的结果,是战后力量对比发生变化,特别是第三世界崛起的结果,也是世界人民在40多年的"冷战"折磨中不断提高觉悟,要求改变现状的结果。这个事件的结果并不是两个霸权国家中谁胜了或谁败了,更不是社会主义失败了(因为真正的社会主义与霸权主义毫不相干),而是霸权主义失败了。这说明,时代变了,霸权主义吃不开了;更说明,凡是不符合社会化大生产全球化发展规律的制度,不管它是"社会主义"的招牌,还是"资本主义"的招牌,都得要改革,不改革,便没有前途。这是一个意义深远的、给世界带来福音的、划时代的变化。

第三,占世界近1/4人口的中国的改革开放。这是邓小平在中国领导的一场和平革命。通过这场革命,中国共产党和中国人民解放了思想,总结了历史经验,清除了在社会主义问题上的各种形而上学的、唯心主义的和教条主义的错误认识,不断地推进改革和开放,发展社会主义市场经济,开辟了一条以邓小平理论为指导的、有中国特色的社会主义现代化道路。特别是在解决中国国内不同社会制度地区之间如何实现统一的问题上,邓小平从和平与发展这一时代主题和战略高度出发,在马克思主义辩证唯物主义和历史唯物主义理论的指导下,找到了两种对立制度之间所包涵的同一性。这就是,它们虽然在维护阶级利益的问题上有对立的一面，但它们同处于一个统一的世界市场之中，都在沿着经济全球化的道路前进，因而在发展社会生产力、发展科学技术、推进经济全球化的问题上又有着同一性的一面。根据这一科学的结论，邓小平把不同社会制度的国家应该和平共处的国际理论和国际关系准则运用于国内，提出了"一国两制"的构想，容许两种对立的社会制度同时存在于一个国家之内，并使之和平共处，共同发展。这是在处理社会矛盾问题上的一种突破性的、创造性的构想，是对马克思主义的重大发展。香港回归十年来的成功实践，已充分证明这一理论和构想的正确。它无疑为太平洋地区乃至全世界的和平、发展及经济合作提供了一个强有力的思想武器和理论支柱。1995年墨西哥著名学者莱奥波尔多·塞亚深刻地指出，"对于拉美来说，了解和评价太平洋流域另一边发生的事情是很重要的。亚太人民决不是永远停留在历史上，而是正在创造另一种历史，一种西方世界最终注定要加入的历史"。①

第四，拉美两洋发展战略的开始与中拉经贸关系的大跃进。在300年殖民时期以及在独立后的近200年间，拉美国家经贸关系发展的方向几乎只是大西洋。从20世纪80年代起，情况开始发生变化。由于东亚的经济腾飞，太平洋彼岸的拉美国家开始把眼光转向太平洋，开始以独立的姿态参与太平洋地区的经济合作事业。太平洋盆地有50多个国家和地区，7000多万平方公里面积，居住有占世界人口一半以上的居民，是经济发展最快的地区。②中国和拉丁美洲国家都清醒地意识到，一个太平洋新世纪的机遇已经到来，再错过这个机会将是历史的错误。所以，它们都决心要吸取历史的经验教训，在平等、互利、合作的旗帜下，

---

① Leopoldo Zea, *Asia - Pacífico y América Latina*, Cuadernos Americanos, Julio - Agosto, 1995.

② René Villarreal, *México 2010, De la Industrialización Tardía a la Reestructuración Industrial*, Editorial Diana, México, 1988, P. 330.

共同谱写太平洋新世纪的光辉篇章，迎接繁荣美好的未来。中国方面对所有的国家和地区实行开放政策，并相继开放了 30 多个口岸，建立了 50 多个高新技术开发区和 10 多个保税区，开辟了东北、西北和西南的边境贸易合作区，形成了一个全国范围的、多层次、全方位的开放新格局。拉丁美洲方面也在拉美经委会"开放地区主义"理论的指导下兴起了一个"新地区主义"运动，积极发展同太平洋地区的经贸关系。在此之前，拉美国家同亚太地区的关系基本上是一个"空白"，它们似乎只属于大西洋区域，没有任何拉美国家参与太平洋区域事务；此后，他们开始检讨自己加入世界经济的方式，并开始把发展的方向转向亚太地区，除了原有的大西洋北美—拉美—欧洲大三角经贸关系之外，又开始建立太平洋北美—拉美—亚洲大三角经贸关系，采取了一种纵向联系南北美洲、横向贯通两洋、同时联系欧洲和亚洲的国际经济战略。中拉经济关系出现了史无前例的大跃进局面。墨、中两国贸易额从 1994 年的不到 3 亿美元增加到 2007 年的 149.69 亿美元，短短 13 年间增长了 49 倍。智利同中国的贸易额从 2003 年的 35.28 亿美元增加到 2007 年的 133.15 亿美元，4 年间增长近 2.8 倍①。所有拉丁美洲的太平洋国家，都把加入亚太经合组织看做是其经济政策的"基本目标"。巴西虽然不是太平洋沿岸国家，但也于 1992 年制定了"亚洲战略"，决定把亚洲尤其是亚太地区国家作为其稳定的经济合作伙伴，特别是把发展巴、中关系放在其"亚洲战略"的最重要的位置，提出要同中国建立"战略性伙伴关系"。巴西的"亚洲战略"确定后，两国的贸易额逐年增加，从 1991 年的 4.14 亿美元增加到 2003 年的 79.88 亿美元，更增至 2007 年的 297.10 亿美元②，16 年间增长

---

① 中国商务部进出口统计（http://zhs.mofcom.gov.cn/tongji.shtml）。
② 中国商务部进出口统计（http://zhs.mofcom.gov.cn/tongji.shtml）。

了近 70 倍。中拉经贸关系如此令人振奋的成就,在世界历史上还是第一次,也有划时代的意义。

第五,全球经济形势正在发生有利于发展中国家的变化。"1990 年,发展中国家所占全球经济份额还只是略多于三分之一",而到 2010 年,"发展中国家的产出在全球产出中占据了将近一半的份额";20 个主要经济体构成的 20 国集团中已经包括了中国、阿根廷和南非等发展中国家;长期以来,达沃斯会议都是由欧洲企业主宰,现在,像中国的电信设备制造商华为公司和印度软件巨头维普罗公司这样的企业已经同欧洲企业一样引人注目;20 世纪末期的债务危机和金融危机等全球性危机都是从发展中国家发源的,但最近的、第二次世界大战以来最糟糕的危机则是从美国和欧洲的银行里发展起来的,而且这次似乎是中国和其他发展中国家率先走出衰退,而不是跟随富国走出衰退。所以,美国前财政部副部长罗伯特·金米特说:"全球秩序显然发生了重大转折。"①

第六,拉美一体化进程进入了新的阶段。从这次拉美独立革命 200 周年纪念的情况来看,玻利瓦尔的大祖国思想已经点燃了拉美民族觉醒之火,照耀着拉美民族一体化之路。最明显的表现之一,就是这一次的 200 周年纪念已经与 100 年前的第一个百周年纪念完全不同,"在第一个百周年纪念的时候,各国是在各自的边境之内举行纪念的,甚至有些国家的纪念活动还根本没有搞成,或完全错过了,第二个百周年纪念则不仅仅是自己国家的纪念,而且还一直以整个大陆的纪念为努力方向,这是新的政治现实带来的结果,同时也因为拉美各国现在多少都有一个共识:19

---

① 杰克·尤因:《新兴经济体在达沃斯赢得发言权》(译文),美国《纽约时报》2010 年 1 月 27 日。http://www.cetin.net.cn/cetin2/servlet/cetin/action/HtmlDocumentAction? baseid = 1&docno = 409944.

世纪初期的独立运动不只是涌现出一批民族国家,而且还有一个完整的拉丁美洲地区出现在世界上;200 年之后,这个地区还要求有自己的一个空间"①;现在已经有不少人在呼吁拉美的一体化,认为"只有把拉丁美洲的资本集中起来,我们才会成为一个人口超过 4 亿、拥有丰富的矿藏、石油以及其他甚至可以成为全世界肺脏的自然资源的强大的国家,我们才能谈得上世界第一流的经济强国"。②

可以预见,今后的世界将与前 200 年的世界大为不同,拉美国家只要坚持民族团结和一体化,前 200 年晋级发达国家"零成功率"的纪录有望在今后的 100 年中得到改变。

第七,中心—外围结构在美洲有了一些松动。第二次世界大战前的那种中心完全统治外围、外围完全从属中心的关系格局,已开始发生变化,世界正在逐渐走向多极化和民主化。虽然霸权国家维护霸权与世界人民反对霸权的斗争还会继续很长一段时间,有时甚至还表现得很尖锐,但是,世界人民维护主权、争取国际关系民主化、争取和平与发展和争取社会公正的斗争则是当今世界发展的主流。对这一点不应该有任何的怀疑。譬如在拉丁美洲,近年来就有两种趋势特别值得注意,第一,拉丁美洲的一体化有了新的、创造性的发展:为了摆脱美国霸权的地区控制,抵制美国统治集团提出的"美洲自由贸易区"计划,他们成立了"美洲玻利瓦尔替代计划"组织(截至目前为止已经有 9 个成员国);为了抵制国际货币基金组织和世界银行的压力,他们成立了自己的金融机构——"南方银行"。这是拉美一体化历史上从未有过的新事物。

---

① Caldas Riosucio, ¿ LISTOS PARA PROSEGUIR CON EL BICENTENARIO LATINOAMERICANO? Colombia, 14 de septiembre de 2009.

② ¿ por qué Estados Unidos es rico y América Latina pobre? http://es.5wk.com/viewtopic.php? f = 11&t = 91050&start = 20.

所有上述这些重大事件证明：过去那种欧美与亚非拉之间垄断支配与依附从属关系的格局已被打破或正在被打破；世界正在逐渐走向多极化，国与国之间相互依存的关系越来越紧密，不会再容许任何国家或地区成为世界上独一无二的霸权中心，世界正在走向一个以"和平与发展"为主题的、全球致力于和平共处和平发展的时代。随着世界多极化进程和国际关系民主化进程的发展，阻碍拉美国家实现发达目标、阻碍拉美国家崛起为发达国家的资本主义世界体系一定会逐步发生变化，这个体系的中心－外围结构一定会由于其内在矛盾的发展而逐步改造为一种一体化的结构，国际关系格局和秩序的改革一定会逐步克服重重阻力，向着全球包容性发展和全球共同发展的目标前进。人类一定是有光明美好的前途的。

二、关键在于政治

政治之所以对后发国家的现代化特别重要，是因为后发国家的现代化具有不同于西方发达国家早期现代化的两个特别重要的政治特点。

第一，在西方发达国家中，现代化是经济发展的产物，现代政治是经济自发开辟道路的结果，"资产阶级在社会上成了第一阶级以后，它就宣布自己在政治上也是第一阶级"[1]，"现代的国家政权不过是管理整个资产阶级的共同事务的委员会罢了"[2]。而在发展中国家中，现代化是自上而下的国家行为，是一种政治行为，任何正常发展的现代化建设都必须具备一定的政治条件，都要求有比西方发达国家早期现代化高得多的国家权威。如果没

---

[1] 恩格斯：《共产主义原理》，《马克思恩格斯选集》第1卷，人民出版社1972年版，第215页。
[2] 马克思、恩格斯：《共产党宣言》，《马克思恩格斯选集》第1卷，人民出版社1972年版，第253页。

有这样的准备，没有这样的政治权威，它也必须进行这种准备，创造出这样的权威来，这就是拉美国家在历次现代化浪潮中的政治诉求。因此，可以说，政治先行是发展中国家现代化的一条规律，背离了这条规律，没有任何的政治准备就搞现代化，往往会陷入政治混乱，并被政治混乱葬送或中断。这也是拉美国家现代化历史给我们留下的一个有益的经验教训。

第二，国家的作用在于维护统治阶级的统治，并把这种统治维持在秩序的范围之中。所以，实现和维持政治的稳定，给现代化提供一种稳定的、高效率的政治环境，是国家的根本性的作用；如果没有这样一种环境，它也要创造出这样一种环境来。但是，后发国家的现代化是同发达国家早期的现代化完全不同的。"在西方国家的建立过程中，资源是从弱者那里提取，并通过战争和强制手段集中起来的；西方国家的经济建设过程则是通过圈地运动、压低工资、延长工时、雇佣童工、剥削殖民地工人和市场等来完成的。"[①] 而且，这些国家当时还有对外殖民扩张和对外移民等安全阀的帮助。但是，发展中国家就不同，它们不但没有这样的条件和可能，而且，如著名政治学家阿尔蒙德所指出的，在后来的国际环境中，发展中国家中的现代化还增加了无数倍的艰难，首先是人口的压力。"医学技术已越过了发展的障碍，在人口控制之前已带来了死亡的控制，造成人口爆炸。"其次是发达国家消费示范的压力。"由于现代化通讯工具的作用，第三世界接触的是一个在生活富裕、人民参政的社会中的发展模式，这样，在这些国家甚至还没有能力实行统治，还没有普遍的国家忠诚和义务感的条件下就面临着强烈的工业增长、福利和迅速扩大国民参政等要求的挑战。"再次是革命和改革的压力。在

---

① 加布里埃尔·A·阿尔蒙德、G·宾厄姆·鲍威尔：《比较政治学：体系、过程和政策》（中译本），上海译文出版社1987年版，第430页。

发达国家的历史上，收入的再分配都不是太太平平进行的，因为"牵涉到资源的再分配，即把资源从政治上强有力者手中转移到政治上软弱者手里"时，"发展问题的重重困难就变得非常明显了"。所以，"城市平民和农村贫民的政治权利，是在内战的威胁下，或实际存在的内战的情况下获得的。而把国家变成大众福利工具的过程，同样伴随着冲突和反抗"。[①] 墨西哥政治学家胡安·菲利佩·莱亚尔也指出，"在那些经历了一个自由企业阶段、资本集中是一个缓慢进程的国家中，国家所起的作用是不同于那些资本主义是在一个帝国主义体系所强加的条件下发展的国家的；这个问题产生了我们不能不重视的、特别的理论困难"[②]。譬如奥坎斯基按照W·W·罗斯托的经济发展五阶段说，提出了一种所谓政治发展四阶段论，将政治发展划分为初级联合的政治、工业化的政治、福利国家的政治和经济富裕的政治四个发展阶段，就完全脱离了发展中国家中的实际。实际上，发展中国家的政治发展根本不是像发达国家过去那样按四个阶段逐一完成其每个发展阶段的任务，而是必须同时应付西方国家四个阶段中的所有那些现代化问题，即不但要解决国家的权力集中问题，解决国家的工业化问题，还同时面临权力和消费的分配问题和再分配问题以及现代技术所带来的种种社会问题。发展中国家的现代化进程已经没有了像西方国家那样分阶段逐一解决问题的机会，而成了一个高度"浓缩"的过程，这是当前发展中国家所面临的一种十分艰难的现实，是过去西方国家所从未有过的，自然也就没有任何一个现成的模式可供选用。只能从现代化的实践过程中

---

① 加布里埃尔·A·阿尔蒙德、G·宾厄姆·鲍威尔：《比较政治学：体系、过程和政策》（中译本），上海译文出版社1987年版，第430页。

② Juan Felipe Leal, *The Mexican State*, 1915 – 1973: *A Historical Interpretation*, in Nora Hamilton and Timothy F. Harding (Edited), *Modern Mexico, State, Economy, and Social Conflict*, Latin American Perspectives, 1986. P. 33.

不断地摸索和不断地创造，找到符合自己国情的发展模式。面对这样的艰巨任务，仅仅靠市场经济的自发势力是决然无法完成的，必须靠国家的力量，靠政治的优势，没有一个稳定的政治环境，没有国家的坚强的组织力量和组织优势，现代化的任务是永无实现之日的。

然而，正是在这两个方面，拉美国家是失败的。

在过去的200年间，拉美政治的特点是存在一种不完善的代议制民主政治同军人专制独裁政治在现代化进程中周期性反复的运动形式；这种运动形式带来的政治动荡使得拉美国家的现代化进程举步维艰，困难重重。之所以如此，主要有三个原因：第一，拉美国家的社会结构本身就是一个不稳定的结构。在西方发达国家的社会阶级结构中，统治阶级是工业革命之后迅速成长起来的、并与金融资本紧密结合的工业资产阶级，在经济上拥有绝对的统治地位，因而在政治上也拥有绝对的统治地位。对于这个阶级来说，正如马克思主义经典作家所说的，最好的政治外壳就是代议制民主制度，因为在代议制民主制度下，这个阶级的统治是足可以靠着他们的经济实力而稳稳地控制着政权的，无论什么人上台，都只能是这个阶级的工具，只能充当这个阶级的管理委员会。但是，拉美国家的社会阶级结构则与此不同，它大体上可分为三个大的阶级集团，上层是大土地所有者—农产品出口者资产阶级和新兴跨国资产阶级，可统称为大资产阶级；中层是城市民族工业资产阶级和中产阶级，可统称为民族资产阶级，下层是人数众多、力量强大、且通常都有组织的劳工阶级。所有这三大阶级集团都没有能力单独执掌政权，所以，大资产阶级通常都与外国资本利益结成联盟，或与军队结成联盟，而民族资产阶级为了发展民族工业，通常都与劳工阶级结成联盟，建立民众主义政权。只要国内外因素稍有变化，这三个阶级集团的力量对比就会发生变化，政局就会立即紧张起来。

第二，在政治文化方面，拉美国家都有很深的西方议会民主制的传统，正如历史学家哈特林所指出的："民主作为一种追求，一种选择和一整套制度和实践，在这一地区却是持久不衰的。"①而且还是一种强有力的紧紧地束缚着人们思想的传统。甚至连代表民众利益的各种政党和组织（民众主义力量）也几乎毫无例外地都迷恋于西方的资产阶级代议制民主制度，结果就是在一个外围国家的不稳定的社会中，实行一种中心发达国家的不稳定的"精英竞争式民主"，从而加剧了拉美国家的政治不稳定。结果往往是：每到阶级斗争激化或面临反对派夺权威胁时，执政党为继续生存下去，就不得不争取广大民众的支持，动员民众起来同反对派作斗争。为了做到这一点，该政党就必须改变再分配的政策，给民众以实际的好处。然而，这样一来，就必然要损害大资产阶级的利益，脆弱的大资产阶级就只好同军人结盟，发动军事政变，实行暴力统治。暴力统治一旦取得效果，社会秩序归于稳定，以西方的政治制度为唯一合法制度的思想定势，根深蒂固的资产阶级政治文化，又必然像化学试验中的还原剂一样，总是把拉美的政治发展方向拉向原来的位置，即西方的资产阶级代议制民主制度，每到这个时期，民众主义的传统又总是及时地参加进来，已经动员起来的民众力量总是会利用这个机会迅速发展壮大起来，从而威胁着资产阶级的统治。待到这种阶级矛盾发展到不可调和的时候，资产阶级又只好抛弃民主的面罩，转而恢复独裁的统治。如此往复循环，从而形成民主制度同资产阶级专制制度来回摆动的"钟摆效应"，招致政治的频繁动荡。

第三，在国际方面，拉美国家的政治往往受到中心国家的粗暴干涉。历史证明，西方代议制民主政治同军人专制独裁政治的

---

① ［英］莱斯利·贝塞尔主编：《剑桥拉丁美洲史》（中译本）第六卷（下），当代世界出版社2001年版，第125页。

周期性交替现象，通常都是同中心国家资产阶级统治的状况和需要相联系的：当中心国家经济繁荣、政权稳固、霸权膨胀、对边缘国家的控制牢固并需要向边缘地区输出其西方民主制度的时候，世界就出现民主化浪潮；当世界阶级力量对比不利于中心地区的资本主义统治、对边缘国家的控制也因此难以为继、外围国家进入动乱时期的时候，世界就出现专制独裁的浪潮。

总之，拉美国家文人民主政治与军人独裁政治周期性交替的现象，实际上就是政治发展进程中的一种西化传统与本土传统的周期性交替现象。其最深刻的根源在于西方政治文化的影响太深，使得拉美大多数国家只有传统的反复，而没有制度的创新。这是拉美政治发展的最大的弱点，是拉美现代化进程的最主要的阻力。

有些人以为，美国的政治稳定是西方"自由民主"政治制度赋予美国人的，其实完全不是这样。美国的政治稳定主要是靠它在资本主义世界体系中的霸权地位维持的，也就是靠它的包括武装侵略在内的霸权扩张和民主输出战略维持的。美国的霸权扩张因为打着"自由民主"的旗号，可以达到一箭三雕的目的：首先，霸权扩张可以把美国的利益链伸展到世界各个角落，从而从全球各个角落获得大量的利润和资源，回流国内发展经济，提高福利，让美国公民感到满意，并在思想上把这种霸权扩张同他们自己的利益联系起来；其次，霸权扩张可以把国内的阶级矛盾外化为民族矛盾，转移民众对国内社会问题的视线；最后，霸权扩张因为打着"自由民主"的旗号，它不但可以欺骗本国的公民，让他们在干涉别国内政的同时还能感到一种精神上的满足，而且，尤其重要的是，它还能通过金钱甚至武力，输出美国的"自由民主"，肢解别国的政治机体，挑起别国的内部矛盾甚至内战，从而达到控制别国、维持外围稳定、捞取更大利益和资源的目的。这样，中心霸权国家的对外扩张就形成了一个有利于霸权国家统治的良性循环：霸权扩张——民主输出——外围控制——利益回流——福利增长— 政治稳定——再霸权扩张——民主输出……所以，美国统治者一般都认为，无论付出多高代价，输出民主的买卖都是最赚钱的。但是，美国不惜任何代价（包括武装入侵）输出的民主，并不是"主权在民"的民主，而是二战之后美国所一直宣传的"主权在精英"的民主，也就是熊彼得所主张的所谓符合人类历史经验的"精英竞争式民主"。他们认为"主权在民"的民主，纯属空想，在现实中是不存在的，民主只不过是给精英的政权一个合法的程序罢了。他们认为，只要外围国家接受了这种民主制度，外围国家对中心国家就是安全的，就没有什么威胁，因为在中心霸权国家所主导的经济全球化中，外围国家的上层统治人物通常都是同中心霸权国家有着利益上的联系的，因此他们不会反霸。为了在外围国家牢牢地确立这种民主制，他们不遗余力地反对民众主义和民族主义，不遗余力地推行富豪统治所不可或缺的私有化。所以，中心国家的霸权扩张和民主输出，对于中心霸权国家来说，是一个既可以稳定本国政治，又可以巩固外围控制的良性循环，但对于外围发展中国来说，则是一个既破坏政治稳定，又导致现代化进程停滞甚至断裂的恶性循环。

无论什么时候，政治的最根本的问题都是政权问题，也就是政权掌握在哪个阶级手里的问题，是掌握在进步阶级的手里，还是掌握在落后阶级的手里。在一个经济基础落后、地区发展极端不平衡的国家，产生在这个落后经济基础之上的社会阶级结构也必然是落后的。如果在这样一个落后的国家照搬西方发达国家的政治制度，推行自由主义，实行多党制和代议制民主制度，无异是给那些落后阶级的代表人物、社会势力甚至破坏分子以自由、民主和合法的垄断政权的权利。最有说服力的事实就是很多拉美国家的国会通常都是极端敌视民众利益的保守势力的巢穴，譬如20世纪60年代初，巴西国会曾一度拒绝通过古拉特总统所提出的土改方案；厄瓜多尔国会对阿罗塞梅纳总统所建议的修改税法和土地改革的方案拒绝予以考虑；秘鲁国会宁愿放弃美国有条件的6000万美元贷款，也不肯通过土改法，等等。所以，拉美国家的议会被称之为"土地改革法案的坟场"。[①]在这种情况下，哪里还谈得上稳定的民主制！所以，亨廷顿30多年前曾经正确地指出，在这种国家建立"自由的、多元主义的、民主的政府"，仅仅"有助于古老社会结构的延续"[②]。现在，几个拉美左派政府所面临的最大的问题就是这个问题。洪都拉斯合法总统为了推进改革，提出要对宪法进行改革，结果就被美国所支持的军人政变推翻了。为了维护国家和人民的主权，查韦斯提出了"21世纪社会主义"的"三个支轴"理论，即"地区民主发展主义"、"等值经济"和"参与制民主"的理论。显然，他是想以地区民主发展主义抵御资本主义世界体系的控制，以等值经济纠正世界经济秩序的不公正，以人民民主性质的参与制民主替代资产阶级专政的精英民主。就现在的国际经济政治秩序来说，这应该说是一个好纲领，一个正义的纲领。但能不能逐步实现，能不能达到国家现代化的目标，关键仍然在于人民民主的政权是否能够巩固，政府的政策是否能保持连续性。

[①] 亨廷顿：《转变中社会的执政秩序》（中译本），黎明文化事业公司1985年版，第394页。

[②] 亨廷顿：《转变中社会的执政秩序》（中译本），黎明文化事业公司1985年版，第133~135页。

主要参考资料

中文著作

爱德华多·加莱亚诺. 拉丁美洲被切开的血管（中文版）. 人民文学出版社, 2009

艾瑞克·霍布斯邦. 革命的年代, 1789~1848（中文版）. 国际文化出版公司, 2006

艾瑞克·霍布斯鲍姆. 资本的年代（1848~1875）（中文版）. 国际文化出版公司, 2006

奥古斯托·米哈雷斯. 解放（中译本）. 中国对外翻译公司印刷, 1982

中国社会科学院拉丁美洲研究所译. 玻利瓦尔文选. 中国社会科学出版社, 1983

布拉德福德·伯恩斯. 简明拉丁美洲史（中文版）. 世界图书出版公司, 2009

D·博埃斯内尔. 拉丁美洲国际关系简史（中译本）. 商务印书馆, 1990

戴维·S·兰德斯. 国富国穷（中文版）. 新华出版社, 2001

丹·科·比列加斯等著. 墨西哥历史概要（中文版）. 中国社会科学出版社, 1983

邓小平. 邓小平文选第3卷. 人民出版社, 1993

董经胜. 玛雅人的后裔. 北京大学出版社, 2009

房宁. 现代资本主义发展引论. 北京, 首都师范大学出版社, 1995

冯钢. 非西方社会发展理论与马克思. 浙江人民出版社, 1992

韩琦主编. 世界现代化历程, 拉美卷. 江苏人民出版社, 2010

豪尔赫·卡斯特罗. 第三次革命（中文版）. 世界知识出版社, 1999

赫尔南多·德·索托. 另一条道路（中文版）. 华夏出版社, 2002

赫南多·德·索托. 资本的秘密（中文版）. 经济新潮社, 2001

加布里埃尔·A·阿尔蒙德, G·宾厄姆·鲍威尔. 比较政治学：体系、过程和政策（中译本）. 上海译文出版社, 1987

江时学主编. 阿根廷危机反思. 社会科学文献出版社, 2004

莱斯利·贝塞尔主编. 剑桥拉丁美洲史（中译本）. 第六、八卷. 当代世界出版社, 2001

雷迅马. 作为意识形态的现代化（中文版）. 北京中央编译出版社, 2003

李培林, 张翼, 超延东, 梁栋著. 社会冲突与阶级意识——当代中国社会矛盾问题研究, 社会科学文献出版社, 2005

李明德主编. 拉丁美洲和中拉关系. 时事出版社, 2001

林被甸, 董经胜. 拉丁美洲史. 人民出版社, 2010

罗荣渠. 现代化新论. 北京大学出版社, 1993

罗荣渠主编. 各国现代化比较研究. 陕西人民出版社, 1993

陆国俊, 郝名玮主编. 新世界的震荡——拉丁美洲独立运动. 上海社会科学院出版社, 1991

M. J. 列维. 现代化的后来者与幸存者. 知识出版社, 1990

马克思和恩格斯. 马克思恩格斯选集. 人民出版社, 1972

马克思和恩格斯. 马克思恩格斯全集. 第23卷. 人民出版

社，1972

毛相麟. 古巴社会主义研究. 社会科学文献出版社，2005

毛泽东. 毛泽东选集第一卷. 人民出版社，1965

麦迪森（Angus Maddison）. 世界经济二百年回顾（中译本）. 改革出版社，1997

米歇尔·博德. 资本主义史（中文版）. 东方出版社，1986

诺姆·乔姆斯基. 新自由主义和全球秩序（中译本）. 江苏人民出版社，2001

塞缪尔·P·亨廷顿. 转变中社会的执政秩序（中译本）. 黎明文化事业公司，1985

塞缪尔·P·亨廷顿. 第三波：二十世纪末的民主化浪潮（中译本）. 上海三联书店，1998

苏振兴，徐文渊主编.《拉丁美洲国家经济发展战略研究》，北京大学出版社，1987。

苏振兴主编. 拉丁美洲的经济发展. 经济管理出版社，2000

苏振兴主编. 拉美国家现代化进程研究. 社会科学文献出版社，2006

苏振兴主编. 拉美国家社会转型期的困惑. 中国社会科学出版社，2010

特奥托尼奥·多斯桑托斯. 帝国主义与依附（中译本）. 社会科学文献出版社，1992

王晓德. 美国对外关系史散论. 中华书局，2007

维·沃尔斯基主编. 拉丁美洲概览（中译本）. 中国社会科学出版社，1987

希布鲁克（J. Seabrook）. 阶级：揭穿社会标签迷思（中译本）. 台北，书林出版有限公司，2002

西里尔·E. 布莱克. 比较现代化（中译本）. 上海译文出版社，1996

徐世澄主编. 拉丁美洲现代思潮. 当代世界出版社, 2010

张文阁, 陈芝芸. 墨西哥经济. 社会科学出版社, 1980

曾昭耀. 政治稳定与现代化——墨西哥政治模式的历史考察. 东方出版社, 1996

曾昭耀主编. 现代化战略选择与国际关系——拉美经验研究. 社会科学文献出版社, 2000

《中国大百科全书》经济学. 中国大百科全书出版社, 1988

中国科学院中国现代化研究中心. 中国现代化报告2008. 北京大学出版社, 2008

中国社会科学院拉丁美洲研究所选译. 玻利瓦尔文选. 中国社会科学出版社, 1983

祝文驰, 毛祥麟, 李克明. 拉丁美洲的共产主义运动. 当代世界出版社, 2002

外文著作

Abraham F. Lowenthal (Edit.) , *Exporting Democracy. The United States and Latin America*: *Themes and Issues*, The Johns Hopkins Press, 1991.

Alvaro Vargas Llosa, *Liberty For Latin America*: *How To Undo Five Hundred Years Of State Oppression*, Farrar Straus Giroux, 2005.

Benjamin A. Frankel, *Venezuela y los Estados Unidos* 1820 – 1888, Caracas, 1977.

CEPAL – UNESCO, *Educación y conocimiento*: *eje de la transformación productiva con equidad*, Santiago de Chile, 1992,

CEPAL, *Transformación productiva con equidad. La tarea prioritaria del desarrollo de América Latina y el Caribe en los años noventa*, Santiago de Chile, 1990.

Charles D. Brockett, *Land, Power, and Poverty, Agrarian*

Transformation and Political Conflict in Central America, Westview Press, 1998.

Daniel Cosío Villegas (coordinador), *Historia General de México*, El Colegio de México, 1976.

David Harrison, *The Sociology of Modernization and Development*, Routledge, 1995.

Eric Hobsbawm, *Age of Extremes: the Short Twentieth Century 1914~1991*, London, Michael Joseph, 1994.

Eliana Cardoso, Ann Helwege, *LatinAmerica's Economy: Diversity, Trends, and Conflicts*, The MIT Press, 1992.

Francis Fukuyama (Editor), *Falling Behind: Explaining the Development Gap Between Latin America and the United States*, Oxford University Press, USA, 2008.

George Modelski, *Long Cycles in World Politis*, University of Washington Press, 1987.

Gerardo Otero, *Neoliberalism Revisited, Economic Restructuring and Mexico's Political Future*, Westview Press, 1996.

Germán Carrera Damas, *Presentación del proyecto de la redacción de una Historia general de América Latina*, Ediciones UNESCO.

Howard F. Cline, *From Revolution to Evolution*, 1940-1960, London, 1962

John Toye, *Dilemmas of Development, Reflections on the Counter-revolution in Development Theory and Policy*, Oxford, 1987.

John W. Sherman, *Latin America in Crisis*, Westview Press. 2000.

John Ward, *Latin America, Development and conflict since 1945*, Routledge, 1997.

John Williamson, *The Progress of Policy Reform in Latin America*, Washington. 1990.

Jonathan Hartlyn, Lars Schoultz, and Augusto Varas (Edit.), *The United States and Latin America in the 1990s: Beyond the Cold War*, The University of North Carolina Press, 1992.

Joseph LaPalombara and Stephen Blank, *Multinational Corporations and Developing Countries*, The Conference Board, Inc. 1979.

Karen Lebacqz, *Six Theories of Justice, Perspectives from Philosophical Ethics*, Augsburg Publishing House, 1986.

Larry Diamond, *Promoting Democracy in the 1990s: Actors and Instruments, Issues and Imperatives*, Carnegie Corporation of New York, 1995.

Lester Thurow, *The Future of Capitalism: How Today's Economic Forces Shape Tomorrow's World*, Penguin Books, 1997。

Luis G. Zorrilla, *Historia de las relaciones entre México y los Estados Unidos de América, 1800~1958*. México, 1977.

Lynn V. Foster, *A Brief History of Mexico*, Facts On File, Inc. 2009.

Lynne Phillips (Edit.) *The Third Wave of Modernization in Latin America, Cultural Perspectives on Neo-liberalism*, SR Books, 1997.

Mark Kurlansky, *The Year That Rocked the World 1968*, The Random House Publishing Group, 2004.

Miguel Basañez, *La Lucha por la Hegemonía en Mexico, 1968~1990*, Siglo XXI Editores, 1994.

Nora Hamilton and Timothy F. Harding (Edited), *Modern Mexico, State, Economy, and Social Conflict*, Latin American Perspectives, 1986.

Osvaldo Sunkel, *El subdesarrollo Latinoamericano y la teoría del desarrollo*, Siglo XXl, México, 1991.

Pablo González Casanova, *La democracia en México*, Ediciones era, S. A. 1974.

Programa de las Naciones Unidas para el Desarrollo, *Ideas y Aportes: La Democracia en América Latina*, New York, 2004.

René Villarreal, *México 2010, De la Industrialización Tardía a la Reestructuración Industrial*, Editorial Diana, México, 1988.

Rodrigo Arocena, *La cuestión del desarrollo vista desde América Latina, Una Introducción*, Ediciones Universitarias de la República, Uruguay, 1995.

Roger D. Hansen, *The Politics of Mexican Development*, The Johns Hopkins University Press, 1974.

Samuel P. Huntington, *The Third Wave: Democratization in the Late Twentieth Century*, University of Oklahoma Press, 1993.

Sandor Halebsky and Richard L. Harris (Edit.), *Capital, Power, and Inequality in Latin America*, Westview Press, 1995.

The Development Centre of the Organisation for Economic Co-operation and Development, *Latin American Economic Outlook* 2011, OECD 2010.

T. Lynn Smith, *Studies of Latin American Societies*, Doubleday & Company, Inc. 1970,

Victor Bulmer-Thomas, John Coatsworth and Roberto Cortés Conde, *The Cambridge Economic History of Latin America*, Cambridge University Press, Mar 20, 2006.

Victor Bulmer-Thomas, *The Economic History of Latin America since Independence*, (Cambridge Latin American Studies) Cambridge University Press; 2 edition, August 4, 2003.

主要报刊资料

何传启：《中国现代化的挑战与前景》，载《第八期中国现代化研究论坛论文集》，中国科学院中国现代化研究中心，2010年8月。

曲力秋：《中国如何绕开"拉美化"》，中华工商时报2004年3月15日。

王莉萍：《21世纪发展中国家将竞争5张晋级发达国家"门票"——专访中国现代化战略研究课题组组长何传启研究员》，《科学时报》2010-2-1要闻。

韩永 王家敏：《中国"发达"几率缘何这样小？》，星岛环球网 www.stnn.cc 2010-02-09。

苏振兴：《"拉美化"主要是指社会分化》http://www.docin.com/p-127760694.html.

郑秉文：《构建和谐社会，完善社保制度，谨防"拉美化"》http://www.aisixiang.com/data/5807.html.

陈小莹：《中国基尼系数与"拉美化"之辩》第一财经日报2006/06/26。

崔效辉：《警惕中国社会的"拉美化"倾向》，《决策咨询》2002年2月3日。

许向阳：《如何避开"拉美化"危机》，《南方周末》2003年9月4日。

陈剩勇、李力东：《"拉美化"与拉美新政》，《浙江社会科学》2008（12）。

邵鹏飞：《科学发展观学习心得》，2008年11月4日。

孙秀岭：《转移农村剩余劳动力还要谨防拉美化陷阱》，人民网2005年03月07日。

闫平义：《中国发展逼近临界点：共同富裕还是半数贫困？》，《光明观察》2004-8-10。

凤凰卫视综合报道：《中国须谨防「拉美化」》，凤凰卫视2005年3月3日。

叶朝晖:《繁荣会离中国而去吗?——评中国经济拉美化陷阱》,《中华工商时报》2008-8-18。

《中国会"拉美化"吗?》,国是论衡-新浪论坛-新浪网,2007-07-31。

《拉美化之忧》《中国企业家》2004年1月号封面文章。

郑永年:《新自由主义在中国的变种及其影响》,联合早报网2008-10-28。

张文中:《谨记拉美经济发展经验教训,中国应对"拉美化"说不》,《中国企业家》2004年第六期。

樊纲、张晓晶:《"福利赶超"与"增长陷阱":拉美的教训》。http://www.docin.com/p-25051504.html。

杨万明:《论拉美国家的发展模式转型与发展困境》,《拉丁美洲研究》2006年第6期。

许波:《中国拉美化?》2006/12/1,http://club.kdnet.net/dispbbs.asp?id=1391481&boardid。

江时学:《"拉美化"是伪命题》,《拉丁美洲研究》2005年第1期。

江时学:《"拉美化"真的存在吗?——真实的拉美经济》,《南方周末》2004年7月15日。

江时学《阿根廷危机的由来及其教训》,《拉丁美洲研究》2002年第2期,第11页。

韩冰:《中国晋级发达国家的概率争议,专家:4%根本无意义》《瞭望》新闻周刊2010.2.9。

弗雷德里克·C·特纳 仕琦:《国家作用的变化:测量、机会与问题》,《国际社会科学杂志(中文版)》(International Social Science Journal),2001年第1期。

弗里德里希·J·韦尔施、何塞·V·卡拉斯格罗:《对拉丁美洲国家改革的评论》,转引自《国际社会科学(中文版)》

2001年第1期。

李少军：《千年末的拉丁美洲》,《国外理论动态》,2000年第3期。

赵明义、赵岩：《21世纪亚太地区的经济与中国的发展方略》。http://www.csscipaper.com/eco/shijiejingjixuegailun/158558_2.html.

美国《新世纪国家安全战略》报告,1998年12月1日。(钟建国、王成凤、赵鑫福等译)。http://www.cetin.net.cn/cetin2/servlet/cetin/action/HtmlDocumentAction?baseid=1&docno=145668.

拉希米·马龙尔和贝内特·戴维斯：《新兴国家应避免的发展道路》,美国《未来学家》双月刊1998年1-2月号。

郑砾：《移民潮改变世界》,《华南新闻》,2003.8.13。

肖武岭：《跨国公司技术垄断战略对我国的启示》,《科教与经济》2005年第6期。

《巴西中产阶级的现状：明灯抑或幻象》,《全球中产阶级报告》http://www.menggang.com/book/02/reportmidclass/reportmidclass-m.html.

Alberto Minujin, Gabriel Kessler, "*La nueva pobreza en la Argentina*", Ano: 1995.

Alfonso Fernández, "*Bolívar, el pueblo e independencia inacabada*", *ejes bicentenario Venezuela*, EFE 21/05/2009.

Ángel Torres, *Segunda Independencia de América Latina*, el 23 de Junio 2009.

Antonio Cacua Prada, *El Bicentenario de la Independencia Nacional y la Enseñanza de la Historia Patria*, Boletín de Historia y Antigüedades – Vol. XCII No. 830 – Septiembre 2005.

Aristides Ortiz, *Bicentenario de la Independencia*: *mirar 200 años atrás*, Marzo 4, 2010.

Atilio A. Boron, *"Menemismo, antimenemismo y posmenemismo en la politica Argentina"*. http://www.memoria.com.mx/132/Boron.htm.

Aymú, Alejandro. *"Bicentenario: Reflexiones de nuestra Patria Grande"*: entrevista a Horacio López.

Director adjunto del Centro Cultural de la Cooperación, La revista del Centro Cultural de la Cooperación, Enero / Agosto 2009, n° 5 / 6.

Ma. Bertha Alicia Arce Castro, *La relación: ciencia y tecnología en el subdesarrollo y una redefinición de desarrollo.* Universidad Veracruzana, Mexico, 13 de Junio 2006.

Carlos Ball, *¿Por qué América Latina no progresa en un mundo donde otros lo están logrando?* 15 de agosto de 2007.

Carlos Escude, *"Foreign Policy Theory in Menem's Argentina"* (http://www.upf.com/Spring 1997/escude.html).

Carlos Marin, Guillermo Long, *El Bicentenario de la Independencia*, FLACSO, Ecuador.

Carlos Tunnermann Bernheim, *Higher education in Latin America and the Caribb in its economic, political and social context 1997*, UNESCO, Caracas.

Catherine Hernández, *"La integración regional y el socialismo del siglo XXI avanzan en América Latina"*, Rebelión, 9 en enero de 2007.

CEPAL, *Transformación productiva con equidad. La tarea prioritaria del desarrollo de América Latina y el Caribe en los años noventa*, Santiago de Chile, 1990.

CEPAL - UNESCO, *Educación y conocimiento: eje de la transformación productiva con equidad*, Santiago de Chile, 1992.

Claudio Katz, *El imperialismo del Siglo XXI*, Argenpress. http://www.monografias.com/trabajos912/imperialismo - siglo - xxi/imperialismo - siglo - xxi. shtml.

Dr. David Bushnell, *Simón Bolívar y Estados Unidos, Un Estudio en Ambivalencia*, Hispanic American Historical Review, Verano 1986.

Dixon Jiménez, *pero ¿qué nos pasó? Estados Unidos, un país rico y una América Latina pobre*, 22 May 2009.

Dunvan Fraser, *Long Waves in Economics - Waves of Democracy*, Democratization, Volume 8, Number 4, Winter 2001.

Enrique Florescano, Deber de Memoria, 31/12/2009.

François Houtart, *Socialismo del siglo XXI: Superar la lógica capitalista*, Entrevista realizada por Helga Serrano Narváez y Eduardo Tamayo G..

Lic. Gabriel Mario Santos Villarreal, *El Bicentenario de la Independencia en América Latina, ¿más allá de la reflexión?*, Marzo de 2010.

Giovanni E. Reyes, *Four Main Theories of Development: Modernization, Dependency, World - System, and Globalization*, http://fuentes.csh.udg.mx/CUCSH/Sincronia/reyes4.htm.

Gonzalo Núñez, *Bicentenario de México: el orgullo de la raza de bronce*, 13-02-2010.

Gurus Hucky, *¿Por qué Latinoamerica es más pobre que los EEUU?* GurusBlog el 15 mayo, 2009.

Heinz Dieterich, *La revolución bolivariana y e Socialismo del siglo XXI*, 13 de agosto de 2005.

Hernando De Soto, *¿Por qué el Capitalismo Triunfa en Occidente y Fracasa en el Resto del Mundo?* http://www.elcato.org/special/

friedman/desoto/cap1_misteriodelcapital. html.

John Borrego, *Models of Integration*, *Models of Development in the Pacific*, in *Journal of World - Systems Research*, Volume 1, Number 11, 1995.

José Gómez Cerda, *Las empresas multinacionales en la agricultura*, ALAI, América Latina en Movimiento, 2001 - 07 - 10. http: //alainet. org/publica/336. phtml.

José Miguel Insulza, *América Latina*, *los mayores problemas*, Año XIV. no. 79, mayo - junio de 2007).

Marcos Roitman Rosenmann, *La izquierda y el poder político en América latina* (1970 - 2004).

Martín Varsavsky, *¿ Por qué los paises ricos son ricos?* 31 de Agosto de 2007. .

Massimo Modonesi, *Reflexiones sobre el cambio de época en América Latina: movimientos antagonistas y crisis hegemónica*.

Medófilo Medina, *El Bicentenario: una conmemoración sintomática*, lunes, 24 de noviembre de 2008.

Mempo Giardinelli, *Bicentenario y Globalización: el Sur visto desde el Sur*, Washington, 12 de Febrero de 2010.

Miguel E. Berumen Barbosa, *"Efectos de la Globalización en la Educación Superior en México"*, Agosto de 2003.

Oscar Neira, *¿ Por qué hay cada vez más pobres?* http: // www. envio. org. ni/articulo/822.

Palabras del presidente Óscar Arias en la Cumbre de las Américas, Trinidad y Tobago. 18 de abril de 2009.

Riosucio, Caldas, *¿ Listos para proseguir con el Bicentenario Latinoamericano?* Colombia, 14 de septiembre de 2009

Rafael Pampillón Olmedo, *¿ Porqué Estados Unidos es rico y*

América Latina pobre?

Secretaria Permanente del SELA, "*Inversiones Extranjeras directas en America Latina y el Caribe*", Octubre de 2001.

Susanne Gratius, *The "Third Populist Wave" of Latin America*, 31/10/2007.

William Chislett, *El fracaso de América Latina*, http://www.elimparcial.es/contenido/7719.html.

后　记

　　亲爱的读者，哪怕你是偶然地见到这本书，我估计最能引起你注意的就是本书的副标题："拉美民族200年崛起失败原因之研究"。在本书即将付梓之际，环顾我们所生活的这个很不安宁的世界，我更感到研究这个问题的重要性。我希望我的这块引玉之"砖"能够引来众多忧患之士将这个问题的研究继续深入下去，以期我们这个曾经多灾多难的民族，能够避免拉美国家那样的、在发展道路上一再遭受挫折和失败的命运，顺利地实现国家的现代化，达到民族复兴和日益繁荣昌盛的目的。

　　本书是中国社会科学院老年科研基金研究课题"拉美现代化进程中的社会难题"的最终成果。在研究和写作过程中，由于中、拉学术界关于拉美独立革命200周年的学术研究活动的开展，我的研究主题也随之深化，因而难度也就加大。这对于一个学者来说，本来是一件值得庆幸和令人兴奋的事情，但是我却在这个节骨眼上患上了严重的眼疾——黄斑病变，不但视力急剧下降，而且眼前的文字还时大时小，使我工作起来不胜其苦。因此，完稿的日期也就一拖再拖。现在，我之所以还能交上一份最终成果，完全是多方帮助的结果。在这里，我要表示我诚挚的谢意。首先，我要感谢中国社会科学院老干局对这个课题立项所给予的大力支持和资助。其次，我要特别感谢拉丁美洲研究所领导的高度关怀和支持。在我对这个项目能否拼力一搏达到终点的问题上犹豫不决的时候，正是所领导给了我力量。他们不但从财力、物力以及具体安排上给予我极大的支持，而且，郑所长还在百忙中专门为这个项目召开会议，给我鼓气，给我以具体的指导，使我在困难中增添了完成任务的信心。负责所老干工作的徐京丽同志为此做了许多具体工作，在此一并致谢。第三，在研究工作进入最后阶段的时候，正值拉美史学会在杭州召开年会暨拉美独立革命200周年学术研讨会，使我有机会听取专家们的意见，其中我特别要感谢北京大学林被甸教授、南开大学洪国起教授、韩琦教授以及拉丁美洲研究所苏振兴研究员和张森根研究员，他们都给予了我鼓励、批评和指导，使我受益匪浅。第四，因为年龄和眼疾的原因，任务能否完成全赖于身体状况，在这一方面，我特别要感谢我的夫人黄慕洁，她不但对我的生活起居和作息制度做了精心的安排和严格的监护，而且还"借"给我一双比我好的眼睛，充当我初稿的第一读者。每当我写完一章的时候，我便打印出来交她审阅，帮我挑毛病，从而减轻我眼睛的负担，让我能持续地工作下去。此外，我还要感谢我的侄女曾燕婷和侄儿曾燕农，他们在电脑技术、电脑维修、计算技术和制图技术方面都给了我及时的帮助。

最后，我还要说一句决不是自谦的话：关于拉美民族200年崛起失败原因的问题，虽是本书首次提出，但作为这个课题研究的第一份成果，本书却只能算是勉强交卷，错误与不妥之处在所难免，诚恳希望读者和专家不吝赐教。倘我微弱的视力尚能与生命同在，我将继续致力于这个课题的研究，直至生命的终结。

曾昭耀
2011年4月于北京